Fiona Kiss
Andreas Steinert

WER KNABBERT DA AN MEINEM GEMÜSE?

Von Plagegeistern und
kleinen Helfern.
Pflanzen schützen, Gleichgewicht
fördern, Vielfalt begrüßen

Löwenzahn

WAS KREUCHT UND FLEUCHT UND FLIEGT IN DIESEM BUCH SO RUM? EIN ÜBERBLICK

4 VON VERLAUSTEN KOHLKÖPFEN UND ANDEREN TIERISCHEN PROBLEMEN IM GEMÜSEGARTEN

Mut zum bunten Miteinander: die wilde Wohngemeinschaft 5

Der Gemüsegarten lebt nicht nur von Luft und Liebe 6

Mix and match: die richtige Beet-Mischung 7

Der Boden: unser Ein und Alles 8

Was erwartet dich in diesem Buch? 10

12 AUF SPURENSUCHE IM GEMÜSEBEET

Gärtner*innen als Schädlinge 12

Wenn Gemüse krank wird 14

Aber jetzt: Auf ins Tierreich! 15

Auf sechs Beinen durch die Welt: Insekten 16

Spannende Spinner: Spinnentiere 19

Noch mehr Tiere und noch mehr Beine gefällig? 19

Grunzen, blubbern, schleimen: Schnecken 19

Die frühe Zwiebel fängt den Wurm: Nematoden 20

Säugetiere sind keine saugenden Schädlinge 20

Von Löchern, Pünktchen und anderen Fraßspuren: Wer war das? 21

Oberirdisch: Früchte, Blätter und Stängel 21

Irgendwo im Nirgendwo: zwischen Spross und Wurzel 23

Unterirdisch: an der Wurzel und im Boden 23

24 OBERSTES GESETZ IM GEMÜSEBEET: PFLANZENSCHUTZMITTEL NUR IM NOTFALL

28 DAS GROSSE FRESSEN: BEISSEN, SAUGEN & BOHREN IM BEET – DIE SOGENANNTEN SCHÄDLINGE

Lausiges Gemüse: Pflanzenläuse 28

Laubsauger im Gemüsebeet – Blattläuse! 28

Johannisbeerblattlaus oder Grüne Salatblattlaus 30

Schwarze Bohnenlaus 32

Mehlige Kohlblattlaus 33

Back to the roots: Wurzelläuse 35

Going underground: die Salatwurzellaus 35

Wenn die Wurzellaus so einen Hals kriegt – die Möhrenwurzelhalslaus 35

Echt unterirdisch: die Möhrenwurzellaus 36

Von Weißen Fliegen und schwarzen Pilzen 38

Wirsing(en): den Kohlmottenschildlaus-Blues 38

Auf dem Silberblatt serviert: tropische Weiße Fliegen 40

Für alles gewappnet: Wanzen 42

Flecken, Löcher und herzloser Kohl? Danke, Kohlwanze! 43

Weiche Wiesenwanzen wollen wild wuseln 44

Nicht nur in der Stube lästig: Fliegen und Mücken 47

Vegan und bio: die Gemüsefliege 48

Gute Mine, böses Spiel: die Minierfliege 51

Wenn die Mücken Schwarz tragen: die Trauermücke 53

Raubtiere und Verwandlungskünstler im Beet: Schmetterlinge und Motten 55

Schneeweißling und Rosenkohl: der Kohlweißling 57

Wenn der Kohl die Motten kriegt: die Kohlmotte 61

Die Prinzessin auf der Erbse: der Erbsenwickler 63

Nachtaktives Flattern im Beet: der Eulenfalter 65

Erlauchter Geschmackssinn und ein feines Näschen: die Lauchmotte 67

Gefräßige Gemüsefans im Fellmantel:
Wühlmäuse 70
Ein Heuschreck, der nicht springt:
Maulwurfsgrillen 75
Wer frisst deinen Salat und säuft dein Bier?
Schnecken! 77
Die Spanische Wegschnecke aus Frankreich 78
Eiskalter Salatkiller: die Ackerschnecke
(Kleinschnegel).. 80
Gift und Gallen: die Milben................................ 84
Vom Winde verweht: die Spinnmilbe 84
Kräuseln, Schrumpeln, Beulen und unsichtbar:
die Weichhautmilbe.. 87
Gut gepanzert im Gemüsebeet: Käfer 89
Langsamer Schleicher: der Schnellkäfer.................. 89
Fliegen, laufen, fressen, hüpfen: der Erdfloh........... 92
Ay bonito mexicano: der Kartoffelkäfer.................. 94
Hähnchen, die singend Eier legen: die Zirpkäfer 96
Mal kurz eingeworfen: einen Thrips 100
Give peas a chance: der robuste Erbsenthrips....... 100
Im Auge des Wurms: Älchen (Nematoden) 102
Hipster-Karotte mit Vollbart: der Wurzel-
nematode 103
Fieser Fleckenverursacher: der Blatt- und
Stängelnematode..104
Nützliche und lästige Gäste: Ameisen 106

Hasta la vista, Weiße Fliege: hier kommt der
Bogen-Zwergmarienkäfer...133
Laufkäfer: Flitzer auf Schneckenjagd 137
Igel und Spitzmäuse: Insektenfresser auf
Schneckenjagd 140
Punks im Gestrüpp: die Igel.......................................140
Supernasen im Garten: die Spitzmaus 143
Vögel: gut gefedert durch den Acker 144
Ganz schön kompliziert, diese Vögel! 144
Ungewöhnliche und unterschätzte Nützlinge...... 148

154   MIT TRICKS UND PHYSIK –
      VORBEUGENDER PFLANZENSCHUTZ

158   MULTIKULTI IM GEMÜSEGARTEN
      ODER: WER WILL MIT WEM ODER
      LIEBER NICHT GEMEINSAM INS
      BEET
      Wer knabbert und schlürft sich an deinem
      Gemüse satt? Eine Übersicht! 160

172   ZAUBERTRÄNKE: BRÜHEN & JAUCHEN
      SELBST GEMACHT

176   FÜR ALLE, DIE NOCH NICHT
      GENUG VOM GEWUSEL HABEN:
      DER ANHANG
      Pflanzengriechisch und Tierlatein?
      Kannst du haben! – Glossar 176
      Widersacher und Helferlein auf einen Blick:
      alphabetisches Stichwortregister.......................179
      Krabbel- und Lesehilfe gefällig? Weiter-
      führende Literatur und Bezugsquellen.............. 188
      Die Ernteretter: über die Autor*innen............... 190
      Und zum Schluss: Danke.................................. 191

110   BOOST IT UP! DAS IMMUNSYSTEM DER
      PFLANZEN

114   WITH A LITTLE HELP FROM
      MY FRIENDS:
      NÜTZLINGE IM GEMÜSEGARTEN
      Bodenorganismen: 40 000 unsichtbare
      Helfer kurz erklärt 116
      Plastic world: Plastik im Boden, in den Pflanzen,
      in uns 117
      Raubmilben: rote Birnen auf acht Beinen........... 121
      Schlupf- und Erzwespen: bestechende
      Schönheiten 124
      Schwebfliegen: Hubschrauber im Wespen-
      look 126
      Florfliegen: stinkende Goldaugen mit good
      vibrations 130
      Marienkäfer: Glücksbringer im Garten 133
      Lob und Tadel dem Asiatischen Marienkäfer...........133

VON VERLAUSTEN KOHLKÖPFEN UND ANDEREN TIERISCHEN PROBLEMEN IM GEMÜSEGARTEN

Seit Jahren pflanzen, säen, graben und ernten wir in den unterschiedlichsten Gemüsegärten. Einer davon war von Wildnis umgeben, und die wollte sich den Garten zurückerobern: Schlingpflanzen und Rehe waren eine nicht enden wollende Provokation, Läuse und Käfer hingegen fielen uns nicht mal auf. Der Boden war anfangs steinig und karg, deshalb haben wir ihn über Jahre liebevoll mit Kompost genährt. Das Ergebnis: Die Ernte fiel von Jahr zu Jahr üppiger und ertragreicher aus.

Unser nächster Halt war in einem Garten mit schwerer Erde, die Bearbeitung war herausfordernd. Eingebettet zwischen Weingärten teilten wir mehr als die Hälfte unseres Gemüses mit anderen Lebewesen: Wühlmäusen, Schnecken, Kartoffelkäfern und Drahtwürmern. Unsere Bemühungen, den Boden zu beleben und durch farbenfrohe Blühflächen Nützlinge anzulocken, fruchteten von Jahr zu Jahr mehr: Gemüse in Hülle und Fülle für uns!

Aktuell wühlen wir in einem wunderschönen Gemeinschaftsgarten, in dem wir viel ausprobieren und Erfahrungen sammeln können. Nicht alles klappt gut. Unsere Süßkartoffelernte war etwa so groß wie drei Erdnüsse und unsere Freude, endlich den Großen Kohlweißling als Fotomodell vor die Linse zu bekommen, trübte sich etwas, als wir sahen, wie viel diese Räupchen fressen können. Nämlich fast alles. Aber wir wollten ihnen beim Wachsen zusehen, über sie lernen und sie mit verschiedenen Vertreibungsmethoden nerven. Wir haben den Bogenmarienkäfer dieses Jahr live kennengelernt und diverse freundliche Wanzen getroffen, die die Kartoffelkäfer dezimieren. Aber dazu später im Buch mehr (ab S. 114).

Durch unsere jahrelangen Beobachtungen und die Faszination für das Zusammenspiel zwischen den vielen verschiedenen Tieren im Gemüsebeet entstand die Idee, ein Buch zu schreiben, das über die reine Schädlingsvertreibung hinausgeht. Warum nicht das Leben aller Tiere im Gemüsebeet genauer beleuchten? Ihre faszinierenden Eigenheiten, den unglaublich spannenden Hintergrund ihres Lebens und nicht zuletzt ihre Wichtigkeit im Ökosystem Erde finden wir fesselnder, als ausschließlich die Maßnahmen der Vertreibung zu beleuchten. Natürlich ergänzen wir die Einblicke in das bunte Treiben im Gemüsebeet mit hilfreichen Tipps und Tricks, damit das Gemüse trotzdem auf deinem Teller landet. Wir möchten mit diesem Buch das Interesse, die Neugier und den Respekt für deinen wilden Gemüsezoo wecken, dann macht dir das Arbeiten im Beet nämlich garantiert noch mehr Spaß. Also ab in den Garten mit Grabgabel, Hacke und Lupe und beobachte das Getümmel im Gemüse mit einem geschärften und aufmerksamen Blick für das große Ganze.

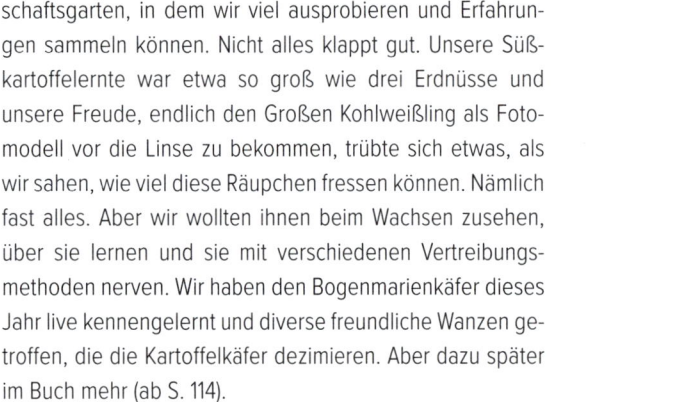

Im Garten herrscht buntes Treiben – nicht nur in der Tier- und Pflanzenwelt.

Mut zum bunten Miteinander: die wilde Wohngemeinschaft

Die Natur ist immer ein Miteinander, ein riesengroßes vernetztes System aus Unmengen an Tier- und Pflanzenarten sowie Mikroorganismen in unterschiedlichsten Lebensräumen und Strukturen. Nichts auf der uns umgebenden Welt kann allein existieren und die Vielfalt an Leben, die Biodiversität, bewahrt unsere Pflanzen und uns vor vielen Krankheiten – durch ein ausgewogenes Zusammenspiel. Gerät dieses ins Wanken, kann es passieren, dass sich eine Art zu stark vermehrt und dadurch Probleme schafft. Sehen wir den Gemüsegarten als einen Mini-Nationalpark mit vielen verschiedenen Tier- und Pflanzenarten an. Entdecken wir gemeinsam die bunte Vielfalt, die uns da draußen erwartet – denn: Die Natur hält so einiges für uns bereit!

Das perfekte Rezept für mehr Biodiversität und einen ausgewogenen Gemüsegarten:

Zutaten:
- » ein guter Boden (Rezept auf Seite 9)
- » etwas „Wildnis" und unberührte Ecken nach Geschmack
- » eine Prise Altholz/Biotopholz
- » einen kräftigen Schuss sonnige Trockenmauer oder einen ungepflegten Steinhaufen
- » eine große Portion Blütenwahnsinn, am besten aus heimischen Wildblumen
- » als Backtriebmittel etwas Struktur aus blühenden Heckenpflanzen und Bäumen
- » als Topping: ein Gemüsebeet

Alle Zutaten zusammenmischen, nach persönlichem Geschmack dekorieren und das Gemüsebeet in die frisch gebackene Biodiversität langsam einrühren. Und dann: ruhen lassen, beobachten, genießen.

Die Quecke kann mehr als nur lästig sein: „Hut ab" vor so langen Rhizomen.

Der Gemüsegarten lebt nicht nur von Luft und Liebe

Faul in der Hängematte liegen und die Natur arbeiten lassen? Bis zu einem gewissen Grad geht das in einem Zier- oder einem einfach gestrickten Obstgarten. Aber der Gemüsegarten ist ein ganz anderes Kaliber. Da heißt es schon mal: richtig Hand anlegen und ackern. Fluchend graben wir jedes Frühjahr nach Queckenwurzeln, staunen immer wieder ob der so langen und verzweigten Wurzeln dieses unscheinbaren Grases (die Quecke ist übrigens bei Hunden beliebt, die dieses raue Gras für ihre Verdauung kauen ... unsere Hündin sieht uns jedenfalls immer kritisch auf die erdigen Finger, wenn wir ihrer Magenpflanze zu nahe kommen – also lassen wir schweren Herzens immer einige zur Vermehrung stehen). Das Jäten der Borstenhirse treibt uns fast in den Wahnsinn und auch mancher Rückenwirbel widersetzt sich ächzend nach vollendeter Bodenbearbeitung.

Ohne gewissenhafte Planung und regelmäßige Pflege wird aus dem gesamten Gemüsebeet schnell ein undurchdringliches, wildes Eck. Ökologisch sicher reizvoll für die Tierwelt, aber schwer zu durchblicken für Gärtner*innen und auch für junges Gemüse eine zu große Herausforderung. Im harten Konkurrenzkampf der Pflanzen benötigen die Gemüsekinder hier etwas mehr Geduld. Weise Gärtner*innen meucheln daher das Wildkraut, solange es noch klein ist – und lassen die Wurzeln an der Sonne verdorren (genial sind hier die Pendelhacke und der Gartengrubber als rückenschonende Hilfe – sie sollten in keinem Garten fehlen). Sobald das junge Gemüse stark genug ist und deutlich an Wachstum zunimmt, hat auch das Beikraut das Nachsehen. Sind die unterschiedlichen Gemüsesorten, natürlich in Mischkultur, dicht zusammengewachsen, kommt die Zeit der Entspannung. Aber nur fast. Statt jäten, heißt es jetzt Kartoffelkäfer sammeln und Schnecken aufstöbern.

So wechseln sich die Aufgaben bunt und vielfältig über die Monate ab und es entsteht keine Langeweile. Das lieben wir am Gemüse. Jedes Jahr ist anders, wie auch die Belohnungen für den Gaumen immer unterschiedlich aussehen und schmecken.

Trotz ihrer hohen Fluchtgeschwindigkeit eingefangen: eine Weg-schnecke!

MIX AND MATCH: DIE RICHTIGE BEET-MISCHUNG

Wichtig für die gute Ernte ist eine ungefähre Planung der angebauten Arten: Wer steht am besten neben wem im Beet und in welcher zeitlichen Reihenfolge werden die Pflanzen am besten angebaut, um möglichst viele der kleinen flie-genden und kriechenden Mitesser zu verwirren. Mischkul-tur (ab S. 158) und Fruchtfolge, also was kann nach wem gepflanzt werden, sind wesentliche vorbeugende Maßnah-men, um unser Gemüse gesund zu halten.

Auch die Sortenwahl sollte nicht zu kurz kommen: Alte, regionale Sorten sind meist toleranter und robuster und be-stechen durch intensive Geschmacksnuancen. Wähle dem Standort entsprechend die Pflanzen/Sorten aus und baue sie bevorzugt in windoffenen Lagen an, da der betörende Duft der Gemüsepflanzen vom Wind vertragen wird und Ge-müsefliegen und Co. sie so schwieriger finden. Das Beste daran: Du lernst jedes Jahr dazu und wirst mit jeder neuen Gemüseart zum Profi.

Brokkoli, Rucola und Schnittlauch. Einfach mal Gemüse blühen lassen. Nützlich für die Tierwelt und schön fürs Auge.

Heute bereiten wir einen Gemüsebeet-Eintopf für Couch-Potatoes und fleißige Lieschen zu.

Dafür brauchst du:

» einen guten Boden (Grundrezept für „Guten Boden" S. 9). Denn: Der Boden macht das gute Beet.

» passende alte und regionale Gemüsesorten oder frische Jungpflanzen

» Sorten fein über das Beet verteilen

» jährlich kräftig die Sitzordnung durchmixen und Nachbarschaften wechseln

» einmal in der Woche einen Teilflächendurchgang und den Boden leicht oberflächlich lockern

» eine Prise Zeit, Geduld und Neugier

» während das Beet vor sich hinwächst, entspannt nach Tieren Ausschau halten und die ungewollten abschöpfen

» bei Bedarf mit Tränken und Tees übergießen

» abschmecken mit unbekannten und neuen Gemüsesorten

» fertiges Gemüse regelmäßig ernten, putzen und verputzen

Mehrere Milliarden Lebewesen und du hast sie in der Hand! Ein Gemüsebeet ohne Kompost ist sinnlos ... und unmöglich.

DER BODEN: UNSER EIN UND ALLES

Schlechter Boden ist für Pflanzen eine bodenlose Frechheit. Deshalb erstmal den Boden beschnüffeln. Riecht er gut, dann ist das nicht schlecht, riecht er schlecht, ist es nicht gut. Stinkender Boden ist ein Zeichen von Fäulnis und Luftarmut. Durch Lockern und Einarbeiten von Strukturmaterial (z.B. Holzfaser aber bitte kein Torf aus Umweltschutzgründen) kommt wieder Luft in die Tiefe. Sehr sandige Böden sind super fürs Gemüse, aber brauchen viel Wasser. Kompost und Tongranulate einmischen hilft hier enorm. Und sehr lehmige Böden können über die Jahre mit Komposten und Gründüngung in feinkrümelige Supererde verwandelt werden.

Überhaupt ist Kompost Gold zur Bodenverbesserung, da er den Boden mit Mikroorganismen belebt und diese dann wiederum die Bodenstruktur nachhaltig verbessern.

Kompost ist wichtig für das Bodenleben. Aber bevor du ihn verteilen kannst, heißt es erst einmal: Ran an die Arbeit.

Hege und pflege deinen winzigen Bodenzoo und deine Gemüseernte wird explodieren. Die unterirdische Gemeinschaft hat die Macht, die Pflanzen gesund zu halten und beim Wachstum zu unterstützen. Deshalb füttern wir das Bodenleben nur mit besten Zutaten, den organischen Naturdüngern (wenn du mehr über richtiges Düngen wissen möchtest: Im Buch „Biodünger selber machen" von Alfred Grand und Andrea Heistinger findest du alles Wissenswerte dazu.

Warum nicht mal eine Kompostparty machen? Der Kompost wird gemeinsam abgesiebt, die Kinder können forschen und Bodentiere entdecken und nebenbei gibt es Dünger für starkzehrende Pflanzen.

Düngung hängt auch eng mit der Fruchtfolge zusammen. Am besten Stark-, Schwach- und Mittelzehrer im Beet abwechseln, da diese einen unterschiedlichen Anspruch an Nährstoffen haben. Am schönsten wäre natürlich ein Vierjahresplan, bei dem im ersten Jahr ein Starkzehrer (z.B. Tomate oder Kohl) im Beet steht, im zweiten Jahr ein Mittelzehrer (z.B. Karotten/Möhren oder Mangold), im dritten Jahr ein Schwachzehrer (z.B. Salat oder Bohnen) und der im vierten Jahr eine Gründüngung zur Regeneration vorsieht. Ist dies nicht möglich, kein Stress, versuche stattdessen einfach flexibel so nahe wie möglich ans Ideal zu kommen. Bei Salat und Karotten/Möhren wirkt starke Düngung eher kontraproduktiv, da sie Schwachzehrer sind. So spart man im Endeffekt auch Dünger, da er nicht wahllos über den ganzen Gemüsegarten jährlich verstreut werden muss. Und mit regelmäßiger Gründüngung gelingt die perfekte Bodenpflege. Das führt uns auch schon zur Mischkultur, die wir auf S. 158 beschreiben. Wer wohnt nicht gerne neben dem richtigen Nachbarn?

Tipp: Lege je nach Vorliebe entweder einen Beetplan an oder mach einfach Fotos, damit du genau weißt, was du im letzten Jahr auf der Fläche angebaut hast.

Ein guter Boden ist die Krönung des Gartens. Alle anderen Zutaten sind nichts wert, wenn der Boden misslingt. Verwende deshalb nur die besten Rohstoffe.

Dafür brauchst du:

» ein relativ beikrautfreies Beet (oder bringe es in dieses Stadium)
» nur leicht mit der Grabgabel lockern, möglichst nie komplett umrühren (das bringt die Wohnebenen der Bodenbewohner durcheinander)
» Fräsen vermeiden, nur im Notfall (pürierte Bodentiere sind nicht mehr arbeitsfähig)
» Beete anlegen und nicht mehr betreten – im Mini-Nationalpark auf den Wegen bleiben (so bleibt der Boden jahrelang locker und das Wurzelgemüse dankt es dir)
» pro Jahr und m^2 etwa 1–2 Liter Kompost darüberstreuen – das lässt den Boden fluffig-puffig weich werden und nährt das Bodenleben
» mit guten Mehrnährstoff-Naturdüngern *würzen*, gut abgelegener Mist zur Fütterung der Bodentiere, wenn mal mehr Nährstoffe nötig sind (Vorsicht: Zu viele Nährstoffe machen jedoch krank und anfällig für Schädlinge und Krankheiten)
» eine gute Mischung aus netten Nachbarpflanzen, die sich verstehen und unterstützen (Mischkultur siehe S. 158)
» die richtige Reihenfolge von Stark- zu Mittel- und dann Schwachzehrern
» mit Laub oder Gründüngung als schützende Decke über den Winter garnieren, um die Bodenbewohner zu beglücken
» ... und schon hast du kräftige, gesunde Pflanzen, die wehrhafter gegen Angreifer sind.

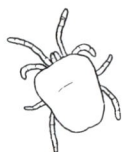

Was erwartet dich in diesem Buch?

Kapitel 2 ist für die Detektive (S. 12) und Spurensucher unter den Gärtner*innen. Welches Tier hüpft da gerade herum, was mampft an deiner Gurke und was ist das, das dich so durchdringend ansieht? Die Beschreibungen der **wichtigsten Symptome** an Pflanzen und der häufigsten Tiere, die öfter im Gemüsebeet vorbeischauen, findest du ab S. 12. Für Eilige ist auch ein Quickfinder, also ein Bestimmungsschlüssel dabei (S. 13), der elegant in den nächsten Abschnitt überleitet.

In Kapitel 3 (S. 28) findest du ausführliche Beschreibungen der Tiere, die oft **„Schädlinge"** genannt werden. Wenn man sich jedoch mit den Tieren beschäftigt, wird schnell klar: Schädling und Nützling sind absolut unbrauchbare Beschreibungen. Jedes Tier hat faszinierende und schöne Seiten. Und diese interessanten Aspekte, die fantastischen Eigenheiten sowie **Skurriles und Wunderbares** dieser Tiere möchten wir dir in diesem Kapitel näherbringen. Im Anschluss an jede der 43 Tiergeschichten findest du alle wichtige Details und Infos zum Tier: Name, Aussehen, Verwechslungsgefahren, Maßnahmen oder Gegenstrategien bis hin zu Pflanzenbrühen und Bio-Pflanzenschutzmittel, die helfen, gesundes Gemüse zu ernten.

In der Regel sind Mischkultur, Nützlingsförderung und vorbeugende Maßnahmen im privaten Gemüsegarten ausreichend. Die empfohlenen Pflanzenschutzmittel sind als Feuerwehr gedacht und sollten nur im Notfall eingesetzt werden. Die Zulassungen für diese Mittel ändern sich übrigens öfter, deshalb am besten im Fachhandel nachfragen, ob und wie ein Bio-Pflanzenschutzmittel eingesetzt werden darf. Kaufbare Nützlinge, die im Gemüseanbau eher im Gewächshaus und weniger im Freien eingesetzt werden, sind ebenfalls aufgelistet. Den wilden Verwandten dieser Nutztiere widmen wir uns im nächsten Kapitel.

In Kapitel 4 (S. 114) findest du alles Wissenswerte über die Jäger im Gemüsebeet: Alle wichtigen Gegenspieler der Gemüsefresser werden beschrieben und auch deren Seltsamkeiten sowie faszinierende Lebensweisen fehlen natürlich nicht. Lerne die **Nützlinge** im Porträt kennen – alles, was du über die wichtigen Helferlein wissen musst und wie du sie zum Bleiben bewegst.

Eine Übersicht über die **häufigsten Gemüsearten und ihre Hauptschädlinge** findest du in Kapitel 5 (S. 158). Die passende Mischkultur, um das große Fressen klein zu halten, ist jeder Gemüseart zugeordnet. Sehr praktisch.

Vor Freude sprühen und jauchzen wirst du, wenn du ein Freund von selbst zubereiteten **Brühen und Jauchen** bist, die findest du nämlich ab S. 172. Hier sind die Zaubertränke, die schon im 3. Kapitel empfohlen wurden, genauer beschrieben. Wir mussten allerdings eine Auswahl treffen, da wir allein zu diesem Thema ein eigenes Buch füllen könnten, und haben uns hier auf die gängigsten Mittel geeinigt.

Was hat es mit **Biotechnik und physikalischen Methoden** (S. 154) im Gemüsegarten auf sich? Warum empfehlen wir dir nicht alle zugelassenen Pflanzenschutzmittel (S. 24), die es im Bio-Landbau gibt? Oder warum Pflanzen eben nicht nur einfach in der Gegend herumstehen und sich fressen lassen, sondern ausgefeilte **Abwehrmechanismen** haben (S. 110) – das alles und noch viel mehr findest du in diesem Buch.

Und zu guter Letzt haben wir einen **Faltkalender** für dich zusammengestellt, damit du alles Wichtige auf einen Blick erkennst: rausnehmen, aufhängen, Überblick bewahren.

Vielfalt, Vielfalt und nochmal Vielfalt: Damit dein spannender Zoo im Gemüsebeet weiterwächst.

![image](Gartnern im Gemüsebeet macht wirklich unglaublich viel Spaß.)

Gartnern im Gemüsebeet macht wirklich unglaublich viel Spaß.

Hast du nun Feuer gefangen für die unendliche Welt der Nützlinge und Schädlinge, möchtest noch mehr über sie erfahren und dein Wissen gerne erweitern, dann können wir dir unser Erstlingswerk „Handbuch Pflanzenschutz im Biogarten" (natürlich im Löwenzahn Verlag erschienen) empfehlen.

Wir fassen zusammen:
Vielfalt und unterschiedliche Strukturen im Garten schaffen das berühmte Gleichgewicht, das es einzelnen Arten schwer macht, sich zu stark auszubreiten. Manchmal müssen wir ein wenig eingreifen, aber eben nur *ein wenig*. Kaum andere Flächen im Garten verändern sich so rasant von Woche zu Woche wie der Gemüsegarten. So leben auch unterschiedliche Tiere zu unterschiedlichen Zeiten im Beet und bieten immens viel Entdeckungsmöglichkeiten über das Jahr verteilt. Wenn du nichts versäumen willst, solltest du so oft wie möglich deine Nase ins wachsende Gemüse stecken. Gemüsegärtnern ist kontemplativ, bietet Einblicke in eine andere Welt, macht süchtig und ernährt auch noch nebenbei. Und wer es schafft, in jedem Naturwesen das Schöne, Faszinierende und Überraschende zu entdecken, der hat keine Schädlinge mehr. Sondern einen wilden, unglaublich spannenden Zoo im Gemüsebeet. Legen wir los!

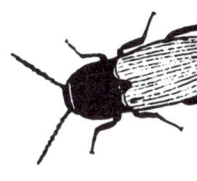

AUF SPURENSUCHE IM GEMÜSEBEET

Lupe raus und los: Werde zur Detektivin und zum Spurensucher in deinem Garten.

Hier war eine Blattschneiderbiene am Werk. Sie holt sich bloß Baumaterial für ihre Kinderstuben und schädigt die Pflanzen nicht.

Gärtner*innen als Schädlinge

Als aufmerksame*r Gemüsedetektiv*in wirst du bald feststellen, dass nicht nur Tiere über das Gemüse herfallen, sondern auch andere Wesen. Pilze, Bakterien und Viren können ebenfalls strikte Veganer sein und sich gesund und ausgewogen von deinem Gemüse ernähren. Und auch wenn dieses Buch ausschließlich den tierischen Beetbesucher*innen gewidmet ist, wollen wir trotzdem den Mikroben einen kleinen Abschnitt einräumen, denn zur sicheren Bestimmung von möglichen Schäden an deinem Gemüse ist das absolut notwendig.

Auch du wirst Teil der jetzt folgenden Schaderreger sein. Denn Symptome der Pflanzen, die durch falsche Pflege ausgelöst werden, sind nicht selten. Tut uns leid! Wir packen dich dann gemeinsam mit Hagel, Hitze, Trockenheit und Sonnenbrand zu den sogenannten *abiotischen Schadursachen*. Ist das okay? In der Fachwelt ist das so und wir behalten das jetzt einfach mal bei.

Abiotische Schäden als solche zu erkennen, ist nicht immer einfach. **Düngermangel** etwa vergleichsweise schon, denn Nährstoffmangel zeigt sich meist entweder an den jüngeren oder den älteren Blättern, die Pflanze ist also unterschiedlich gefärbt. Werden also nur die alten Blätter gelb, rötlich oder kriegen Absterbe-Erscheinungen vom Rand her, dann kann das ein Fehlen von Stickstoff, Magnesium oder Kalium sein. Sind eher die jungen Blätter, die Sprossspitze, das Innere des Kohlkopfs gelblich oder sterben ab, dann könnte die Ursache das Fehlen von Eisen, Kalzium oder Bor sein.

Schwieriger wird es, wenn überdüngt oder überwässert wurde oder Kälteschäden die Pflanze mies aussehen lassen. Hier eine kleine Übersicht von abiotischen Schädigungen:

Abiotische Ursache	Symptom	Zusatzinfos
Kälte- bzw. Frostschaden	rötliche, braune oder schwarze Verfärbungen, Vergilbung, Kräuselung	Tomaten und anderes Gemüse (z.B. Gurken) leiden schon bei unter 8 °C massiv an Kälte
Sonnenmangel	Ausbleichen, Vergeilen („Langwerden") von Pflanzen	Standortwechsel, wenn möglich
Lichtüberschuss (Sonneneinstrahlung)	Sonnenbrand bei Früchten und Blättern; rote, braune Flecken, Verkorkungen auf der Sonnenseite	Kann nach dem Auspflanzen ins Freie bei Gewächshaus-Pflanzen passieren.
Hagel	Löcher und Risse, Flecken auf Früchten	Sekundärbefall durch Pilze möglich
zu viel Wasser	Welke durch Wurzelfäule; sieht dummerweise Wassermangel täuschend ähnlich	Wurzeln faulen, keine Wasseraufnahme mehr möglich
unregelmäßige Bewässerung	Aufreißen von Früchten, Verfaulen oder Braunfärbung der Unterseite/Spitze der Frucht	Kann Kalziummangel auslösen: „Blütenendfäule" bei Tomaten und Zucchini
Bodenverdichtung	schwacher Wuchs, Krankheitsanfälligkeit	Nährstoffaufnahme gestört, Staunässegefahr! Lockerung wichtig und Kompost, um Boden zu beleben
hoher Salzgehalt (Streusalz, Kunstdünger)	Blattrandsterben, Welke	durchdringend Wässern kann helfen
zu hoher pH-Wert	Vergilbungen der jüngeren Blätter durch Eisenmangel (Blattadern bleiben grün)	pH-Wert senken durch Laub- oder Nadelkompost
zu niedriger pH-Wert	Vergilbungen der älteren Blätter durch Magnesiummangel (Blattader und ein Saum darum bleiben grün, der Rest wird gelb)	Schwermetalle können von der Pflanze aufgenommen werden, pH-Wert anheben durch Kalkung
Schadstoffe im Boden	Kümmerwuchs, Absterben	z.B. Weichmacher aus PVC-Schläuchen
Pflanzenschutzmittel	Blattschäden, Vergilbungen	Konzentrationen beachten, nicht bei Sonne spritzen

Wenn Gemüse krank wird

Gar nicht so leicht, alle möglichen abiotisch verursachten Anzeichen richtig zu deuten, oder? Etwas einfacher wird es bei pilzlichen, bakteriellen oder virösen Lumpen im Gemüsebeet, denn die Symptome sind hier meist recht eindeutig. Dummerweise macht die Vielzahl der Krankheiten am Gemüse diesen Vorteil wett. Hunderte verschiedene Flecken, Welken oder Muster verdienen ein eigenes dickes Buch und können hier nur kurz beleuchtet werden.

Pilze verursachen oft runde Flecken, die (wie ein ins Wasser geworfener Stein) konzentrische Kreise zeigen. Oder sie bilden Überzüge (wie Echter Mehltau), schwarze Flecken auf Blättern oder Karotten/Möhren oder bunt staubende Gebilde, wie beim Rost. Meist verursachen Pilze *Trockenfäule*, nur selten glibbert und schleimt es.

Bakterien hingegen lassen es tropfen, sabbern und glibbern: Bakterienbefall führt zu *Nassfäule*. Meistens jedenfalls. Wenn die Karotte/Möhre wegläuft, also zerfließt, dann wahrscheinlich durch die Bakterie *Pectobacterium carotovorum*, früher auch *Erwinia carotovora* genannt.

Bei **Viren** zeigen sich oft schöne Muster auf den Blättern: gelbe Kreise und bizarre Zacken oder lustig-skurriles Wachstum der Pflanze. Das klingt nett, die Pflanze sollte aber entfernt werden, da saugende Insekten die Viren weiterverbreiten können.

Erwähnenswert sind noch die **Phytoplasmen**, weil aktuell im Kartoffel- und Tomatenanbau eine Phytoplasmose-Krankheit namens *Stolbur* für Unruhe sorgt. Phytoplasmen sind zellwandlose Bakterien und verursachen Blattrollen, Kräuselungen, Blütenvergrünungen und – wie im Falle von *Stolbur* – auch das Absterben der Pflanzen.

Falscher Mehltau an der Gurke, Viruserkrankung am Paprika und Rost am Lauch. Nicht immer sind es Tiere, die für Flecken und Verfärbungen verantwortlich sind.

Gehäuseschnecken werden nur selten schädlich. Und sie sehen einfach goldig aus.

Aber jetzt: Auf ins Tierreich!

Bei deiner Safari durch das Gemüsebeet kannst du viele Tiere antreffen. Zum Beispiel die schon erwähnten Veganer, also Mitbewerber um dein Gemüsemahl: Insekten, Spinnentiere, Säugetiere, Schnecken und Würmer werden die häufigsten sein. Dann haben wir Gäste, die von Veganern gar nichts halten und diese verspeisen. Nützlinge nennen wir diese, und auch hier finden wir die bereits genannten Tiergruppen, ganz vorneweg die Insekten. Vögel und Reptilien können sich ebenfalls im Gemüsebeet nützlich machen, wenn sie Raupen oder Blattläuse dezimieren. Letztendlich haben wir noch Tiere, die wir gerne als nützliche Lästlinge bezeichnen, weil sie selbst zwar kein Gemüse fressen und sogar als Nützling fungieren, aber eben auch nerven können. Ameisen und Wespen wären zwei Beispiele.

Oft sind die Tiere nur schwer zu entdecken, weil sie entweder sehr klein sind, sich gut tarnen oder nur nachts ihre Beet-Runde drehen. Neugier und Interesse sind von Vorteil und eine gute Lupe hilft ungemein. Manchmal wirst du nur noch die Spuren sehen können, die die Tiere hinterlassen haben: Kotkrümel bei Raupen, Häutungshüllen von Blattläusen oder Zikaden, Schleimspuren der Schnecken, aber auch die schwarzen Schlieren, die von der nützlichen Schwebfliegenlarve nach dem Verspeisen hunderter Läuse hinterlassen wird.

Viel los im Beet! Um dir die Unterscheidung der Tiere zu erleichtern, nehmen wir uns auf den nächsten Seiten jede einzelne Gruppe gesondert vor.

AUF SECHS BEINEN DURCH DIE WELT: INSEKTEN

Seit wahrscheinlich einer halben Milliarde Jahren sind Insekten auf unserem Erdball und sie haben sich in dieser Zeit zur artenreichsten Tiergruppe entwickelt. Fast eine Million Arten sind beschrieben und die gleiche oder sogar die doppelte Menge wird noch unentdeckt durch Regenwälder oder Savannen brummen. Prinzipiell haben Insekten immer sechs Beine, vier Flügel und eine klare Dreiteilung des Körpers: Kopf, Mitte, Hintern. Aber wie immer gibt es natürlich auch in der Insektenwelt Ausnahmen: Insektenlarven haben oft keine Beine, manche Flügel haben sich zu anderen Organen umgewandelt und die klare Dreiteilung muss bei einer dicken Hummel eher erahnt werden. Nicht so einfach also.

In der Systematik der Biologen werden verschiedene Insektenarten zu Familien und verschiedene Familien zu Ordnungen zusammengefasst. Und so gibt es die Ordnung der Käfer, der Schmetterlinge und auch die der Gespensterschrecken oder Kamelhalsfliegen. Wir tasten uns jetzt langsam, aber auch knapp durch die wichtigsten Ordnungen. In Ordnung?

Eindeutig: Durch Raupen verursachter Lochfraß an Kohl.

Wer hat denn hier sein Geschäft verrichtet? Kotkrümel verraten die Anwesenheit einer Schmetterlingsraupe.

Und wir beginnen mit einer sehr bekannten Ordnung, nämlich der der **Schmetterlinge**. In Liedern besungen und in Kinderbüchern verherrlicht, sind Schmetterlinge, zu denen auch die Motten gehören, wunderschöne Tiere. Schmetterlinge führen das klassische Insektenleben: Ei, Larve, Puppe, Vollinsekt. Das machen nicht alle Insekten so, die Schmetterlinge aber tun's. Dass die Larve Raupe genannt wird, weißt du wahrscheinlich. Aber wie erkennt man sicher eine Raupe? Irgendwie wurmig ist ja viel in der Natur. Also: Raupen haben immer sechs Beine nach dem Kopf (drei auf jeder Seite, jeweils zwei pro Segment, also den Querrillen am Körper). Dann kommen mindestens zwei, manchmal fünf oder mehr Segmente *ohne* Beine. Nach dieser beinlosen Zone haben die Raupen verschiedenartige, meist lustig aussehende „Hinterbeine". Einfach, oder? Die den Raupen sehr ähnlichen **Blattwespenlarven** haben nur *ein* beinfreies Segment, aber ebenfalls sechs Vorder- und viele Hinterbeinchen (siehe Fotos S. 56).

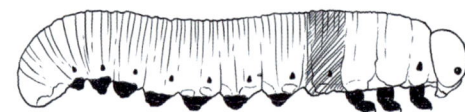

Blattwespenlarve

Schmetterlingsraupe

Bei den Schmetterlingen fressen nur die Larven dein Gemüse, und diese hinterlassen oft ein eindeutiges Zeichen: Kotkrümel. Wenn du also kleine, fast rundliche schwarze, grüne oder auch andersfarbige Krümelchen auf Blättern etc. entdeckst, dann ist die Raupe nicht weit. Die erwachsenen Tiere saugen hauptsächlich Nektar von Blüten und schädigen nicht.

Käfer sind auch eine sehr bekannte Insektenordnung, meist gut gepanzert und mit zwei harten Deckflügeln. Darunter befinden sich häutige Flügel, die die dicken Kerle eher etwas unsicher durch die Luft fliegen lassen. Was aber unterscheidet einen Käfer von den ähnlich aussehenden Wanzen, Grillen oder Schaben? Dreh doch den Käfer einmal um, auch wenn er nicht will. Du siehst einen Kopf, einen Mittel- und ein Hinterteil. Am Mittelteil befinden sich zwei Beine, am Hinterteil vier. Das mit Mittel- und Hinterteil ist zwar zoologisch nicht ganz korrekt, aber zur Bestimmung geht das trotzdem ganz gut. Weiter haben Käfer oft auffällig beißende Mundwerkzeuge, was sie von Wanzen sicher unterscheidet. Käferlarven hingegen können nahezu alle Formen annehmen. Das ist echt schwierig mit der Bestimmung, sie haben aber immer nur sechs Beine. Käferlarven entwickeln sich zu Käfern in sehr hübschen Puppen, bei denen die Beine und andere Teile des Erwachsenen bereits erkennbar sind. Im Gemüse fressen Larven und erwachsene Käfer Löcher oder Buchtenfraß (vom Rand her) in die Blätter. Und es gibt natürlich auch nützliche Käfer für Gärtner*innen: Hier fressen ebenfalls Larven und Erwachsene die Schädlinge, die sich an der Pflanze zu schaffen machen weg, wie etwa der Marienkäfer. Sieht hübsch aus und ist auch noch hilfreich.

Bei Fliegen und Mücken, die zur **Zweiflügler**-Ordnung gezählt werden, ist eine Bestimmung wieder einfacher. Zweiflügler haben nur zwei sichtbare Flügel, die anderen beiden (du erinnerst dich sicher: Insekten haben immer vier Flügel) sind zu flugstabilisierenden Schwingkölbchen umgebaut worden. Was ist klein und hat zwei Flügel? Die Fliege und die Mücke! Und deren Babys heißen Maden, die meist ein spitzes Maul und einen dicken Popo haben. Manchmal hat der Hintern sogar Ähnlichkeit mit einem Gesicht. Die Verpuppung findet in sogenannten Tönnchenpuppen statt, also kleine, meist braune ovale, footballartige Püppchen. Fliegen sind wahre Gemüsegourmets und so hat fast jedes Gemüse seine eigene Fliege. Es fressen nur die Larven, die erwachsenen Tiere schädigen nur selten z.B. bei der Eiablage. Nützliche Zweiflügler treffen wir aber auch an in unserem wilden Gartenzoo: Schwebfliegen, Raupenfliegen oder Räuberische Gallmücken.

Die nächste Insektenordnung kennen vom Namen her nur wenige: **Schnabelkerfen**. Kerf war früher das Wort für Käfer, aber mit Käfern haben sie nichts zu tun. Auch nicht mit Vögeln, worauf der Schnabel im Wort hindeuten würde. Jedoch hat die auch „Gleichflügler" genannte Ordnung Unterordnungen, die du vermutlich, nein, ganz sicher sogar, kennst: Wanzen, Zikaden und Pflanzenläuse. Sie sind alle Sauger, haben also einen Mundstachel und saugen damit gern an den Pflanzen herum. Auch gemeinsam ist ihnen das fehlende Puppenstadium. Die Larven (Nymphen) sehen dem Vollinsekt meist sehr ähnlich und nach einigen Häutungen sind sie quasi erwachsen.

Spuren saugender Schädlinge auf der Blattunterseite eines Bohnenblattes.

Für einen einfachen Einstieg beginnen wir mit den **Zikaden**, genauer Rundkopfzikaden. Ihre rhombische Form ist schon sehr eindrücklich. Lustig ist ihr einzigartiger Schräggang, sie torkeln, als hätten sie zu viel Bier getrunken. Da sie es nicht schaffen, geradeaus zu gehen, fliegen sie wohl auch lieber. Husch, weg. Sehr schnell und nervös sind Zikaden. Und da sie ja als Jungtier dem Erwachsenen sehr ähnlich sind, sind auch die Häutungshüllen, die oft gefunden werden können, von der Form her sehr eindeutig rautenförmig.

Zikade auf Kartoffel – Flügel wie ein kleines Dach.

Wanzen sicher als Wanzen zu bestimmen ist schon etwas schwieriger. Zwar haben viele Arten dieser Tiere zu einem X überkreuzte Deckflügel und meist auch gut sichtbar ein Dreieck hinterm Halsschild; wenn das Tier aber recht langgestreckt oder gestaucht ist und du vielleicht noch ein Jungtier vor dir hast, wird es schwierig. Wanzen haben immer einen Stechrüssel, der auch zur Verteidigung eingesetzt wird. Dieser Stechrüssel kann nicht eingezogen werden, ist aber unter dem Körper einklappbar. Zur Verteidigung lassen sie Stinksekrete ab, die zwar Früchte ungenießbar machen, aber die Wanzen auch vor hungrigen Vögeln retten kann.

Zu guter Letzt kommen wir zur Unterordnung der **Pflanzenläuse**, die eine Vielzahl an ziemlich unterschiedlich aussehenden Tierchen beinhaltet. Da wären die meist schön gefärbten, dreiäugigen **Blattflöhe**, die wild hüpfend Karotten und Sellerie besaugen. Dann die **Mottenschildläuse**, auch Weiße Fliegen genannt, die weiße Flatterwölkchen bei Massenbefall bilden können. Und die, wie Muscheln am Felsen, auf Blätter fixierten **Schildläuse** mit den verwandten Woll- und Schmierläusen. Letztere haben zum Glück im Gemüsebau keine Bedeutung. Schließlich gehören noch die allbekannten stinknormalen **Blattläuse** zur Großgruppe der Pflanzenläuse. Allen Läusen ist gemein, dass sie ihren Stechrüssel unter dem Kopf hertragen müssen, so elegant einklappen wie die Wanzen können sie ihn nicht. Das ist unter einer Lupe erkennbar, aber dafür musst du schon ein echter Bestimmungsfreak sein, um das auch zu erkennen. Gut zu sehen sind jedoch die vier dachartig gefalteten Flügel bei geflügelten Pflanzenläusen und ihre Neigung zur klebrigen Honigtaubildung bei den meisten Pflanzenläusen. „Wenn's glitzert und klebt, ein Läuschen da lebt", würde der Volksmund sagen.

Auf zu den nächsten Ordnungen, die wir aber etwas hurtiger behandeln, denn die Bestimmung ist relativ leicht. **Heuschrecken** zum Beispiel. Die dürfte jedes Kind erkennen. Eine Echte Grille oder eine Maulwurfsgrille ist schon schwieriger. Gerade letztere sieht vorne aus wie ein Maulwurf, hinten jedoch hat diese Grille (wie andere Grillen auch) markante Sprungbeine. An denen können viele Heuschrecken als solche erkannt werden. Heuschreckenarten können einerseits Pflanzen fressen, aber auch feine Nützlinge sein.

Thripse, auch Blasenfüße oder Fransenflügler genannt, müssten mit der Lupe betrachtet werden, dann können sie eindeutig bestimmt werden. Diese etwa 2–3 mm kleinen Tierchen haben wirklich arg zerfranste Flügel. Wie sie damit bis über die Wolken fliegen können (was viele Arten tun), ist rätselhaft, aber sie machen es. Auch bei den Thripsen gibt es Pflanzensauger und nützliche Arten, wobei sie sich auch vermischen können – je nach Angebot.

Im wilden Zoo des Gemüsebeets sind selbstverständlich auch Insekten unterwegs, die nicht schädigen und uns manchmal sogar nutzen. Sie sollen auch kurz erwähnt werden, denn so selten sind sie gar nicht. Wir starten mit den **Hautflüglern**, zu denen Bienen, Hummeln, Wespen und Ameisen zählen. Die sind leicht zu bestimmen, außer wir reden von den Schlupf- oder Erzwespen. Vor allem die Erzwespen sind sehr klein, unter 0,6 mm, sehen aber trotzdem noch aus wie kleine Wespen mit aufregend schmaler Taille. Vier Flügel haben die Hautflügler immer (die Ameisen nur als Geschlechtstiere), manchmal miteinander verhakt oder, wie bei den schwarz-gelben Faltenwespen (ja, die am Kaffeetisch), gefaltet.

Eine weitere Insektenordnung im Boden wären die **Collembolen** oder **Springschwänze** aus der Klasse der Sackkiefler (dieses Wort *musste* ins Buch!). Sie haben keine Flügel, können aber durch eine Sprunggabel am Hintern prima hüpfen. Die nur wenige Millimeter großen Insekten sorgen für guten Boden, weil sie tote Pflanzen fressen.

Und ganz am Ende die elegantesten Insekten im Beet: **Netzflügler**. Die grünen Vierflügler, elfengleich durch die Luft schwebend mit goldenen Augen: die **Florfliegen**. Ihre Larven sind als Blattlauslöwen bekannt und haben eine fiese, giftgefüllte Beißzange, die aber nur für Läuse und Co. gefährlich ist.

SPANNENDE SPINNER: SPINNENTIERE

Jetzt verlassen wir die Insektenwelt und kommen zu den **Spinnentieren**. Recht bekannt ist, dass Spinnentiere acht Beine haben. Nicht alle, aber sehr viele. Gerade manche Milben oder ihre Jungtiere kommen mal mit nur sechs, manchmal sogar mit nur vier Beinen gut durchs Leben. Aber meistens eben doch acht Beine. Spinnentiere haben nicht die klassische Dreiteilung der Insekten, sondern eine Zweiteilung, aber auch diese ist bei Weberknechten oder Milben nur schwer zu erkennen. Also doch Beine zählen, was bei Milben echt schwierig ist, denn manche messen weit unter einem Millimeter. **Spinnmilben** schaffen auch keinen ganzen Millimeter, sind aber durch ihr Massenauftreten dann doch gut zu erkennen. Es wuselt auf der Blattunterseite und auf der Blattoberseite zeigen sich gelbe, nadelsticharige Flecken. Bei starkem Befall finden sich Gespinste, auf denen die gelblich-grünlich-rötlichen Tiere geschickt balancieren.

Ohne Mikroskop unmöglich wird das Beine zählen bei den Milben, die am Blatt versteckt wohnen. **Weichhautmilben** tun das und sind nie zu sehen. Lediglich blasig aufgebeulte, meist kleinere Blätter und Triebspitzen zeugen von ihrer Anwesenheit.

NOCH MEHR TIERE UND NOCH MEHR BEINE GEFÄLLIG?

Da geht noch mehr: **Asseln** haben 14 Beine, auf denen sie durchs Beet wuseln, um abgestorbene Pflanzen in feinsten Kompost zu verzaubern. Knabbern sie an deinem Gemüse, dann ist dieses vermutlich dem Biomüll näher als dem Teller, also geschwächt oder krank. Noch mehr Beine haben die bissigen Hundertfüßer: 30 Beine hat der **Steinläufer**, der meist nachts auf Jagd geht. Der **Saftkugler**, der wie die Assel Kompost produziert, kommt auf 34 Beinchen angelaufen. Die meisten Beine hat ein Kalifornischer Tausendfüßler: 750. Aber keine Angst, diese vielen Beinchen laufen dir in deinem Garten sicher nicht vor die Linse, denn den gibt's nur in Kalifornien.

GRUNZEN, BLUBBERN, SCHLEIMEN: SCHNECKEN

Genug mit dem Beinezählen. Schnecken gehören zu den Bauchfüßern (*Gastropoden*) und haben nur einen Fuß, weil nur einen Bauch. Dass es Gehäuseschnecken und Nacktschnecken gibt, ist nichts neues, aber vielleicht interessiert dich ja die Grunzschnecke, die manchmal in deinem Beet vorkommen kann. Dieses interessante Tier verteidigt sich mit lautem Rülpsen und pupsartigen Blubbergeräuschen. Sie ist der Weinbergschnecke sehr ähnlich und, wie die meisten **Gehäuseschnecken**, nicht pflanzenschädlich. Lediglich die behauste Hain-Bänderschnecke frisst in trockenen Jahren mal frisches Zeug. Sie kann mit der Garten-Bänderschnecke verwechselt werden. Diese hat einen gelben Hauseingang, die Hain-Bänderschnecke einen dunklen.

Gehäuseschnecken elegant eingeparkt: Diese Bänderschnecken fressen hauptsächlich Algen und Flechten und äußerst selten Gemüse.

Auch **Nacktschnecken** haben prinzipiell ein Haus, aber sehr reduziert auf den auffälligen Rückenschild mit rechts liegendem Atemloch. **Wegschnecken**, also die klassischen orange-braunen Gemüsemonster, haben das Atemloch eher vor der Mitte. **Ackerschnecken**, nicht minder fresslustig, aber hübscher gefärbt, haben das (erhaben wirkende) Loch eher hinter der Mitte. Sie werden nur maximal 6 cm lang. Schlussendlich noch die bis einen viertel Meter großen **Schnegel**, mit ebenfalls eher hinten liegendem Loch. Schnegel sind für Gärtner*innen gute Schnecken und fressen neben toten Pflanzen auch Aas und andere Schnecken.

Böse Schnecken (aus Sicht der Gemüseanbauenden), also Weg- oder Ackerschnecken, fressen Löcher oder ganze Pflanzen. Markant ist der Schleim, der auch angetrocknet noch glitzert. So kann man eindeutig den Fressfeind bestimmen.

Glänzendes Kleinod in der Sonne, hier war eine Nacktschnecke am Werk.

DIE FRÜHE ZWIEBEL FÄNGT DEN WURM: NEMATODEN

Das letzte saugende Tier in diesem Kapitel ist viel zu klein, um es zu erkennen. Pflanzenbefallende Nematoden, oder auch Fadenwürmer genannt, sind mikroskopisch klein. Nur wenn sie in großer Zahl in einem Glas Wasser schwimmen, können sie einigermaßen erkannt werden, wenn denn die Augen nicht jenseits der 40 Jahre alt sind. Bei Verdacht also Gemüse kleinschneiden, in ein Wasserglas (eventuell Brille aufsetzen) und dann wuseln die Winzlinge erkennbar am Boden herum. Verdächtig ist, wenn Wurzeln wie Bärte

aussehen, wenn Lauchpflanzen zusammenknicken, Karotten/Möhren Beine kriegen oder sich kleine Knubbel an den Wurzeln befinden.

SÄUGETIERE SIND KEINE SAUGENDEN SCHÄDLINGE ...

... sondern Beißer. Entweder die **Wühl- und Feldmäuse**, die unterirdisch leben, dort Wurzeln anknabbern, aber auch oberirdisch wachsendes frisches Grün nicht verschmähen. Oder **Hasen, Karnickel, Rehe, Wildschweine, Mäuse, Kühe, Schafe, Gnus, Lamas** ... alles prinzipiell Gemüseschädlinge. Wühlmäuse können am knapp unter der Erde verlaufenden, oft hochovalem Gangsystem erkannt werden, Feldmäuse an kreisrunden Löchern, die durch straßenartige Trampelpfade verbunden sind. Jedoch größere Wildtiere als Schädiger auszumachen, ist nicht leicht. Die Wildsau hat vermutlich auch den Zaun umgeknickt und alles durchgepflügt, das geht noch; aber wer frisst alle Salatköpfe auf? Spurenlesen ist vermutlich die beste Diagnosehilfe.

So ein schöner Zweiflügler: die Schwebfliege.

Wir machen uns auf die Suche nach den kleinen Ernteabstaubern.

Löchriges Gemüse? Schnecke, Raupe oder Käfer, wer war da dran?

Von Löchern, Pünktchen und anderen Fraß-spuren: Wer war das?

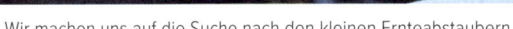

OBERIRDISCH: FRÜCHTE, BLÄTTER UND STÄNGEL

Keine Tiere zu sehen oder nur sehr wenige:

» Löcher/Fraßspuren:
  - Fraßspuren am Rand (Rüsselkäfer S. 89)
  - viele kleine Löcher (Erdflöhe S. 92, Anfangsbefall durch Raupen ab S. 55)
  - richtig große Löcher (Raupen ab S. 55, Blattkäfer ab S. 89)
  - richtig große Löcher mit Glitzerspuren (Schnecken S. 77)

- Skelettierfraß: einige Blattrippen bleiben stehen, Kotkrümel (Raupen ab S. 55)
- Schabefraß: keine richtigen Löcher, nur abgeschabt (meist blattunterseits) (Schabemotten, Lauchminiermotten S. 68)
- Löcher in Knollen, Wurzeln (Karotten) etc.
  - Gänge werden faulig, braun, eklig (Drahtwürmer S. 91, Gemüsefliegen)
  - Gänge sind nur leicht verbräunt (Käfer, v.a. Rüsselkäfer)
- alles weggefressen, Pflanze/Jungpflanze nicht mehr da (Schnecken S. 77, Eulenraupen S. 65, Mäuse, Hasen oder Kaninchen S. 20, Maulwurfsgrillen S. 75)

» Minierende Schädlinge: Gänge oder Flecken *im* Blatt (zwischen Ober- und Unterhaut) oder Stängel; oft Kot der Tiere in den Gängen erkennbar:
   • helle schlangenartige Wege, eventuell am Ende des Wegs eine Larve (Minierfliegen S. 51)
   • größere helle Flecken (eventuell mit Larve), auch aufgebeult (Miniermotten S. 68, Minierfliegen S. 51)
   • perlschnurartige Punkte (Lauchminierfliegen S. 52)

» Einstichstellen, Pünktchen (Tipp: Schnapp dir eine Lupe, um die kleinen Tierchen zu entdecken):
   • auf der Blattunterseite kleine, schwarze Lacktröpfchen und eventuell auch strichförmige kleine Tiere (Thripse S. 100)
   • absolut keine Tiere zu sehen, manchmal dreieckig anmutende weiße Häutungshüllen (Zikaden)
   • winzige, grünliche/gelbliche/rötliche Tierchen zu sehen, teilweise auch Gespinste (Spinnmilben S. 84)
   • auf Lauchpflanzen (Lauchminierfliegen S. 52)
   • auf Kohlarten kleine gelbe Flecken, braunwerdend und später Herausfallen der braunen Stellen, dadurch entstehen Löcher; keine Kopfbildung (Kohlwanzen S. 43)
   • Kohlblätter mit „Fensterfraß": winzige Löcher mit verbliebenen Blatthäutchen (Anfangsbefall durch Kohlmotten)

» Pflanzen (vor allem Laucharten) kringeln die Blätter, lassen die Blätter hängen oder kippen teilweise um, meist nestartiger Befall (Stängel- und Blattnematoden S. 104)

Viele Tiere in Sicht!

» Tiere hauptsächlich *unter* dem Blatt oder an den Sprossspitzen:
   • Pflanzen kleben, können auch schwärzlich werden (Blattläuse S. 28, Mottenschildläuse S. 38)

• Pflanzen kleben nicht:
   – stabförmig, recht klein, schwarze Lacktröpfchen, weißliche Einstichstellen auch blattoberseits sichtbar (Thripse S. 100)
   – sehr kleine, sehr viele eher rundlich, gelblich/rötlich/grünlich gefärbte Tiere, gelbliche Einstichstellen auch blattoberseits sichtbar (Spinnmilben S. 84)

» Tiere hauptsächlich *auf* dem Blatt oder überhaupt überall:
   • wurmartig, vermutlich Larven:
      – nur sechs Beine (Käferlarven, z.B. Kartoffelkäfer S. 94, Marienkäferlarven S. 133; Florfliegenlarven S. 130)
      – sechs Beine und mehr Beine weiter hinten (Raupen):
      – rollt sich bei Gefahr zusammen und lässt sich fallen (Eulenraupen S. 65)
      – keine Beine, im Querschnitt halbkreisförmiger Körper (Schneckenarten S. 77)
      – keine Beine, spitzes Maul, dicker Hintern (Fliegenlarven, Schnakenlarven S. 47)
      – hier suche ich sicher keine Beine, dieses Tier lebt in ekligem Schleim (Lilienhähnchenlarven S. 98, Spargelhähnchenlarven S. 97)
   • käferartig:
      – wappenförmig, kleines Dreieck am Nacken, Flügel überkreuzt (Wanzen S. 42)
      – rundlich, sechs Beine, davon zwei am „Mittelteil" und vier am Hinterteil angebracht (Käfer):
      – gestreift, auf Kartoffel, Tomate, Aubergine oder Paprika (Kartoffelkäfer S. 94)
      – knallrot, auf Laucharten, huscht schnell weg (Lilienhähnchen S. 98)
      – klein, schwarz, manchmal mit gelbem Mittelstreifen, huscht schnell weg (Erdflöhe S. 92)

» Tiere *in* der Pflanze, Stängel oder Frucht:
   • wurmartige Tiere:
      – mit mini-mini drei Paar Beinen, gelb-brauner Körper mit Querrillen (Drahtwürmer S. 91)

- sechs Beine und noch mehr weiter hinten (Raupen)
- ohne Beine, spitzes Maul, dicker Popo:
  - weißlich (Fliegenlarven)
  - gräulich, bräunlich (Schnakenlarven S. 47)
  - sehr, sehr, sehr klein! Eigentlich nicht zu sehen, weißliche Miniwürmer (Nematoden S. 102)
- • rundlich, braun, mit Querrillen wie ein American Football, bewegungslos (Fliegenpuppen)

» Das Tier hat vier Beine, Fell und schaut mich nur kurz an:
  - • Säugetiere (z.B. Wühlmäuse S. 70)

IRGENDWO IM NIRGENDWO: ZWISCHEN SPROSS UND WURZEL

» viele kleine weißliche/gelbliche Tiere, Wachsflocken und oft Ameisen (Wurzelhalsläuse S. 37)
» größere Löcher herausgenagt bei Radieschen, Kohlrabi, Karotten etc. (Schnecken S. 77, Eulenraupen S. 65, Mäuse)
» kleinere Löcher, manchmal mit etwa 1–1,5 cm großer brauner Larve. Diese hat sechs sehr kurze Beine (Drahtwürmer S. 91)

UNTERIRDISCH: AN DER WURZEL UND IM BODEN

Keine Tiere zu sehen oder nur sehr wenige:

» Fraßstellen:
  - • groß, massiv, halbe Wurzelfrucht weggefressen (Wühlmäuse S. 70)
  - • kleinere Fraßstellen (Mäuse, Ackerschnecken S. 81)
  - • Einbohrlöcher (Wurzelfliegen S. 49, Drahtwürmer S. 91)
» Knotige Wurzelverdickungen (Wurzelgallenrüssler, Nematoden S. 102)

» Gemüse sieht aus wie ein bärtiger Hipster: auffällig viele bartartige Wurzeln, Wurzelbärtigkeit (Nematoden S. 102)
» Karotten, Rettich kriegen mehrere Beinchen, Beinigkeit (Nematoden S. 102)

Tiere an der Wurzel:

» viele kleine weißliche/gelbliche Tiere, Wachsflocken und oft Ameisen (Wurzelläuse, Wurzelhalsläuse S. 37)
» Gewürm im Boden:
  - • weißliche, glasig aussehende, kleine, beinlose Larven (Trauermücken S. 53)
  - • kleine, längliche, bräunliche Nüsschen, symmetrisch (Fliegenpuppen)
  - • mittelgroße, braun-rötliche Dinger, oft eine Hälfte mit Querrillen, die andere glatt (Falterpuppen)
    - und sogar Beine, Gesicht erkennbar (Käferlarven)

» Bohrlöcher mit Larven
  - • absolut beinlose, weißliche Larve, kleiner als 1 cm, mit spitzem Maul und dickem Popo (Wurzelfliegen S. 49)
  - • bräunliche Larve, 2–3 cm, Querrillen und sechs recht kurze Beinchen (Drahtwürmer S. 91)
  - • weißliche Larve, sechs Beinchen, brauner Kopf (Käferlarven, z.B. Rüsselkäfer)

OBERSTES GESETZ IM GEMÜSE-BEET: PFLANZENSCHUTZMITTEL NUR IM NOTFALL

Moderner Pflanzenschutz braucht fast keine Pflanzenschutzmittel. Und wenn, dann nur solche, die minimal in das Gleichgewicht des Naturgarten-Beets eingreifen, um dieses zu unterstützen. Chemisch-synthetische Wirkstoffe sind hier völlig daneben, denn uns ist bislang keines bekannt, das nicht in irgendeiner Art Natur oder Mensch nachhaltig schädigen würde. Doch auch einige erlaubte Bio-Wirkstoffe im Ökologischen Landbau sind eher mit Vorsicht einzusetzen:

Eine Schwebfliege auf Bohnen. Aber Vorsicht: Auch Biomittel können Nützlinge schädigen.

» **Pyrethrum (Pyrethrine)**, der Extrakt einer Chrysanthemenblüte, ist ein gut wirksames Biomittel, das sich auch schnell wieder abbaut. Aber: Leider fetzt es alles vom Blatt, das sechs oder mehr Beine hat. Auch alle Insekten und Spinnentiere sowie alle Nützlinge und Unbeteiligten wie Asseln oder Reptilien. Und das wollen wir nicht – ein absolutes No-Go also unter den Pflanzenschutzmitteln.

» **Spinosad** wird aus Bodenbakterien gewonnen und ist ein insektizides Fraßgift. Im Grunde ist es eigentlich nützlingsschonend, aber leider gerade für Bienen und andere Bestäuber sehr giftig. Deshalb auch für uns nicht empfehlenswert.

» **Schwefel** hilft gegen freilebende Schadmilben super. Aber es schädigt auch Raubmilben oder im Boden lebende Nutzmilben aller Art. Deshalb: möglichst keine Schwefelpräparate.

Einen neuen Wirkstoff wollen wir nicht vorenthalten: **Maltodextrin** ist ein Zucker, der auch als Nahrungsmittel am Markt erhältlich ist. Aufgelöst und auf Insekten oder Milben gesprüht, wirkt er erstickend und verklebend. Im Moment ist das Mittel nur im Profianbau zugelassen und über das Verhalten auf Nützlinge wissen wir ebenfalls noch wenig. Deshalb wollen wir es auch noch nicht unbedingt empfehlen.

Rapsöl-Präparate sind super nützlingsschonend. Nicht bei Sonnenschein spritzen, sonst sind sie auch super pflanzenschädigend.

Hier findest du jetzt die ultimative Tabelle unserer Pflanzenschutz-Empfehlungen, aber denk immer daran: nur verwenden, wenn wirklich nichts anderes mehr hilft. Und bitte: Halte unbedingt Ausschau nach Nützlingen. Nicht alle Mittel sind wirklich komplett nützlingsschonend. Sollte also auf dem Beipackzettel stehen, dass das Mittel mögliche Schäden an Nützlingen verursachen könnte, die ebenfalls auf der Pflanze vorkommen, dann am besten zu einem anderen Pflanzenschutzmittel greifen oder das Spritzen vermeiden.

Wirkstoff	Wirkungsweise	Zugelassen gegen	Vorteile	Nachteile	Bemerkungen
Rapsöl	Verkleben der Atmungsöffnungen, Ersticken; Kontaktmittel	Läuse, Weiße Fliegen, Spinnmilben, Schildläuse	sehr nützlingsschonend	Pflanzenschäden bei Sonneneinstrahlung	Wirkt auch gegen Eier der Tiere
Kaliseife = Schmierseife = Fettsäuren, Kaliumsalze (derzeit offizielle Bezeichnung)	weicht Haut auf, Vertrocknen; Kontaktmittel	Läuse, Weiße Fliegen und Spinnmilben	nützlingsschonend	Schwebfliegenlarven können geschädigt werden	Erst das Wasser, dann das Mittel, sonst Schaumbad in der Spritze
Azadirachtin/ Neem-Extrakt	greift in Hormonhaushalt der Insekten ein, hemmt Larvenentwicklung; Fraßmittel	saugende und beißende Schädlinge	Wirkt auch *im* Blatt, dringt in die Pflanze ein	Marienkäfer- und Florfliegenlarven können geschädigt werden	Bei größeren Tieren (z.B. Kartoffelkäfer) verzögerte Wirkung von 4–5 Tagen
Orangenöl	weicht Haut auf, Vertrocknen, auch Atemwege werden geschädigt; Kontaktmittel	Weiße Fliegen, Spinnmilben	sehr nützlingsschonend	Zurzeit nur im Gewächshaus zugelassen, nicht im Freien	Zeigt auch Wirkung gegen Echten und Falschen Mehltau
Bacillus thuringiensis	löst den Darm auf; Fraßmittel	je nach *Bacillus*-Unterart: Raupen, Trauermückenlarven	sehr nützlingsschonend	Große Raupen werden nicht immer ausreichend erfasst	Wirkt erst ab 12 °C
Eisen-III-Phosphat	hemmt den Sauerstofftransport im Blut; Fraßmittel	Nacktschnecken	ungiftig für fast alle Lebewesen	Auch Gehäuse- und Nutzschnecken werden geschädigt	Breitwürfig streuen, keine Häufchen machen

Law & Order im Beet

Pflanzenschutzmittel dürfen nicht selbst hergestellt werden. Nur zugelassene bzw. registrierte Produkte dürfen verwendet werden. Das klingt irgendwie absurd, denn Schmierseife gibt es zehnmal günstiger in der Haushaltsreiniger-Abteilung. Doch es geht dem Gesetzgeber darum, dass Substanzen nicht wahllos gemischt und wild versprüht werden. Zudem sind die Rohstoffe in Pflanzenschutzmitteln auf Pflanzen- und Umweltverträglichkeit geprüft. Und das ist der Eimer Schmierseife aus dem Supermarkt nicht.

Mach dir die Mühe und brau dir die Brühe: Rainfarn vor dem Rausfahrn aufs Feld als Brühe ansetzen.

Schmierseifenschnäppchen? Keine 3 Euro für 750 g Schmierseife! Trotzdem dürfen Pflanzenschutzmittel aus so etwas nicht hergestellt werden, sagt der Gesetzgeber.

Eine gute und meist ausreichende Hilfe im Gemüsegarten sind die ab Seite 172 vorgestellten Pflanzenbrühen und -tees. Diese dürfen zur Stärkung der Pflanzen selbst hergestellt und verwendet werden und bieten eine große Bandbreite an Einsatzmöglichkeiten. Im Notfall oder bei sehr starkem Befall kann auf zugelassene Bio-Pflanzenschutz-

mittel zurückgegriffen werden. Schmierseifenpräparate beispielsweise können gute Dienste leisten, um einen Befall unter Kontrolle zu bekommen. Aber bei der Kulturführung sollte stets die Überlegung im Vordergrund stehen, wie solche Mittel bestmöglich vermieden werden können. Oft sind Pflanzen einfach nur zu gut mit Dünger gefüttert und deshalb ein wahrer Leckerbissen für Schädlinge.

Der Vollständigkeit halber möchten wir hier aber noch kurz die **Grundstoffe** erklären. Diese von der EU eingeführte Kategorie ist auch für Profibetriebe interessant. Denn dabei handelt es sich um Stoffe, die für den Pflanzenschutz verwendet werden dürfen, selbst hergestellt werden können und eine nachweisliche Wirkung haben, aber nicht explizit als Pflanzenschutzmittel verkauft werden. Sie sind also ein Mittelding zwischen Pflanzenstärkungsmittel und Pflanzenschutzmittel. Die Hauptverwendung dieser Stoffe liegt meist woanders, sie werden zum Beispiel vielfach als Nahrungsmittel eingesetzt. Die Brennnessel fällt hier hinein, aber auch Stoffe, die zur Pilzabwehr dienen, wie Backpulver, Molke oder Chitosan (ein vielversprechendes Pilzmittel). Das Beste: Die Industrie darf diese Stoffe nicht mehr als Pflanzenschutzmittel patentieren. Einen Link zu allen zugelassenen Grundstoffen findest du im Anhang.

Links Pflanzenschutzmittel und rechts anwendungsfertige Pflanzenstärkungs- und Pflanzenhilfsmittel. Sogar der Grundstoff Brennnessel ist als fertiges Präparat erhältlich.

Brennnessel ist ein sogenannter Grundstoff, das heißt, man darf sich aus ihm offiziell ein Pflanzenschutzmittel selbst herstellen. Neben Blattläusen und Spinnmilben gibt es sogar eine Zulassung für den Einsatz gegen diverse Pilzkrankheiten im Gemüsebau.

DAS GROßE FRESSEN: BEIßEN, SAUGEN & BOHREN IM BEET – DIE SOGENANNTEN SCHÄDLINGE

Im folgenden Kapitel stellen wir nun die häufigsten Ernteabstauber im Gemüsebeet vor. Wir haben die kuriosesten Geschichten, verraten, woran sie am liebsten herumbeißen, zu welcher Jahreszeit sie sich am Gemüse zu schaffen machen, wie sie zu erkennen sind (auch ohne Lupe) und vor allem: wie du sie wieder loswirst.

Bald erkennst du die gefräßigen Tierchen auch ohne Lupe, versprochen.

Lausiges Gemüse: Pflanzenläuse

LAUBSAUGER IM GEMÜSEBEET – BLATTLÄUSE!

Wir wollen dich neugierig machen, denn Blattläuse scheinen auf den ersten Blick nicht nur extrem lästig, sondern auch echt langweilig zu sein. Nix da! Wir könnten nämlich ein ganzes Buch mit interessanten Geschichten über die kleinen Sauger schreiben. Und damit kommen wir gleich zum ersten gruseligen Fakt: Das, was als Waldhonig verkauft wird, ist in Wahrheit zum Großteil von Bienen mehrfach er-

brochenes Blattlausexkrement. Läuse schlürfen Unmengen an Pflanzensaft, um satt zu werden, dieser enthält allerdings viel mehr Zucker als das für sie wichtige Eiweiß. Da sie so viel Zucker also nicht benötigen, scheiden sie ständig Zuckertröpfchen aus. Diese süßen Häufchen sind wiederum bei Honigbienen sehr beliebt. Sie sammeln den Läusekot in ihrem Honigmagen ein und bringen ihn zum Bienenstock. Dort würgen sie den Honigtau aus, andere Bienen nehmen ihn auf, um ihn wiederum in eine Bienenwabe zu erbrechen. Den Rest kennen wir: Aus den Waben schleudern und ab auf dein Frühstücksbrötchen. Wo Blattläuse, Wollläuse oder auch manche Schildlausarten wohnen, klebt es also. Und weil sie den klebrigen Kot mit den Hinterbeinen oder ihrem Schwänzchen wegschleudern, kleben auch die Nachbarpflanzen, die Fensterscheiben oder ein sanfter süßer Regen geht im Biergarten über die Gäste nieder, wenn die Linden verlaust sind.

Aber bleiben wir doch noch kurz beim Hinterteil der Laus. Denn hier werden auch die Nachkommen geboren und davon wirklich sehr, sehr, sehr viele. Blattläuse brauchen im Sommer keine Männer, um sich fortzupflanzen, sie können am Tag bis zu fünf Klone von sich, also alles Weibchen, lebend gebären. Interessant ist außerdem, dass die sich im Mutterleib entwickelnden Jungläuse ebenfalls schon Embryonen in sich tragen. Somit wird quasi eine schwangere Laus geboren, die nach wenigen Tagen ebenso wieder fünf schwangere Jungtiere auf die Welt bringen kann. So explodiert die Population der Läuse innerhalb kürzester

Zeit. Ein schlauer Mensch hat ausgerechnet, dass eine Laus in einer Saison 1 560 000 000 000 000 000 000 000 000 Nachkommen haben kann, wenn alle gesund sind und nicht von Nützlingen gefressen werden. Die Rente für die Urmutter wäre sicher, aber leider leben Blattläuse auch bei guter Pflege nur wenige Wochen.

Blattläuse werden in Steißlage und bereits schwanger geboren.

Ameisen und Läuse sind ziemlich beste Freunde: Der eine nutzt dem anderen.

Trotz der vielen Fressfeinde, die wir im Nützlingskapitel (ab S. 114) besprechen, haben Läuse auch Freunde. Ameisen lieben die süßen Kottröpfchen (Zuckersaft, den die Blattläuse absondern) und „betrillern" die Läuse, eine Art beklopfen mit den Ameisenfühlern, was diese wiederum zum Stuhlgang anregt. Manche Ameisen verteilen sogar rund um die Blattläuse einen Stoff, eine Art Droge, die sie aus den Füßen ablassen, welcher die Läuse sanft sediert. Die Läuse werden dadurch träge und müde und lassen sich so besser „melken". Prinzipiell haben die kleinen Sauger von der Anwesenheit der Ameisen einen Riesenvorteil, denn die Ameisenarmee schützt sie vor den meisten Feinden, wie Schwebfliegen, Florfliegen oder Marienkäfer. Zudem werden einige Läuse auch im Ameisenbau überwintert und im Frühjahr liebevoll zurück auf die Pflanzen gebracht. Ab und an wird eine Laus an die Ameisenbrut verfüttert. Aber unter Drogeneinfluss ist die Gegenwehr gering. Nüchterne Läuse können sich übrigens auch selbst ganz gut wehren, wenn ein feindlicher Angriff droht. Sie strampeln energisch mit den Beinen, was viele Angreifer irritiert, und sondern zudem eine stark klebende Flüssigkeit aus ihren Röhrchen am Rücken ab. Das kann schon mal den Kiefer einer Florfliegenlarve verkleben.

Läuse haben generell die unangenehme Eigenschaft, dass sie Blätter stark schädigen können. Sie müssen nämlich ihre Rüssel in die Leitungsbahn einstechen, um den Saft aus den Blättern saugen zu können. Die Pflanze beginnt nach dem Einstich aber sofort mit der Wundheilung. Das wiederum würde den Saugrüssel der Blattlaus festkleben lassen. Deshalb seift die Laus ihre Stechborste mit Speichel ein, der die Wundheilung der Pflanze unterdrückt. Durch diese Blattlausspucke krümmen sich die Blätter, sehen verkrüppelt aus oder verfärben sich rot. Das ist auffällig und ein klarer Hinweis auf Lausbefall. Hinzu kommt das unsägliche Kleben der Blätter und darauf zu finden sind recht häufig die Häutungshüllen der Läuse. Kleine weiße Gebilde mit sechs Beinchen, leblos auf der Blattoberseite liegend. Wir schreiben das so episch breit, weil diese Häutungshüllen oft mit Weißen Fliegen verwechselt werden. Diese befinden sich wiederum meist blattunterseits und können (wenn auch recht unbeholfen) fliegen. Einfach mal anstupsen hilft zur Erkennung.

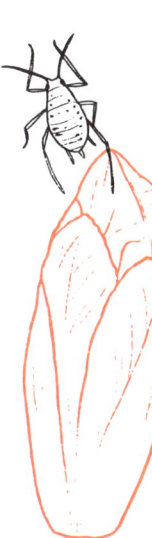

Exuvie! Was klingt wie ein Harry-Potter-Zauber, ist die wissenschaftliche Bezeichnung von Häutungshüllen. Und die finden sich bei Läusen häufig. Diese werden oft mit der Weißen Fliege verwechselt, flattern aber nicht.

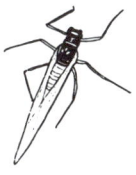

Wir haben uns aus über 4 000 bekannten Blattlausarten einige typische Vertreter im Gemüsebeet herausgegriffen. Die Grüne Salatblattlaus, die Schwarze Bohnenlaus und die Mehlige Kohlblattlaus. Es gibt natürlich noch viele andere Lausarten, die alle sehr ähnlich leben und auch ähnlich zu regulieren sind. Apropos Regulierung: Blattläuse leben meist an den Triebspitzen und blattunterseits, durch einen kräftigen Wasserstrahl purzeln sie ganz einfach zu Boden. Da diese Tierchen nicht gerade die hellsten Kerzen auf der Torte sind, finden sie auch nicht mehr auf die Pflanzen zurück. Das Abspritzen ist, neben den Nützlingen, die umweltfreundlichste und somit beste Maßnahme bei Blattlausbefall.

Die Salatblattlaus (*Nasonovia ribisnigri*): Die Schwarze Johannisbeere *Ribes nigrum* steckt da im Namen drin; kein Wunder, denn dort saugt sie auch.

Wer träumt nicht davon: Großer Stress, plötzlich wachsen Flügel und ab geht's in die Luft? Blattläuse können das.

JOHANNISBEERBLATTLAUS ODER GRÜNE SALAT-BLATTLAUS

Wenn Blattläuse am Salat saugen, ist das meist die Johannisbeerblattlaus. Wie jetzt? Was macht die Johannisbeere am Salat? Nein, das ist kein Druckfehler, denn die ebenfalls Grüne Salatblattlaus, oder *Nasonovia ribisnigri* genannte Laus, wechselt gerne ihre Wirte. In erster Linie saugt sie an der Schwarzen Johannisbeere und Stachelbeere im Frühjahr, wechselt dann im Sommer auf den Salat, wie auch auf Chicorée oder (man staune) Tabak und Petunie. Im Herbst treffen sie sich alle wieder zur Paarung und legen Eier an Johannisbeere oder Stachelbeere ab. Wirtswechselnde Läuse sind nicht ungewöhnlich, was aber verblüfft, ist die Möglichkeit der Läuse zur plötzlichen Flügelbildung. Unter Stress tun sie es gerne, weil die Kolonie zu groß wird. Und eben auch, um zu anderen Pflanzen zu gelangen, die sie für ihre Entwicklung benötigen. Zu Fuß wird das nichts. Um also den Salatkopf vor dieser Laus zu schützen, sollten sich am besten keine Schwarzen Johannisbeer- oder Stachelbeer-Sträucher im Umkreis deines Gartens befinden. Das Wegsägen der Sträucher beim Nachbarn ist jedoch keine gute Idee.

Schluss, aus, Laus: In den Himmel durch den Schimmel

Eine Möglichkeit, Blattläuse zu bekämpfen, sind insektenbefallende Pilze. Gegen die Grüne Salatblattlaus wirken mehrere Pilze ganz gut, darunter der *Beauveria bassiana*, der leider aber auch andere Insekten befallen kann. Ganz fiese Pilze durchseuchen den Körper des Insekts und veranlassen es, als quasi letzten Akt, in Begattungsstellung zu sterben. Das lockt dann Männchen an, die sich ein vermeintliches Vergnügen erhoffen, sich jedoch eine tödliche Seuche einfangen.
Andere Pilze, wie der *Lecanicillium longisporum,* nutzen Ameisen als Pilzsporen-Verbreiter in der Blattlaus-kolonie, ohne die Ameise selbst zu schädigen.

Eine Fruchtfliege, die von einem Pilz befallen wurde. Dieser hat bereits Sporen gebildet.

GRÜNE SALATBLATTLAUS
(NASONOVIA RIBISNIGRI)
Frühsommer bis Herbst

MEIN LOOK:

grün bis rötlich-gelb mit seitlichen dunklen Flecken, Beinteile und einzelne Fühlerglieder sind schwarz; geflügelte Form ist fast schwarz, bis auf den Hinterleib, der grünlich gestreift ist

HÄUFIG ANZUTREFFEN AN:

Salaten, Chicorée (blattunterseits und Herzinneres)

ZU VERWECHSELN MIT:

» Grüner Pfirsichblattlaus: grün bis rötlich, Körper der flugfähigen Generation teilweise schwarz gefärbt

» Kartoffelblattlaus: grün mit dunkelgrünen Flecken oder Streifen, teilweise auch rot

» Maßnahmen bei beiden wie bei Salatblattlaus

VORBEUGUNG:

» resistente Sorten pflanzen

» Überdüngung mit Stickstoff vermeiden

» Ameisen durch Stinkstoffe verstören und nerven; oder umsiedeln (siehe unter Ameisen S. 106)

» scharfer Wasserstrahl

» Abdeckung mit Kulturschutznetzen: Maschenweite 1,2–1,6 mm

MISCHKULTUR:

passt zu fast allen Gemüsearten, außer Petersilie und Sellerie

MASSNAHMEN, WENN ZU VIEL:

Nützlinge fördern:

Marienkäfer und deren Larven, Florfliegenlarven, Schwebfliegenlarven, Schlupfwespen, Faltenwespen, Vögel u.v.m.

Zaubertränke (Brühen & Jauchen):

Brennnessel – Kaltwasserauszug oder gärende Jauche bei Befall

Pflanzenschutzmittel:

Kaliseife, Rapsöl, Azadirachtin (Neem-Extrakt)

Tipp: Rote oder rötliche Salatarten werden weniger befallen

BESONDERHEIT:

Lebt auf Johannisbeeren und Stachelbeeren im Winter und Frühjahr, Salat und Chicorée im Sommer. Läuse sind ein schmackhaftes Häppchen vieler Tiere im Biogarten, daher nicht gleich alle um die Ecke bringen!

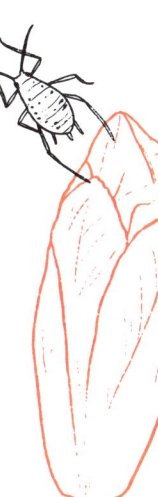

Die Larve des nützlichen Asiatischen Marienkäfers frisst alle Blattläuse, auch auf Asia-Salaten. Auf diesem Bild jagt sie Johannisbeer-Blasenläuse – nicht zu verwechseln mit der salatsaugenden Johannisbeerblattlaus. Die Blasenlaus (*Cryptomyzus ribis*) wechselt im Frühsommer auf Taubnesseln, also keine Gefahr fürs Gemüse.

Rotblättriger Salat wird selten von Läusen angeflogen, zudem gibt es auch blattlaus-resistente Salatsorten, auf denen sich die Läuse nicht vermehren können. Leider ist diese Resistenz schon teilweise durchbrochen worden.

SCHWARZE BOHNENLAUS

Samtiges Schwarz, Querstreifen wie das Profil eines Formel-1-Reifens und lange schwarz-weiße Beine. Wir schwärmen von der Schwarzen Bohnenlaus *Aphis fabae*. Doch ihre Schönheit trügt, sie ist eine gefürchtete Besucherin im Gemüsegarten, da sie die Pflanzen mit gefährlichen Viren infizieren kann. Dieser Grufti unter den Läusen wechselt, wie die Salatblattlaus, seinen Wirt. Die im Herbst abgelegten Eier überwintern meist an Pfaffenhütchen (*Euonymus*) oder Schneeball-Arten (*Viburnum*), die geschlüpften Läuse saugen und vermehren sich ab März auf diesen Winterwirten, um im Frühsommer dann eine Vielzahl an gemüsigen Sommerwirten mit ihrer Schönheit zu beglücken: Bohnen (besonders Ackerbohnen), Rote Bete sowie Petersilie, Erbsen, Kartoffeln ...

Gesteinsmehl einfach in eine alte Socke geben und kräftig schütteln. Das hilft gegen Schadinsekten, bringt aber auch Nützlinge um die Ecke und kann beim Essen knirschen.

Gut zu wissen

Was staubt denn hier so?

Gesteinsmehle und Gesteinsstaub sind prinzipiell fantastische Biomittel gegen Insektenbefall jeder Art. Ob Schwarze Bohnenlaus oder Kartoffelkäfer, die wenigsten Insekten vertragen eingestäubte Pflanzen. Die Wirkung der Gesteinsmehle ist zweifach und hinterhältig. Einerseits werden Gliedmaßen und Kauwerkzeuge durch den kantigen Sand stark verletzt, andererseits zieht der feine Sand Fette und Wachse aus der Haut der Insekten, was zur Vertrocknung führt. Die Sache hat aber einen fiesen Haken: Das Mehl unterscheidet nicht zwischen schädlichem und nützlichem Tier. Somit schädigt das Stäuben auch unsere Nützlinge und wir empfehlen es daher nur in Ausnahmefällen. Blühende Pflanzen sollten zum Schutz der Bienen und Bestäuber nie gestäubt werden.

Steckbrief

SCHWARZE BOHNENLAUS
(APHIS FABAE)
Mai bis September

MEIN LOOK:
grau-grün bis mattschwarz, teilweise helle Flecken auf dem Hinterleib, gelblich-weiße Beine, Fühler mit dunklen Spitzen

HÄUFIG ANZUTREFFEN AN:
Bohnen – Triebspitze und Blattunterseite; schlürfen im Sommer auch an anderem Gemüse und verschiedenen Kräutern (Petersilie)

ZU VERWECHSELN MIT:
Holunderblattlaus (schwarz mit Wachs bedeckt)

VORBEUGUNG:
» vereinzelten Befall abschneiden
» frühe Aussaaten sind weniger gefährdet
» nicht in die Nähe der Winterwirte pflanzen
» scharfer Wasserstrahl bei Befall

MISCHKULTUR:
ungünstig mit Bohnen, Erbsen, Zwiebeln, Lauch und Fenchel

Die Schwarze Bohnenlaus ist eine ungeliebte Schönheit, die nur zu gern Spinat ansaugt.

MASSNAHMEN, WENN ZU VIEL:

Nützlinge fördern:
Marienkäfer, Florfliege, Schlupfwespe …

Zaubertränke (Brühen & Jauchen):
» Schachtelhalm – zur vorbeugenden Stärkung der Pflanze
» Rhabarberblätterbrühe – unverdünnt dreimal hintereinander über die Pflanze
» Brennnessel – Kaltwasserauszug oder gärende Jauche bei Befall

Pflanzenschutzmittel:
Kaliseife, Rapsöl, Azadirachtin (Neem-Extrakt)

Tipp: Bei Bohnen nur vorsichtig mit Stickstoff düngen, da Bohnen selbst Stickstoff produzieren können. Dies kann zur Überdüngung führen und dann sind die Pflanzen ein leichtes Opfer für den Blattlausrüssel.

BESONDERHEIT:
Werden nicht so gerne von Nützlingen gefressen, da die Laus die Giftstoffe der Bohnen beim Saugen aufnimmt. Die Schwarze Bohnenlaus kann unglaubliche 30 verschiedene Viren übertragen!

Auch schön schwarz, aber mit grauem Streifenmuster am Rücken, ist die Schwarze Holunderblattlaus (*Aphis sambuci*). Eine grüne Schwebfliegenlarve ist gerade dabei, sie zu verspeisen.

MEHLIGE KOHLBLATTLAUS

Diese Laus verbringt ihr gesamtes Leben auf Kohlpflanzen. Somit können wir uns diesmal den Zyklus der Entwicklung fast sparen. Aber eben nur fast. Die Mehlige Kohlblattlaus ist eigentlich grün, aber durch eine wachsartige Bemehlung wirkt sie eher blaugrau. Sie überwintert als Ei oder Laus auf alten Kohlstrünken, auf kreuzblütlerischen Wildkräutern oder im Winterraps. Der Mai verleiht ihr Flügel, was eine rasche Ausbreitung ermöglicht. Spätestens jetzt zieht sie ins Gemüsebeet ein, um zu bleiben. Diese unverwechselbare, eingepuderte Laus bastelt sich ab August Männchen, denn kürzer werdende Tage lassen die Läuse hormonbedingt auch Männchen gebären. Nach der Begattung beginnen sie dann ab September, Eier an Kohl und anderen Kreuzblütlern abzulegen. Deshalb wichtig: Keine Ernterreste am Feld zurücklassen.

Wenn Triebspitzen sich zusammenkuscheln, dann ist Läusealarm. Hier kuschelt Spinat mit der Schwarzen Bohnenlaus.

Wie schaut's denn hier aus? Staubige Unordnung auf der Kohlblattunterseite durch die Mehlige Kohlblattlaus. Ein scharfer Wasserstrahl, Nützlinge oder Schmierseife sind hier gefragt.

Skurriles und Wunderbares

Die laufende Senföl-Bombe

Richtig interessant ist, dass Mehlige Kohlblattläuse einen Kampfstoff bilden können, der sogar Zweipunkt-Marienkäfer in die Flucht schlägt. Die Läuse haben ein Enzym im Körper, das Stoffe der Kohlpflanze (die auch über das Saugen aufgenommen werden) zu einem giftigen Kampfgas spaltet. Wir nennen diesen Kampfstoff, der unglaublich gruselig klingt, Allylisothiocyanat oder auch Allylsenföl. Der gleiche Stoff, der uns den Atem raubt, wenn wir Wasabi oder Meerrettich essen. Forscher des Imperial College in London, die das herausfanden, nannten die Läuse fortan *a walking mustard oil bomb*, eine wandelnde Senföl-Bombe. Für uns ist dieser Stoff übrigens sehr gesund!

Jagdszenen im Kohlfeld: links die ahnungslosen Opfer, ganz rechts lauert die Räuberin – eine Schlupfwespe!

Steckbrief

MEHLIGE KOHLBLATTLAUS
(BREVICORYNE BRASSICAE)
Mai bis September

MEIN LOOK:
blaugrau bis grünlich durch Wachspuderung

HÄUFIG ANZUTREFFEN AN:
Kohlpflanzen und anderen Kreuzblütlern, besiedelt alle oberirdischen Pflanzenteile und dringt dabei bis weit in die Hohlräume der Kohlköpfe vor

ZU VERWECHSELN MIT:
Kohlmottenschildlaus (bei ungenauer Beobachtung), Pfirsichblattlaus (pudert sich aber nicht)

VORBEUGUNG:
» Mischkultur und Untersaaten/Zwischensaaten (Ringelblume)
» Blühstreifen mit Kornblume, Futterwicke, Klatschmohn und Buchweizen als leicht zugängliche Futterquelle, um Nützlinge anzulocken – genannte Pflanzen fördern keine Kohlkrankheiten
» Strohmulch vor der Hauptausbreitung aufbringen
» Netze oder Vliesabdeckung (Vorsicht: Nützlinge werden so aber ebenfalls ausgeschlossen!)
» Erntereste entfernen

MISCHKULTUR:
Ungünstig mit anderen Kohlarten, Zwiebel, Knoblauch, Erdbeeren und Raps

MASSNAHMEN, WENN ZU VIEL:
Nützlinge fördern:
Schwebfliegen, Schlupfwespen, Florfliegen, Marienkäfer und Co. fördern

Zaubertränke (Brühen & Jauchen):
Brennnessel – Kaltwasserauszug bei Befall

Pflanzenschutzmittel:
Kaliseife, Azadirachtin (Neem-Extrakt), Rapsöl

Tipp: Parasitoide Wespen und Larven von Gallmücken, Schwebfliegen und Marienkäfer können den Befall um die Hälfte reduzieren!

BESONDERHEIT:
Befällt bei Blumenkohl und Brokkoli auch die Blumen.

Back to the roots: Wurzelläuse

Nach den eben beschriebenen klassischen Blattläusen, die am Blatt saugen, gibt es auch solche, die lieber am Wurzelhals oder direkt an den Wurzeln ihr Unwesen treiben. Wurzelläuse sind aber keine einheitliche Tiergruppe, denn manche Arten gehören zu den Blattläusen, andere wiederum zu den Schildläusen. Der Pflanze ist das jedoch egal, denn die Pflanze leidet sichtlich bei starkem Befall *beider* Lausfamilien. Das Wachstum kann enorm eingeschränkt sein, selbst das komplette Absterben der Pflanzen ist möglich. Oft wird ein Befall von uns gar nicht bemerkt und lediglich eine starke Zunahme von Ameisen im Wurzelbereich der Pflanzen, vor allem der Gelben Wiesenameise (*Lasius flavus*), könnte ein Indiz für einen Befall mit Wurzelläusen sein. Die Ameisen lockern nämlich die Erde rund um den Wurzelhals, um mehr unterirdische Fläche zu schaffen, was der Lausvermehrung sehr entgegenkommt. Die meisten Wurzelläuse sind wirtswechselnd und machen sich erst im Sommer über dein Gemüse her. Im Herbst, Winter und Frühjahr sind die Läuse dann größtenteils auf holzigen Pflanzen unterwegs und leben hier gar nicht so selten in selbstgebildeten Blattgeschwülsten (Blattgallen), geschützt vor feindlichem Nützlings-Getier.

Ameisen halten sich gern in der Nähe von Wurzelläusen auf. Und wenn sie gestört werden, irren sie herum, um ihre Läuslein einzusammeln.

GOING UNDERGROUND: DIE SALATWURZELLAUS

Wenn Salat, besonders Endiviensalat, einfach nicht richtig wachsen will, dann bestimme eine Opferpflanze, grabe sie vorsichtig aus und kontrolliere die Wurzeln auf fast streichholzkopfgroße Tiere, die Salatwurzelläuse. Dabei handelt es sich um gelblich gefärbte Läuse mit Wachsflocken, die sie vor Feuchtigkeit schützen sollen. Eigentlich heißen diese Tiere Pappel-Gallenläuse (*Pemphigus bursarius*) und verbringen auch die meiste Zeit ihres Lebens auf Schwarz-Pappeln. Dann machen sie sich aber einen Jux und wandern ab Mai auf Korbblütler, also auch auf den Salat. Ab August geht's für die Salatwurzellaus wieder zurück auf die Pappel zur Eiablage und im Frühjahr bildet sie auf den Pappelblättern Gallen – schöne rötlich gefärbte Beulen. In diesen leben und vermehren sich die Läuse. Nur selten überwintert die Salatwurzellaus auf ihrem Sommerwirt Salat.

Skurriles und Wunderbares

Wanzen, die in Gallen pupsen
Die in den Blattgallen gut geschützten Läuse machen sich ab Mai auf den Weg zu deinem Salat. Also muss die Galle geöffnet werden und das ruft einige Fressfeinde auf den Plan: Marienkäfer und andere Tiere warten geduldig auf das Auswandern der Läuse. Einige Raubwanzen (*Anthocoris spp.*) machen es ganz geschickt: Sie lassen ihr Stinksekret in die Galle ab und das tötet alle Läuse, die nun in Ruhe verspeist werden können.

WENN DIE WURZELLAUS SO EINEN HALS KRIEGT – DIE MÖHRENWURZELHALSLAUS

Eine andere Art der Wurzelläuse lebt ebenfalls nur im Sommer in deinem Gemüsegarten, besser gesagt auf deinen Doldenblütlern wie Petersilie, Karotte oder Pastinake. Besonders die Petersilie leidet massiv unter den unterirdischen Saugern. Wobei unterirdisch nicht ganz richtig ist. Diese Lausart ist vor allem bei Karotten eher im Wurzel*hals*bereich

tätig (also auch knapp über der Erdoberfläche), deshalb hat sie auch den sperrigen Namen Möhrenwurzelhalslaus bekommen. Eine weitere Wurzellausart an Karotten wird im Anschluss beschrieben.

Eigentlich wohnen diese Wurzelläuse (*Dysaphis crataegi*) hauptsächlich auf dem Weißdorn (*Crataegus*), wo sie (ähnlich der Salatwurzellaus) im Frühjahr rötliche Gallen bilden. Im Frühjahr suchen sie Doldenblütler auf, um im Herbst wieder zum Weißdorn zu fliegen. An den Wurzeln des Gemüses finden sich gelblich-weiße Läuse mit Wachsausscheidungen, wie gesagt eher im oberen Bereich der Wurzel, teilweise sogar etwas oberirdisch an den Blattstielen. Klebriger Honigtau und Ameisen sind das Alarmsignal: Hier laust was an der Wurzel.

Wurzelhalsläuse tummeln sich im Übergangsbereich zwischen Wurzel und oberirdischem Spross, was Ameisen dazu verleitet ...

... Erde anzuhäufeln, um den Läusen mehr geschützte Saugfläche zu bieten.

ECHT UNTERIRDISCH: DIE MÖHRENWURZELLAUS

Neben der Möhrenwurzelhalslaus gibt es auch eine Möhrenwurzellaus (*Pemphigus phenax*). Erstere treibt ihr Unwesen eher oben, die andere ist echt unterirdisch. Sie ist eng mit der Salatwurzellaus verwandt, eine sogenannte Blasenlaus, und ebenfalls eine gallenbildende Art auf Pappeln. Im Frühsommer geht's von der Pappel auf die Wurzeln von Doldenblütlern, vor allem Wilde Möhre und gezähmte Möhre im Gemüsebeet. Der Schaden ist vor allem ein Minderwuchs, also kleinere, mickrige Pflanzen und Karotten/Möhren.

Skurriles und Wunderbares

Läuse, zu den Waffen!

Eine weitere bemerkenswerte Blasenlausart ist die Spiralgallenlaus oder Pappelblattlaus (*Pemphigus spirothecae*). Sie kreiert unglaublich verschraubte Gebilde am Pappelblattstiel und in diesen Gallen leben die Läuse in einer Art Sozialverband. Es gibt eine Kaste der Vermehrungsläuse und eine Kaste von Kampfläusen. Letztere haben verstärkte Beine und nutzen ihren Saugrüssel als Stichwaffe. Greift eine Marienkäferlarve oder andere Widersacher an, stürzen sich die Kampfrüssler auf den Feind und durchbohren ihn. Zum Glück lebt die angriffslustige Pappelblattlaus ihr Leben lang auf der Pappel und wechselt nicht ins Gemüsebeet. Die Nützlinge hätten wenig Chancen.

Verdrehte und aufgebeulte Blattstiele an der Pappel verraten die Anwesenheit von Pappelblattläusen. Links die verlassene Galle der Salatwurzellaus und rechts die Galle der Spiralgallenlaus mit den Soldatenläusen im Inneren.

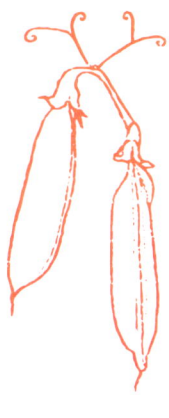

WURZELLÄUSE

(PEMPHIGUS BURSARIUS, DYSAPHIS CRATAEGI,
PEMPHIGUS PHENAX)
Mai bis September

MEIN LOOK:
gelblich bis grau, unter der Erde wachsbestäubte Läuse

HÄUFIG ANZUTREFFEN AN:
» saugen am Wurzelhals oder tiefer im Boden an den Wurzeln, Ameisen sind erstes Zeichen für die Anwesenheit
» lieben Salat, Endiviensalat, Chicorée, Karotten, Petersilie, Rucola, Bohnen, Sellerie ...

VORBEUGUNG:
» Nähe zu Schwarz-Pappeln meiden
» ausreichende Bewässerung und Boden feucht halten
» oberflächliches Lockern des Bodens, damit Nützlinge besser zum Wurzelbereich vordringen können
» resistente Salatsorten
» Anbau in Hochbeeten, Töpfen oder Schalen mit wurzelausfreiem Substrat
» Kulturschutznetze

MISCHKULTUR:
Erschwert den Läusen durch fremde Gerüche das Auffinden der Pflanzen
Salat/Karotten: ungünstig mit Petersilie und Sellerie
Petersilie: ungünstig mit Salat und Karotten

MASSNAHMEN, WENN ZU VIEL:
Nützlinge fördern:
Laufkäfer, Kurzflügler, Hundertfüßer, Spinnen und weitere Räuber

Zaubertränke (Brühen & Jauchen):
Rainfarntee oder -brühe zum Abwehren, Brennnessel – Kaltwasserauszug bei Befall über den freigelegten Wurzelbereich

Pflanzenschutzmittel:
nichts zugelassen

TIPPS:
» Wurzelläuse suchen bevorzugt, aber nicht nur kranke oder bereits schwache Pflanzen (Staunässe, wenig belebter Boden, Überdüngung) mit gelblichem Grün aus.
» Durch Hacken und Stinkebrühen Ameisen stören, da diese die Läuse beschützen und umsiedeln (mit Tee aus Majoran oder Thymian oder mit Jauche aus Eichenblättern und -rinde oder Wermut drei- bis viermal gießen).

BESONDERHEIT:
» hat Wachsdrüsen, in denen Wachswolle produziert wird; liebt trockene und warme Witterung
» Lebt mit Ameisen in einer Lebensgemeinschaft: Diese putzen, beschützen und pflegen die Läuse und lecken sogar deren Eier, damit sie keine Pilzerkrankungen bekommen.

Gallen der Möhrenwurzelhalslaus auf Weißdorn. Da drin leben sie und freuen sich im späteren Frühling auf knackige Karotten.

Von Weißen Fliegen und schwarzen Pilzen

Wenn kleine weiße Wölkchen aus deinem Beet aufsteigen, dann brennt entweder dein Gemüse oder du hast einen wirklich beachtenswerten Gast auf der Unterseite der Blätter: die Weiße Fliege oder auch Mottenschildlaus genannt. Der Name ist hier Programm: Denn die erwachsenen Tiere schwirren wie irre durch die Luft, während die Jungtiere in bestimmten Stadien wie festgewachsen unter den Blättern hocken. Diese Jungstadien zeigen die enge Verwandtschaft zu den Schildläusen, die wie kleine Austern unsere Pflanzen besiedeln und schädigen. Auch Weiße Fliegen können deinen Pflanzen schaden – ihre Saugtätigkeit kann Blätter schrumpeln lassen und Viren übertragen. Fast schlimmer sind aber die enormen Honigtau-Ausscheidungen, auf denen Schwärzepilze, sogenannte Rußtaupilze (Dematiaceae) wachsen und den Pflanzen so das Sonnenlicht nehmen. Auch Früchte wie Tomaten können durch Rußtaupilze richtig verschimmelt aussehen. Abwaschen reicht aber aus, denn giftig ist dieser Pilz nicht.

WIRSING(EN): DEN KOHLMOTTENSCHILDLAUS-BLUES

Jeder, der schon einmal eine Kohlart angebaut hat, kennt diesen Lumpen: die heimische Kohlmottenschildlaus (*Aleyrodes proletella*). Ihr geschmeidiger Körper, die zartschimmernden Flügelchen und die wunderschönen roten Augen können aber nicht darüber hinwegtäuschen, dass auch diese Weiße Fliege zum einen ein zwielichtiges Kerlchen ist und zum anderen echt nicht gut fliegen kann. So hüpft sie mehr, als dass sie fliegt, von Kohl zu Kohl, manchmal auch auf Kleearten und siedelt sich in Massen blattunterseits an. Eine mögliche Virusübertragung, die Verschmutzung durch Honigtau und/oder Rußtaupilze und daraus resultierende Ertragsverluste sind die Folgen eines starken Befalls. Abgesehen davon, dass das nicht gerade schön anzuschauen ist, ist dein Blattkohl auch nicht mehr ganz vegan, wenn sich dort die ringförmig abgelegten Eier und die unbeweglichen Larven- und Puppenstadien der Laus festsetzen. Denn Abwaschen ist wirklich schwierig.

Der Kot der Kohlmottenschildlaus fällt, wie jeder andere auch, nach unten. Deshalb sind oft die unteren Blätter klebrig und werden dann von Rußtaupilzen überzogen.

Die festsitzenden Jungtiere der Kohlmottenschildlaus erinnern wirklich mehr an Schildläuse als an Motten.

KOHLMOTTENSCHILDLAUS
„WEISSE FLIEGE"
(ALEYRODES PROLETELLA)
Mai bis Oktober; überwintert von November bis April
an Kreuzblütlern

MEIN LOOK:

2 mm lang, eher gedrungen von der Statur, weiß und mit Wachsstaub bedeckt („Weiße Fliegen"); Im Gegensatz zur Gewächshaus-Weißen-Fliege hat sie unscheinbare dunkle Flecken auf den Flügeln.
Typisch: fliegt bei Berührung in Wolken auf (Luft anhalten!). Eier werden unheimlich elegant ringförmig abgelegt; Larven sind gelblich und schildlausartig.

HÄUFIG ANZUTREFFEN:

alle Stadien der Kohlmottenschildlaus leben blattunterseits auf Kreuzblütlern (Weißkohl, Rotkohl, Brokkoli, Blumenkohl, Rosenkohl, Grünkohl, Kohlrabi, Rettich, Radieschen, Raps, Beikräutern u.a.); durch Wachsausscheidungen wirken die Blätter wie mit Babypuder bestäubt; scheiden Honigtau aus, auf dem sich Rußtaupilze ansiedeln.

ZU VERWECHSELN MIT:

Gewächshausmottenschildlaus = Gewächshaus-Weiße-Fliege (*Trialeurodes vaporariorum*)

VORBEUGUNG:

» Boden feucht halten
» mulchen mit Geiztrieben der Tomate
» Netze mit Maschenweiten von 0,8 x 0,8 mm (hält auch andere Kohlschädlinge ab)
» Kreuzblütler als Überwinterungsstellen vor dem Winter entfernen sowie alle abgeernteten Kohlstrünke
» stark befallene Blätter entfernen

MISCHKULTUR:

günstig: Lauch, Sellerie, Tomaten, Buschbohnen

MASSNAHMEN, WENN ZU VIEL:

Nützlinge fördern:

» parasitoide Schlupfwespen (z.B. *Encarsia tricolor* und *Encarsia parthenopea*)
» Käfer und die Larven des winzigen Bogen-Zwergmarienkäfers (*Clitostethus arcuatus*)
» Schwebfliegenlarven, Spinnen, Marienkäfer, Raubwanzen und Florfliegenlarven
» Gewitterstürme und Starkregen dezimieren Kohlmottenschildläuse auch ganz wunderbar. Sind aber schwer in den Gemüsegarten zu locken, deshalb ist auch hier ein kräftiger Wasserstrahl zur Reduktion sinnvoll.

Zaubertränke (Brühen & Jauchen):

Rainfarntee; Brennnessel – Kaltwasserauszug (wiederholt spritzen)

Pflanzenschutzmittel:

Kaliseife (dreimal im Abstand von einer Woche zeitig am Morgen blattunterseits spritzen, wenn die Fliegen noch träge sind), Azadirachtin (Neem-Extrakt), Rapsöl, Orangenöl

Tipp: Bei stärkerem Befall ab Ende Juli solltest du unbedingt mit der Lupe ans Blatt ran und das kleine Universum bestaunen, bevor du Gegenmaßnahmen ergreifst. Dann kannst du nämlich unterschiedliche Schwebfliegenlarven, den Bogen-Zwergmarienkäfer (in wärmeren Gegenden) und Florfliegenlarven sowie die hübsch abgelegten Eier ganz einfach bestaunen.

BESONDERHEIT:

» liebt warme und trockene Witterung; Befall wird im Laufe des Sommers stärker
» Unter den Kohlmottenschildlaus-Räubern sind die Schwebfliegenlarven, Spinnen, Marienkäfer, Raubwanzen und Florfliegenlarven die effektivsten Gegenspieler.

Eine Schwebfliegenlarve stärkt sich an den Jungtieren der Kohlmottenschildlaus.

Die weiße Plage, das große Flattern: Kohlmottenschildläuse. Ihre Saugleistung ist enorm.

Bei genauem Hinsehen ist zu erkennen, dass die Kohlmottenschildlaus dunkle Flecken auf den Flügeln hat und die Eier im Halbkreis abgelegt werden – das ergibt richtig schöne Muster.

Wenn im Gasthaus auch der Wirt verspeist wird: Host-feeding

In der Gruppe der Parasitoiden ist die bedeutendste Gegenspielerin zur Kohlmottenschildlaus die winzig kleine heimische Schlupfwespe (*Encarsia tricolor*). Sie ist wirklich ein, für Weiße Fliegen, heimtückisches Tierchen in zweierlei Hinsicht: Ihre Effektivität zeigt sich nicht nur darin, dass sie in die junge Kohlmottenschildlaus ein Ei legt und die sich entwickelnde Wespenlarve folglich die Laus auffrisst. *Encarsia*-Arten betreiben auch das sogenannte Host-feeding. Dabei wird der Wirt (in dem Fall die Jungstadien der Weißen Fliege) angeknabbert und die auslaufende Flüssigkeit aufgeschlabbert. Das Gleiche tut übrigens auch der südamerikanische Vetter *Encarsia formosa*, der käuflich zu erwerben ist und gegen die Mottenschildläuse im Gewächshaus eingesetzt wird.

AUF DEM SILBERBLATT SERVIERT: TROPISCHE WEIßE FLIEGEN

Zwei Arten tropischer Weißer Fliegen treiben ihr Unwesen im Sommer oder im Gewächshaus. Die mittelamerikanische Art wird schlicht als Gewächshausmottenschildlaus (*Trialeurodes vaporariorum*) bezeichnet und die andere, vermutlich aus Pakistan stammende Baumwollmottenschildlaus (*Bemisia tabaci*) wird im Englischen liebevoll *Silverleaf-Whitefly* genannt, also Silberblatt-Weiße Fliege, obwohl auch sie ein *bloody sucker* ist. Beide Arten können bei uns nur im Gewächshaus überwintern, draußen wird's für sie zu kalt. Trotzdem schaffen sie es seit Jahrzehnten, hier zu überleben, um Tomaten und viele andere Pflanzen zu befallen.

Steckbrief

„WEISSE FLIEGE" ALIAS GEWÄCHSHAUS-MOTTENSCHILDLAUS
(*TRIALEURODES VAPORARIORUM*) UND
BAUMWOLLMOTTENSCHILDLAUS
(*BEMISIA TABACI*)
Mai bis September

. . . .

MEIN LOOK:

1–2 mm groß, Körper gelblich; dachförmige Flügel sind mit weißem Wachsstaub bedeckt, wirkt reinweiß; sieht eher wie ein kleiner Schmetterling oder eine Fliege aus, daher der Name;
Eier blattunterseits, gelbliche schildlausartige Larven

HÄUFIG ANZUTREFFEN:

hauptsächlich in Gewächshäusern oder Innenräumen auf Gemüse und Zierpflanzen, besonders gerne auf Tomaten, Gurken, Auberginen und Melonen; im Sommer manchmal auch außerhalb zu finden

ZU VERWECHSELN MIT:

Kohlmottenschildlaus – diese sitzt aber lieber auf Kohlgewächsen

VORBEUGUNG:

» gut lüften
» einzelne befallene Blätter entfernen
» Gelbtafeln aufhängen, um Befall rechtzeitig festzustellen – nicht im Freiland, da Nützlinge daran haften bleiben!
» Tagetes, Duftgeranien oder andere stark duftende Pflanzen zwischen die Kulturen setzen

MISCHKULTUR:

mit Lauch und Sellerie

MASSNAHMEN, WENN ZU VIEL:

Nützlinge einsetzen:

Erzwespen, Raubmilben, räuberische Käfer und Raubwanzen fördern und einsetzen

Zaubertränke (Brühen & Jauchen):

Rainfarntee, Knoblauchextrakt

Pflanzenschutzmittel:

Kaliseife (dreimal im Abstand von 7 Tagen zeitig am Morgen blattunterseits spritzen, wenn die Fliegen noch träge sind), Azadirachtin (Neem-Extrakt), Rapsöl, Orangenöl

Tipp: Gewächshausmottenschildläuse benötigen und lieben hohe Luftfeuchtigkeit von 80 % und eine Temperatur von 25 °C für schnelle Entwicklung. Also: lüften, lüften, lüften! Unter 20 °C und über 30 °C wird die Entwicklung gebremst.

. . . .

BESONDERHEIT:

» Beim Einsatz von Schlupfwespen im Gewächshaus ist an der Öffnung in der Eihülle erkennbar, wer geschlüpft ist: Schlüpft normal die Weiße Fliege, hinterlässt sie eine T-förmige Öffnung. Bei der Erzwespe (Schlupfwespe) ist das Loch rund.
» Die Weiße Fliege verträgt kaum Frost und kann daher schlecht im Freiland überwintern.
» Bei Berührung der Pflanze fliegt sie bzw. der ganze Schwarm auf.
» Bei starkem Befall entsteht Honigtau und Rußtau, die Folge: Absterben der Blätter.

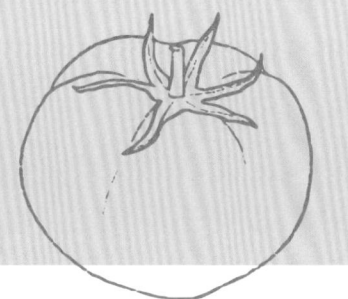

... und so *Trialeurodes*, die Gewächshaus-Weiße Fliege mit Flachdach.

Skurriles und Wunderbares

Familienplanung bei Weißen Fliegen

Ziemlich beeindruckend ist die Art und Weise, wie das Geschlechterverhältnis bei Weißen Fliegen geregelt wird. Sind zu wenig Männer da, legen die Weibchen unbefruchtete Eier ab, aus denen nur Männchen schlüpfen. Sind aber viele Männer da und somit die Eier der Weibchen befruchtet, schlüpfen nur Damen. Genial, oder? Louis Armstrong hatte schon Recht: „... and I think to myself, what a wonderful world!"

Bemisia (auf dem Bild auf Tomate) legt die Eier wild durcheinander ab, *Trialeurodes* macht das schön halbkreisförmig. Und die Larven von *Bemisia* saugen wie eine Muschel flach am Blatt, die von *Trialeurodes* gleichen einer kleine Dose mit steilen Rändern. Die Unterscheidung der Erwachsenen folgt auf den nächsten Bildern.

Schwarze Punkte zwischen Weißen Fliegen sind oft durch die Erzwespe *Encarsia* parasitierte Jungstadien der kleinen Sauger.

Für alles gewappnet: Wanzen

Wanzen, die wunderschönen Verwandten der Blattläuse, sind die wehrhaften Ritter in der Ordnung der Schnabelkerfe: ein wappenförmiger robuster Rückenschild, meist mit dem markanten Dreieck (Scutellum) am Halsschild, ein wildes Brummen beim unsteten Flug größerer Wanzen und natürlich der Stechrüssel, der gerne auch mal als Waffe gegen neugierige Menschen eingesetzt wird. Aber keine Sorge, nur die wenigsten Wanzen werden dich angreifen und stechen wollen – du bist also relativ sicher vor ihnen, dein Gemüse allerdings nicht, das ist nämlich eine fantastische Mahlzeit für die Wanzen. Und auch wenn die lieben

So sieht *Bemisia*, die Baumwoll-Weiße Fliege, mit Spitzdachflügeln aus ...

Wanzen nur sehr wenig Pflanzensaft schlürfen, der Schaden zeigt sich meist erst später. Denn die Einstichstellen verkorken, fallen irgendwann heraus und mit dem Blatt wächst ein Loch mit. Die Blätter sehen also irgendwann ziemlich zerrupft aus. Im übelsten Fall saugt die Wanze an der Triebspitze und die Pflanze stirbt ab. Aber keine voreiligen Schlüsse über die Wanzen.

Denn ihr Nutzen, ihre Rolle im Ökosystem, die unglaubliche Schönheit von Ei bis Vollinsekt sind eigentlich bedeutender als ein paar Saugschäden. Die fast 40 000 Arten von Wanzen besiedeln nahezu alle Naturräume der Erde, sie jagen sogar unter (z.B. Rückenschwimmer [*Notonectidae*]) und auf dem Wasser, wie etwa die Wasserläufer (*Gerridae*). Wir starten jetzt mit einer Baumwanzenart, die dem köstlichen Saft der Kohlpflanze nicht widerstehen kann.

Bei manchen Wanzenarten etwas schwer zu erkennen, hier dafür umso besser: Das Dreieck am Rücken haben alle erwachsenen Wanzen.

Die Beerenwanze *Dolycoris baccarum* ist zwar wunderschön, aber hinterlässt auf Beerenobst durch ihr Saugen ein mieses Aroma. An Gemüse saugt sie aber zum Glück nicht.

FLECKEN, LÖCHER UND HERZLOSER KOHL? DANKE, KOHLWANZE!

Kohlwanzen (*Eurydema oleraceum*) gehören zwar zu den Baumwanzen (*Pentatomidae*), viele Baumwanzenarten finden sich aber seltsamerweise nie auf Bäumen. Dieses wunderschöne Tier jedenfalls saugt gerne an Kohlblättern und Knospen, was zu kleineren Schäden führen kann. Doof aber, wenn sie im Wonnemonat Mai (und Juni) manchmal genau ins Herz einer jungen Kohlpflanze sticht, also den obersten Wachstumspunkt. Die jetzt herzkranke Kohlpflanze treibt nun wild unterhalb aus, was bei Kopfkohl dazu führt, dass eben kein Kopf ausgebildet wird. Diese Form des kopflosen Kopfkohls wird als „Herzlosigkeit" bezeichnet (ein Begriff, der auch für den Schaden der Kohldrehherzmücke genutzt wird). Gelegentlich stirbt die Pflanze nach dem Herzstich ganz ab. Kein Kopf, kein Herz, kein Abendessen.

Die Kohlwanze und viele andere als „Schädlinge" eingestufte Wanzenarten sind in ihrer Ernährung gar nicht so einseitig und fallen auch gerne mal über Blattläuse und andere Tiere her – sie sind also auch Nützlinge. Je mehr man sich mit der Natur beschäftigt, umso mehr kommt die Erkenntnis, dass „Schädling" und „Nützling" unbrauchbare Beschreibungen sind. Ein Marienkäfer im Auge tut auch weh.

Rot oder weiß, manchmal auch gelb gefleckt, aber immer mit den charakteristischen drei Punkten: die Kohlwanze.

Die Eier der Kohlwanze werden in zwei Reihen zu je sechs Eiern abgelegt. Auch andere Baumwanzenarten können das.

Skurriles und Wunderbares

Von gut behüteten Wanzenkindern und liebevollen Wanzenmüttern

Einige Arten von Wanzen faszinieren durch ihre ausgeprägte Brutfürsorge. Der Nachwuchs wird also nicht seinem Schicksal im Ei überlassen, sondern die Wanzenmamas bewachen ihren Nachwuchs und schützen ihn durch ihren Körper. Erdwanzen (*Cydnidae*) toppen das noch. Neben der Bewachung werden die Jungtiere auch immer wieder „umgerührt", um dabei vor allem symbiontische Bakterien zu übertragen. Die Bakterien sorgen für gute Verdauung und verhindern, dass die Babywanzen blähen und viel pupsen müssen. 50 stridulierende Schreikinder erträgt auch die robusteste Wanze nicht; diese Wanzenfamilie kann nämlich wirklich Geräusche machen (Stridulation).

Sind die Erdwanzen-Nymphen dann etwas größer, zieht die Mama los und die Kleinen im Gänsemarsch hinterher. So finden alle zur richtigen Wirtspflanze.

Lieb, wie sie schaut, oder? Diese gute Wanzenmama bewacht ihre Nachkommen.

WEICHE WIESENWANZEN WOLLEN WILD WUSELN

Viele weitere Wanzenarten, die dein Gemüse besaugen, tummeln sich im Beet und in manchen Jahren können sie, ähnlich der vorher beschriebenen Kohlwanze, großen Schaden anrichten. Meist wüten sie aber nicht so stark, denn lieber nuckeln sie nur etwas an den Früchten, was einerseits wilde Verformungen auslösen kann und andererseits ein typisches Wanzenaroma, bitter und stinkig, hinterlässt. Auch nicht schön. Drei Stellvertreter der Gemüsesaft-Wanzen hier noch im Kurzporträt, denn Schaden und Gegenmaßnahmen sind ziemlich ähnlich der Kohlwanze.

Die erste Wanze auf dieser Bühne ist eine sogenannte Weichwanze: die **Behaarte Wiesenwanze** (*Lygus rugulipennis*). Weichwanzen (weil sie recht weiche Deckflügel haben) oder auch Blindwanzen (weil ihre Augen nicht immer sichtbar sind) saugen blind an fast jedem Gemüse, das nicht bei drei auf den Bäumen ist. Apropos Bäume: Dort triffst du zum Beispiel auch auf die tropische **Grüne Reiswanze** (*Nezara viridula*), die zu den Baumwanzen zählt und dem Klimawandel nicht ganz abgeneigt ist. Denn sie lässt sich mittlerweile immer öfter auch in unseren Breiten nieder. Beachtlich sind die komplett unterschiedlich aussehenden Jungstadien der Reiswanze. Eine schöner als die andere, hach, würden sie doch nur keine Saugschäden verursachen. Und unsere letzte Wanze müffelt, bechert Fruchtsaft und macht sich im Moment auch in Europa unbeliebt: Die **Marmorierte Baumwanze** (*Halyomorpha halys*) ist aus Asien eingeschleppt worden und treibt so manche Obstbäuerin und Tomatengärtner in den Wahnsinn. Und versetzt manche Menschen in Angst und Schrecken, wenn sie zum Überwintern mit der ganzen Verwanzschaft im Haus antanzt. In Europa hat diese Wanzenart noch kaum Feinde. Um der Plage ein Ende zu bereiten, haben Forscher daher einen natürlichen Gegenspieler gezüchtet, der der Marmorierten Baumwanze den Garaus machen soll. In Südtirol kommt die 2 mm große Mikrowespe, ein Parasitoid mit dem martialischen Namen Samurai-Wespe (*Trissolcus japonicus*), bereits zum Einsatz: für eine sichere Obst- und Gemüseernte.

Tipps zur Bestimmung der Wanzenart

Um Wanzen sicher bestimmen zu können, solltest du am besten ihre Geschlechtsteile vorsichtig unter dem Mikroskop herausoperieren und ein kleinformatiges Präparat herstellen. Dann benötigst du noch ein gutes Buch zur Bestimmung der Wanzengenitalien und vergleichst sie mit deinen Präparaten. Wanzengeschlechtsteile sind wie ein Schlüssel-Schloss-Prinzip aufgebaut, meist unvergleichlich und zur Artbestimmung wichtig. Wirklich nur etwas für Wanzen-Freaks.

Da manche Wanzenmänner im Liebeswahn ihr hartes, sklerotisiertes und erotisiertes Teil auch in flüchtende Männchen jagen würden, haben die männlichen Wanzen bestimmter Arten künstliche, ebenfalls stark verhärtete Vagina-Ersatzeinbuchtungen, um eben nicht vom Artgenossen und dessen Gemächt erdolcht zu werden.

Wenn Wanzen sich paaren, dann geht Küssen gar nicht. Da sie ja einen Stechrüssel haben, ist das vermutlich ohnehin keine gute Idee. Auf dem Bild die wunderschönen Streifenwanzen.

KOHLWANZE
(EURYDEMA OLERACEUM),
stellvertretend für alle Gemüsewanzen
1–2 Generationen pro Jahr; ab April

MEIN LOOK:

Erwachsene Wanze:

5–7 mm groß; metallisch blaugrün bis schwarz, mit weißer, gelber oder roter Zeichnung; drei rundliche Flecken quer über den Hinterleib; legen 12 Eier auf Kohlpflanzen (Zweierreihe zu je sechs Eiern); scheu und flüchten schnell; überwintern in Streuschicht oder unter Baumrinden

Larve (Nymphe):

hell mit schwarzer Musterung; ähnliches Aussehen, wie erwachsene Wanzen, aber mit anderer Musterung, keine Flügel und kleiner; flott unterwegs

HÄUFIG ANZUTREFFEN AN:

Wanzen in allen Stadien saugen an Kohlpflanzen und anderen Kreuzblütlern; Larven saugen auch Blattläuse aus; Saugschäden mit heller Zone, die verwelken, braun und rissig werden können; Verkorkung und Deformierung am Stängel; Verfärbung der Blattränder und Einrollen; bei starkem Befall: Verkrüppelungen

ZU VERWECHSELN MIT:

» Rotschwarzer oder Zierlicher Gemüsewanze (*Eurydema dominulus*)

» Schwarzrückiger Gemüsewanze oder Schmuckwanze (*Eurydema ornata*)

» der Schaden (Herzlosigkeit), den sie anrichten, ähnelt dem der Kohldrehherzmücke

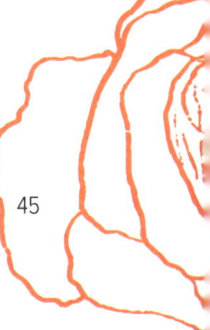

VORBEUGUNG:

» Absammeln oder Abklopfen der Larven und erwachsenen Wanzen
» Zerdrücken der Eier
» Kulturschutznetze

· ·

MISCHKULTUR:

keine reinen Kohlbeete anlegen

· ·

MASSNAHMEN, WENN ZU VIEL:

Nützlinge fördern:

parasitoide Schlupfwespen; räuberische Insekten wie Spinnen oder Ameisen; Vögel

Zaubertränke (Brühen & Jauchen):

Stinkebrühen mit Rhabarber, Rainfarn, Eichenrinde oder -blatt bzw. Wermut

Pflanzenschutzmittel:

Azadirachtin (Neem)

· ·

TIPP:

Schäden durch die Kohlwanze halten sich meist in Grenzen, daher nur bei wiederkehrend starkem Befall eine Bekämpfung andenken. Überprüfe zuerst, ob es sich um eine andere Art handelt (z.B. Marmorierte Baumwanze, Grüne Reiswanze), die größere Schäden verursachen kann.
Vorsicht: Vor dem Zerquetschen der Wanzen warnen wir eindringlich, da diese einen äußerst unangenehmen Geruch absondern können und manche als wahre Stinkbomben gelten.

· ·

BESONDERHEIT:

Viele Wanzen sind eher nützlich als schädlich und haben völlig zu Unrecht einen schlechten Ruf. Sie sind vielfältig, unglaublich schön anzusehen, kunterbunt und obendrein extrem anpassungsfähig. Und: Sie können eben auch unglaublich nützlich sein (siehe S. 149).

Häufig bei Wanzen, auch hier bei der Kohlwanze: Die Larve ist anders gezeichnet als das erwachsene Tier.

Die Schwarzrückige Gemüsewanze ist kein Schädling, auch wenn sie gerne auf Kohlpflanzen sitzt.

Nicht nur in der Stube lästig: Fliegen und Mücken

Jede*r kennt sie, niemand mag sie eigentlich, überall wo sie sind, werden sie verscheucht (oder zerquetscht): Fliegen und Mücken. Doch auch diese Tierordnung hat einiges mehr zu bieten als nervende Brummer oder stechende Nervensägen. Zweiflügler (Diptera), und dazu gehören die beiden, haben – wie der Name schon sagt – zwei Flügel. Das klingt noch nicht umwerfend, aber da Insekten eigentlich immer vier Flügel haben, ist es bei den Zweiflüglern so, dass sich ein Flügelpaar zu kleinen Schwingkölbchen, die den Flug stabilisieren, zurückgebildet hat. Bei Fliegen sitzen diese meist auf dem Rücken, bei Mücken eher an den Seiten. Die beinlosen Larven der Fliegen (Brachycera) und Schnaken (Tipulidae) haben ein spitzes Maul und einen dicken, flachen Hintern.

Umgangssprachlich neigt man dazu, schlauchförmige Tiere ohne Beine als „Würmer" zu bezeichnen. Das beleidigt die richtigen Würmer, die *Protostomia* (Urmünder) sehr. Fliegenmaden, wie hier auf dem Bild, sind durch ihr spitzes Maul und den dicken Hintern ganz gut zu bestimmen. Und sind keine Würmer!

Fliegen (eine Unterordnung dieser Zweiflügler) sind überall zu Hause, teilweise sehr spezialisiert und im Gemüsebau gefürchtet, denn ihre Babys, die Maden, bohren sich in Karotten/Möhren, Kohl, Zwiebeln, Spargel ... Sie heißen dann auch entsprechend Möhren-, Kohl-, Zwiebel- und Spargelfliege. Fast alle sehen aus wie kleine Stubenfliegen, etwas gedrungener, teilweise anders gefärbter Körper. Nützliche Fliegen im Beet sind z.B. die blattlausfressenden Schwebfliegen oder die Raupenfliegen.

Mücken (Nematocera), zu denen auch die Schnaken gehören, sind ebenfalls eine Unterordnung der Zweiflügler und genauso weit verbreitet. Mücken sind hauptsächlich als lästige Blutsauger bekannt, aber es gibt auch Nützlinge unter ihnen, wie z.B. die Räuberische Gallmücke. Einige Arten haben jedoch eine vegetarische Lebensweise für sich entdeckt und bohren sich in Wurzeln, Stängel, Blätter deiner Gemüsepflanzen und manche sogar in Holz.

Abschließend noch die Familie der Schnaken, langbeinige, oft ziemlich große Tiere, die gerne bei Licht in die Wohnung fliegen und manchen erschrecken können. Sie sind aber absolut harmlos. Lediglich ihre Larven, die meist Wurzeln fressen (wie die Kohlschnake), können ab und zu schädlich sein. Der Popo der Larve sieht aus wie ein Gesicht mit kleinen Ohren. Man denkt, oh, sie lächelt mir zu, aber eigentlich ...

Skurriles und Wunderbares

Liebesbedürftige Schnaken

Der Paarungstanz der – mit den Trauermücken verwandten – Schnaken ist uns eine Erwähnung wert. *Daddy Longleg*, wie er im Englischen heißt, trifft auf *Mummy Longleg* kurz nach dem Puppenschlupf und streichelt ihr Bein – also eins von sechs. Das lässt er dann auch nicht mehr los, sondern wartet, bis das Weibchen in aller Unschuld die Arme (also Beine) hebt. Das ist DAS Zeichen. Er drückt sanft die Beinchen des Weibchens hinab und beginnt sie abzuküssen (sofern das mit einem saugenden Mundwerkzeug überhaupt funktioniert). Jetzt beginnt ein behutsamer Aufstieg auf das Weibchen und der Reproduktionsakt wird in zwei Minuten finalisiert.

VEGAN UND BIO: DIE GEMÜSEFLIEGE

Für jede Art von Gemüse gibt es verschiedene Fliegen. Der Schaden wäre halb so groß, wenn deren Maden etwa nur daran knabbern würden. Aber: sie bohren, kacken und schaffen es, dass das Gemüse völlig zermatscht und wirklich ungenießbar wird. Zudem verpuppen sie sich teilweise im Gemüse (sonst im Erdboden), was beim Verzehr wie kleine Sesamkörnchen zwischen den Zähnen knuspert.

Die meisten Gemüsefliegen werden ab April vom Geruch der Pflanzen angelockt und legen ihre Eier meist an den unteren Stängeln sowie am Wurzelbereich der Pflanzen ab. Die schlüpfenden Maden bohren sich sogleich in die Pflanze ein und sind somit geschützt vor fast jedem Pflanzenschutzmittel. Deshalb ist Vorbeugung die beste Bekämpfung. Und da die Fliegen mehrere Generationen im Jahr ausbilden, sollte auch immer vorgebeugt werden. Ein Schutznetz wirkt am besten.

Gut zu wissen

In der Made ist der Wurm drin
Bereits 1996 wurden erfolgreich Versuche durchgeführt, die Maden der Kohlfliege mit Fadenwürmern (Nematoden) der Art *Steinernema carpocapsae* zu bekämpfen. Diese Wurmart wird schon seit langem gegen Schnaken und Maulwurfsgrillen eingesetzt. Die winzigen Würmchen kriechen über Körperöffnungen in die Made ein, infizieren sie mit einer Bakterie, die die Made komplett auflöst. In diesem Madenmatsch entwickeln sich viele weitere Millionen neuer Fadenwürmer, die dann die nächste Made befallen.

Bekannt, unbeliebt, aber gefährlich nur für Pflanzenwurzeln: die Wiesenschnake. Schön zu erkennen zwischen hinterem und mittlerem Beinpaar sind die seitwärts stehenden Halteren – umgewandelte Hinterflügel zur Flugstabilisierung. Ihre Larve (Bild unten) grinst nicht in die Kamera, das ist ihr Hintern!

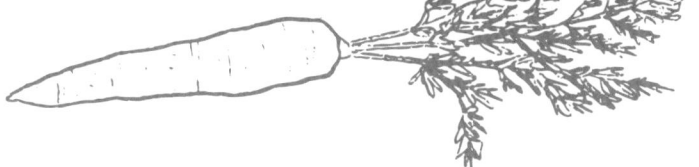

Steckbrief

GEMÜSEFLIEGEN

BOHNENFLIEGE/WURZELFLIEGE
(DELIA PLATURA, D. FLORILEGA);
KLEINE KOHLFLIEGE
(DELIA RADICUM);
GROSSE KOHLFLIEGE
(DELIA FLORALIS);
ZWIEBELFLIEGE
(DELIA ANTIQUA);
MÖHRENFLIEGE
(PSILA ROSAE)
2–3 Generationen pro Jahr, ab April bis Oktober
unterwegs auf Opfersuche

....

MEIN LOOK:
Fliege:
6–8 mm groß; Bohnen- und Kohlfliege ähneln einer
kleinen Stubenfliege; Möhrenfliege ist dunkel gefärbt
und glänzend (unbehaart); die Zwiebelfliege sieht wie
eine helle Stubenfliege mit roten Augen und dunkler
Behaarung aus; Eier werden meist nachmittags bis
abends an und in der Nähe der Pflanzen abgelegt

Larve & Puppe:
bis 1 cm große, weiße bis gelbe, beinlose und kopflo-
se Larven (Maden); rotbraune Puppen überwintern im
oder am Boden, teilweise auch in der Pflanze
Bei Kohl und Zwiebel verursacht die erste Generation
die größten Schäden (April/Mai), bei Möhren die zweite Generation (Saaten von Mitte Juni bis Mitte Juli).

....

HÄUFIG ANZUTREFFEN AN:
Larven schädigen in Bodennähe, Jungpflanzen sind
besonders gefährdet; Bohnen und Zwiebelpflanzen
lassen sich leicht aus dem Boden ziehen
» Fraßstellen, Madengänge und Kotspuren in Keim-
blättern, Stängel, Wurzelhals und Wurzeln

» Welkeerscheinungen, Verfärbungen der Blätter
(grau-gelb bis rötlich) und teils stinkende Fäulnis
bis zum Absterben der Pflanzen
» Bohnenfliege: an Bohnen, Erbsen, Spinat, Salat,
Zwiebel, Mais u.a.
» Kleine Kohlfliege: auf verschiedenen Kreuzblütlern
wie Raps, Rettich, Radieschen und Kohlgemüse
» Große Kohlfliege: nur eine Generation (Juli bis September); hauptsächlich Rettich und Radieschen
» Zwiebelfliege auf Zwiebel, Porree, Schnittlauch
und Knoblauch
» Möhrenfliege: an Karotte/Möhre, Selleriewurzel
und anderen Doldenblütlern wie Petersilie, Fenchel
und Dill

....

ZU VERWECHSELN MIT:
Schaden ähnelt Drahtwurmfraß

....

VORBEUGUNG:
» kein Nachbau einer Gemüseart, die von schädli-
chen Fliegenmaden befallen war, Fliegenpuppen
überdauern im Boden
» offene windige, trockene Lagen bevorzugen und
Fruchtfolge beachten
» keinen frischen Mist oder frischen Kompost vor der
Aussaat oder Pflanzung ausbringen
» Boden gut lockern, 10–14 Tage warten und wieder-
holte Bodenbearbeitung bis zur Aussaat, Eiablage
durch häufiges Hacken stören
» schnelles Keimen und gutes Wachstum fördern;
in erwärmtem Boden mit Aussicht auf warme Witterung säen, nicht in kalte und nasse Böden; Aussaaten leicht mit Algenkalk überstäuben; Gesteinsmehl um den Wurzelhals
» Setzlinge: frühzeitig oder spät setzen (Flugzeit vermeiden), Auspflanzen vorgezogener Jungpflanzen
» Steckzwiebel mit Algenkalk oder Gesteinsmehl bestäuben

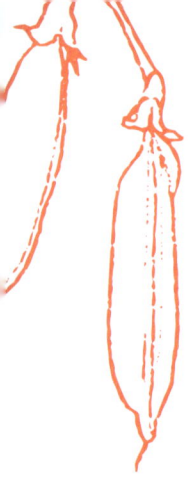

» Gelbtafeln zum Abfangen der Fliegen
   Vorsicht: gleich entfernen, falls Nützlinge kleben bleiben!
» Kulturschutznetze zum Abdecken der Pflanzen ab Flugbeginn: Maschenweite 1,5–2 mm, Netze am Rand gut im Boden verankern (kann bei Kohl vier Wochen nach der Pflanzung weggenommen werden)
» Das beim Frühanbau evtl. aufgelegte Kälteschutz-vlies kann auch vor einer Eiablage schädlicher Fliegen schützen. Aber Vorsicht: Es sollten keine Fliegenpuppen von vorherigen Kulturen im Boden vorhanden sein.
» Bohnen und Kohl anhäufeln zur Abtötung der Eier
» befallene Pflanzen entfernen
» Bohne: kaum noch Schäden, sobald die Pflanze gut im Wachstum ist
» Kohl: sogenannte Kohlkragen aus Vlies oder Papier verwenden, damit die Kohlfliegen-Eier nicht direkt an den Stängel ge-legt werden können und vertrocknen; spät pflanzen, um erste Fliegengeneration zu umgehen, Setzlinge tief setzen

» Karotte/Möhre: frühe Saat oder späte Saat (März/April oder Ende Juni/Anfang Juli) um der Hauptflugphase aus dem Weg zu gehen
» Bohnenkraut einsäen, dessen ätherische Öle ver-treiben Gemüsefliegen

MISCHKULTUR:
» Bohnen: nicht nach Spinat, Kopfsalat, Kohl und Kar-toffeln anbauen; Bohnenkraut einsäen
» Kohl: mit Tomaten
» Karotte/Möhre: mit Zwiebelgewächsen oder nach Lauch oder Zwiebel säen
» Zwiebel: mit Karotten/Möhren; Petersilie, diese kann einen befallsmindernden Effekt haben

MASSNAHMEN, WENN ZU VIEL:
Nützlinge fördern:
Blütenvielfalt und „Biotop-Ecken" im Garten anlegen räuberische Laufkäfer, Kurzflügelkäfer, Spinnen sowie Gallmücken und Zehrwespen sind wunderbare Räu-ber von Eiern und Larven sowie Parasiten der Puppen Ameisen reduzieren besonders die Puppen im Boden

Zaubertränke (Brühen & Jauchen):
» Karotte: ab Saat mit Rainfarn oder mit Zwiebel-Knoblauch-Wasser wiederholt überbrausen
» Zwiebel: Pflanzen während der Flugphase mit stin-kigen Kräutertees spritzen oder überbrausen
» Bohnen: vor der Aussaat das Beet mit Rainfarn- oder Wermut-Tee überbrausen
» käufliche Gemüsestreumittel auf Duftbasis

Pflanzenschutzmittel:
nichts zugelassen

TIPP:
» Bohnen: Liegen die Bohnensamen zu lange in der Erde, steigt die Gefahr eines Befalls.
» Zwiebel: Flugzeit der Fliegen ab der Löwenzahn-blüte, daher ab diesem Zeitpunkt mit Netzen ab-decken.

BESONDERHEIT:
Alle hier genannten Fliegen sind ziemlich behaart, au-ßer die Möhrenfliege, die zu den Nacktfliegen gehört und schwarz, nackt und glatt ist. Die haarigen Fliegen gehören zu einer Familie mit dem schönen Namen Blumenfliegen, obwohl ihre Larven Fäulnis und Ge-stank hinterlassen.

Eine Made der Kleinen Kohlfliege in einer Kohlpflanzenwurzel.

„Überraschen Sie Ihre*n Liebste*n doch mal mit einem 5-Gänge-Menü!" Von der Möhrenfliegen-Larve durchsiebte Karotte mit Löchern und vollgekackten Gängen. Sorgfältig ausgeschnitten ist diese Möhre jedoch noch gut zu gebrauchen.

Made in Austria: In dieser österreichischen Erbsenpflanze hat sich eine Made der Minierfliege eingebohrt und frisst jetzt Gänge in das Blatt.

GUTE MINE, BÖSES SPIEL: DIE MINIERFLIEGE

Vielleicht hast du in der Natur schon mal Blätter gesehen, die schlangenartige weißliche Musterungen aufweisen. Das ist das klassische Bild einer minierenden Insektenart (meist Fliegen oder Motten), die im Blatt zwischen Ober- und Unterhaut Gänge gräbt, also Minen. Einige Minierfliegen haben auch im Gemüse ihre Heimat gefunden: Lauch, Zwiebeln, Tomaten ... zählen zu ihren Leibspeisen. Zum Glück ist der Schaden meist gering. Interessant ist, dass vor dem Erscheinen der auffälligen Minen das erwachsene Tier kleine, meist perlschnurartige „feeding points" durch das Anstechen der Pflanze verursacht. Einige Gattungen wurden aus Südamerika eingeschleppt, so die (immer mit einem gelben Rückenpunkt versehene) *Liriomyza*, zu der auch die Tomatenminierfliege gehört.

Gut zu wissen

Nichts tun ist besser als handeln!

Die meisten Minierfliegen haben Feinde. Ihre auffälligen Blattmusterungen und die Unfähigkeit (im Blatt eingezwickt) zu fliehen macht sie zu leichten Opfern von verschiedenen einheimischen Schlupfwespenarten. Schon in den 1980er Jahren wurde bekannt, dass ein Spritzen mit Insektiziden eher die Nützlinge schädigt als die Minierfliegen und der Schaden somit größer ist als ohne Einsatz chemischer Mittel. Ein guter Grund mal wieder nichts zu tun.

Diese wunderschöne Spargelfliege versucht sich zu verstecken – ist ihr aber nicht ganz gelungen.

Grenzt an Kunst: Der Schaden der Tomatenminierfliege.

Die Lauchminierfliege (*Phytomyza gymnostoma*) macht sich über ihr nächstes Gemüse-Opfer her. „Gymnostoma" bedeutet nackter Mund. Warum auch immer.

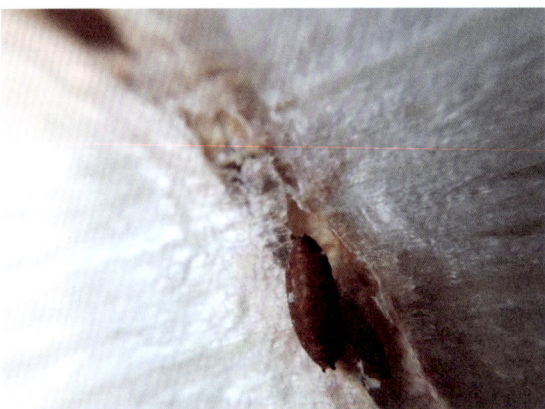

Kleine proteinreiche Stückchen im Gemüse: Die Puppe der Lauch- oder Porreeminierfliege.

Die ersten Anzeichen der Lauchminierfliege: „feeding points" genannte Einstichstellen an Lauchstängeln. Der Schaden im Frühjahr, verkrüppelter Wuchs, gleicht dem der Nematoden (siehe S. 102).

Steckbrief

ZWIEBELMINIERFLIEGE
(LIRIOMYZA NIETZKEI),
TOMATENMINIERFLIEGE
(LIRIOMYZA BRYONIAE),
MÖHRENMINIERFLIEGE
(NAPOMYZA CAROTAE)

2 Generationen pro Jahr, Ähnlichkeit mit Stubenfliege, Flug ab April und ab August

MEIN LOOK:

Fliege:
2–3 mm groß
» Zwiebelminierfliege: gelblicher Kopf
» Tomatenminierfliege: schwarz-gelbe Färbung
» Möhrenminierfliege: dunkel mit Borsten

Larven:
2–4 mm große beinlose helle Larven

HÄUFIG ANZUTREFFEN AN:
» Eier werden in die Blattspitze (Zwiebel), in die Blätter (Tomate) und unter das Blatt oder ins Gewebe (Karotte/Möhre) abgelegt
» Larven minieren im Blattgewebe, aber auch im oberen Möhrenkörper
» Verpuppung und Überwinterung im Boden oder auch im Blatt (Tomate)
» Zwiebelminierfliege: dünne und verästelte Miniergänge
» Tomatenminierfliege: serpentinenartige Miniergänge im Blatt mit dunklem Kot
» Möhrenminierfliege: Miniergänge in Blättern, Stielen und kotfreie Gänge im oberen Teil der Karotte/Möhre; Fliegen befallen auch Petersilie, Sellerie und Pastinaken
» Blätter krümmen sich und welken

ZU VERWECHSELN MIT:
» Porreeminierfliege (gleiche Maßnahmen)
» Adernminierfliege (Tomate)

VORBEUGUNG:
» windoffene Lagen bevorzugen
» engmaschige Kulturschutznetze
» befallene Blattspitzen oder Blätter sofort entfernen
» Karotte/Möhre: Larve zerdrücken bei Einzelpflanzen
» Leimtafeln zum Abfangen der Erwachsenen

MISCHKULTUR:
» Karotten/Möhren: mit Zwiebel, Lauch und Schnittlauch
» Zwiebel: mit Karotten/Möhren, Sellerie, Salat, Gurken und Petersilie
» Tomate: mit Kohlarten, Ringelblumen, Tagetes, Zwiebel- und Lauchgewächsen, Karotten und Sellerie

MASSNAHMEN, WENN ZU VIEL:
Nützlinge fördern:
Erzwespen, Vögel, Spinnen, Laufkäfer, Raupenfliegen ...
Einsatz von Schlupfwespen im Gewächshaus

Zaubertränke (Brühen & Jauchen):
» Knoblauchtee, Rainfarnjauche
» Zwiebelbrühe bei Karotte

Pflanzenschutzmittel:
Azadirachtin (Neem)

TIPP:
Mulche die betroffenen Kulturen mit stark riechenden Kräutern wie Rainfarn, das kann unterstützend wirken.

BESONDERHEIT:
Minierfliegen werden stark von Gerüchen angezogen oder abgeschreckt, daher ist eine Mischkultur immer das beste Mittel der Wahl, um die kleinen Plagegeister zu verwirren.

WENN DIE MÜCKEN SCHWARZ TRAGEN: DIE TRAUERMÜCKE

In vielen Haushalten spielt sich dasselbe Drama ab: Myriaden von kleinen schwarzen Flugtieren irrlichtern überall, wo es feucht ist. Im Bad, in der Küche, rund um übergossene Indoor-Pflanzen und vor deiner Nase, wo Atem abgedampft wird. Trauermücken lieben es feucht, sie suchen aktiv feuchte Erde auf, um ihre Eier abzulegen. Dort suchen die schlüpfenden Jungtiere die Wurzeln auf, um sie zu benagen. Gerade in der Anzucht ein Problem, denn kleine Keimlinge haben wenig Wurzeln. Werden diese weggefressen, dann welken sie oder sterben gar ab.

Die erwachsenen Trauermücken haben keinen Verdauungstrakt, können somit nichts essen und sind nur auf der Suche nach schönen Plätzen zur Kopulation und Eiablage. Der Geruch von Hefe ist unwiderstehlich, deshalb sollte bei der Düngerauswahl in der Jungpflanzenanzucht auf hefehaltige (Vinasse, Melasse) oder fermentierte Produkte verzichtet werden. Die Erde solltest du vor dem Kauf unbedingt auf kleine tote Fliegen im Falz der Verpackung kontrollieren. Findest du welche, dann verwende die Erde besser nur draußen – sonst flattert's in deiner Wohnung bald ganz gewaltig.

Jungpflanzen und Aussaaten sind besonders durch Trauermückenlarven gefährdet. Die Pflanzen haben erst wenige Wurzeln und die sind schnell weggefressen.

Einige Arten der Trauermücken befallen auch Pilze. Hier drei schöne „Pilzmücken" auf einem Champignon-Myzel.

Die Trauermücke – dein Freund und Helfer

So unbeliebt Trauermücken im Garten und als Tiefflieger in der Wohnung auch sind: Trauermücken (Sciaridae) sind für unsere Ökosysteme eine unverzichtbare Tiergattung. Fast 30 % des Laubs wird durch sie zersetzt und in Wäldern sind sie die häufigste Fliegenart überhaupt.

Die Maden werden auch als Heerwurm bezeichnet. Das kommt daher, dass sie im Wald auf bis zu 14 Meter Länge einen grauen, sich schlängelnden Heerzug bilden können, der aus rund 250 000 Maden besteht. Die ersten Berichte über den Heerwurm stammen aus dem frühen 17. Jahrhundert: „... die zur Sommerzeit gleichsam wie Ketten zusammenhängend kröchen, wie wenn sie ein Heer bildeten."

Das klingt jetzt alles sehr männlich-martialisch, die Trauermücke ist aber ein äußerst feminines Insekt: Männliche Trauermücken geben nämlich ausschließlich mütterliche Erbanlagen weiter, wobei die Weibchen ihre Genome ganz normal vererben. Rein genetisch bedeutet das, dass die Männchen lediglich Mittel zum Zweck in einem ausschließlich weiblichen Vererbungsstrang sind. Männliche Gene spielen überhaupt keine Rolle mehr.

Kleine Jungspunde: die Larven der Trauermücken.

TRAUERMÜCKEN

(SCIARIDAE)

in der Jungpflanzenanzucht

MEIN LOOK:

1–7 mm groß; schlanker, dunkler Körper

HÄUFIG ANZUTREFFEN AN:

besiedeln Topf- und Aussaaterden, halten sich gerne in torffreier Bio-Erde auf, lieben hefehaltigen Dünger; Larve nagt gern im Wurzelbereich, Mücken nerven im Innenraum durch massenhaftes Auftreten

ZU VERWECHSELN MIT:

Fruchtfliegen (haben rote Augen)

VORBEUGUNG:

» Erde möglichst trocken halten, Oberfläche mit Sand bestreuen

» Gelbtafeln zum Abfangen der erwachsenen Tiere sofort beim Auftreten der ersten Mücken aufstellen

» keine hefehaltigen Dünger einsetzen

MASSNAHMEN, WENN ZU VIEL:

Käufliche Nützlinge & Pflanzenschutzmittel:

» Nematoden (*Steinernema feltiae*), *Bacillus thuringiensis israelensis* (Bakterien), Raubmilben (z.B. *Macrocheles robustulus*)

» Azadirachtin (Neem) – Zulassung prüfen – derzeit nur an Zierpflanzen zugelassen

BESONDERHEIT:

Trauermückenlarven fressen in der Regel nur tote Pflanzen und sind in gesunden Topfpflanzen kein Problem. Nur geschwächte, mit zu viel Wasser oder Nährstoffen versorgte Pflanzen sowie frisch keimende Pflänzchen sind gefährdet.

Gelbe Karte für Wurzelfresser: Im Gewächshaus, auf der Fensterbank, bei den Aussaaten – mit Leim bestrichene Gelbtafeln fangen die erwachsenen Trauermücken recht gut ab.

Rauptiere und Verwandlungskünstler im Beet: Schmetterlinge und Motten

Slawismen, also Wörter slawischer Herkunft, gibt es einige in der deutschen Sprache: Preiselbeere, Kutsche oder der Fatzke wären ein Beispiel, wie auch Quark und Schmand (fettiger Sauerrahm). Der Schmand (von *smetana*) gab auch dem Schmetterling seinen Namen, da er gerne beim Butterschlagen mitnascht. Im englischen *butterfly* ist das gut erkennbar. Fast 170 000 Arten von Schmetterlingen gibt es weltweit, davon etwa 4 000 in Mitteleuropa. Erwachsene Schmetterlinge leben vom Nektar vieler Blüten, manche lieben Exkremente oder Butter und einige sogar Blut. Ihre Kinder, die Raupen, schlüpfen aus den schönsten Eiern der Welt – es gibt die unglaublichsten Formen, Farben und Muster bei Schmetterlingseiern. Und Raupen fressen ebenfalls zum Großteil vegan, einige wenige aber mögen auch Fleisch, wie z.B. viele heimische Bläulingsarten, echte Raubtiere, die in Ameisenbauten die Ameisenlarven fressen.

Raupen wirken ja auf den ersten Blick wie „Würmer", nur mit Beinen. Und zwar so einigen. Drei Beinpaare im Brustbereich (pro Segment zwei, direkt nach dem Kopf) und (nach mindestens zwei Segmenten ohne Beine) viele lustig aussehende weitere Beine, die z.B. Saugnäpfen, kleinen Haken oder Krallen ähneln. Spannerraupen haben nur vorn und hinten Beine, deshalb sieht ihre Art zu kriechen ziemlich seltsam aus: Buckel machen, strecken, Buckel machen, strecken. Manche Raupen haben gabelige Schwänzchen oder augenähnliche Musterungen, die Vögel erschrecken sollen, andere sind haarig oder mit Streifen, Punkten und sogar Stacheln. Vegane Raupen fressen Blätter, Blüten, Früchte, Wurzeln und sie können auch Holz zernagen. Ganz geschickt machen es die Miniermotten, die zwischen Ober- und Unterhaut im Blatt oder im Stängel Gangsysteme bauen. Sie beißen sich Minen und sind recht geschützt da drin. Schlupfwespen und Vögel erwischen sie trotzdem und die Pflanze kann diese Nutztiere durch Geruchsstoffe sogar herbeilocken.

Die Raupen vieler Bläulinge fressen keine Pflanzen, sondern „Fleisch" – genauer gesagt Ameisenlarven.

Tag- und Nachtfalter sind wichtige Bestäuber – sie sollten unbedingt geschützt werden.

Die beiden freien Segmente nach den drei Paar Brustbeinen, die die Raupe als Schmetterlingsraupe entlarven ...

... im Gegensatz zur Blattwespenlarve, die auch wie eine Raupe aussieht, aber nur ein Segment ohne Beine hat.

Die meisten Raupen im Gemüsebeet fressen aber freilebend: Das bedeutet, entweder schaben sie (meist an der Unterseite) oder sie beißen einfach ab und hinterlassen Löcher oder finale Blattgerippe. Und Kot, viel Kot. Dieses Kleinvieh macht den meisten Mist und Kotkrümel auf Blättern sind ein wichtiger Hinweis auf Raupen. Aber Raupen sind auch richtige Verwandlungskünstlerinnen: Nach einigen Häutungen verpuppen sich die Raupen, um als vollkommen anders aussehendes Tier aus der Puppe zu schlüpfen.

Definitiv die beste Verdauung im Insektenreich haben Raupen. Wo immer sie sind, ihre Kotkrümel entdeckt man meist sehr gut.

Horrorszenen im Gemüsebeet: Skelettierfraß bei Rosenkohl – nur das bleiche Gerippe bleibt stehen.

So sehr du dich auch über Raupenfraß im Garten ärgerst, Motten und Schmetterlinge sind doch sehr wichtig für die Bestäubung. Gerade die Nachtfalter tun das fast unbemerkt im Dunkeln und viele Pflanzen lassen sich überhaupt nur durch Schmetterlinge bestäuben. Die Bauweise vieler Blüten verhindert, dass Bienen oder andere Zuckerschnuten an den Nektar gelangen. Außerdem sind die Lepidoptera (= Schuppenflügler, so die wissenschaftliche Bezeichnung der Schmetterlinge) wichtige Nahrung für Vögel, Fledermäuse und viele weitere Tiere.

> **Kleiner Tipp am Rande**: *Mach nachts so wenig Licht wie möglich. Das ist eine der besten Nachtfalterschutzmaßnahmen!*

SCHNEEWEISSLING UND ROSENKOHL: DER KOHLWEISSLING

„Es war ein Mahl ..." – Märchen beginnen so oder so ähnlich und Kohlweißlingsraupen können ein märchenhaftes Kohlgemüse-Essen tatsächlich verleiden, vor allem wenn der Große Kohlweißling nur Gerippe übriglässt. Wo ein Großer ist, ist der Kleine nicht weit. Der Kleine Kohlweißling ist der häufigste Tag-Schmetterling in Mitteleuropa und auch er liebt Kreuzblütler, also Rucola und alle anderen Kohlarten. Interessant ist, dass der Große Kohlweißling früher nur an den Küsten vorkam und durch den Kohlanbau später auch ins tiefe Festland vordringen konnte.

Der Große Kohlweißling legt seine insgesamt 100 Eier in Gruppen zu etwa 30–40 Stück ab, der Kleine einzeln. Wohl auch deshalb sieht man den Kleinen hektisch herumschwirren, um kurz den Hintern zur Eiablage herauszustrecken. Schon aufgrund der Eiablage in Massen ist beim Großen Kohlweißling mit mehr Schaden zu rechnen, wenn 100 hungrige Mäuler geschlüpft sind. Aber nur die zweite Generation des Falters schädigt den Kohl. Die erste Generation findet hauptsächlich mit Wildpflanzen ihr Auskommen und nicht mit dem Gemüsebeet. Ab und zu sollte man dem Großen aber auch mal was gönnen – er ist ohnehin so selten geworden.

Blumen, Kohl, Blumen, Kohl

Mischkultur ist wichtig, um Schädlinge im Gemüsebeet zu dezimieren. Auch eine Mischung mit nicht essbaren Pflanzen kann helfen. Forscher in Estland haben Versuche mit Kohlweißlingen und Blumeneinsaaten gemacht und siehe da: Die Wucherblume (*Chrysanthemum coronatum*), der Schopfsalbei (*Salvia horminum*) und die Studentenblume (*Tagetes patula*) im Kohlbeet verhindern die Eiablage der Kohlweißlinge fast zu 100 %. Gerade letztere Blume hält auch Kohlmottenschildläuse, Wurzelnematoden und Möhrenblattflöhe sicher fern, vermutlich durch Blausäure. Aber Vorsicht: Verzichte lieber auf Ringelblumen direkt neben den Kohlpflanzen, denn die locken noch mehr Kohlweißlinge an. Also Augen auf bei der Blumenwahl.

Eier und frischgeschlüpfte Raupen des Großen Kohlweißlings. Als Erstes wird die Eihülle verspeist, dann geht die Gang auf den Kohl los.

Großer Kohlweißling: klassisch grünliche Grundierung, gelbe und schwarze Streifen, mit Haaren versehene Warzen.

Das Um und Auf im Bio-Gemüsegarten ist die Mischkultur. Verwirrt Schädlinge und lockt Nützlinge an.

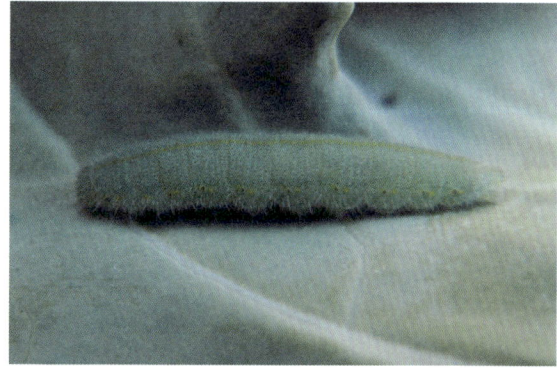

Der Kleine Kohlweißling: Seine gelben Zierstreifen und das etwas flauschige Haar unterscheiden ihn gut von Eulenraupen.

Zwei verschiedene Larvenstadien des Kleinen Kohlweißlings sowie das einzeln abgelegte Ei.

Das wunderschöne Puppenstadium des Kleinen Kohlweißlings, wie ein kleiner Drache beim Schlafen. Auch an anderen Pflanzen finden sich manchmal Kohlweißlingspuppen, wie hier am Lauch.

Kleiner Kohlweißling in Begattungshaltung mit nach oben gebogenem Hinterteil.

Großer Kohlweißling, erkennbar an den größeren dunklen Flügel-enden-Flecken.

Steckbrief

GROSSER KOHLWEISSLING
(PIERIS BRASSICAE)
2 Generationen pro Jahr, ab April bis Oktober
KLEINER KOHLWEISSLING
(PIERIS RAPAE)
2–4 Generationen pro Jahr, ab April bis Oktober

• •

MEIN LOOK:

Schmetterling:

ab April bis Oktober, weiße Falter mit schwarzen Punkten

» *Kleiner Kohlweißling:* 4–5 cm groß; Spitze der Vorderflügel ist grau bis schwarz, kleinere Zeichnung als bei Großem Kohlweißling, Unterseite der Hinterflügel gräulich-gelb; Eier werden **einzeln** an Blattunterseite abgelegt, den ganzen Sommer vorhanden

» *Großer Kohlweißling:* 5–7 cm groß; schwarze (dunkle) Spitzen auf den weißen Vorderflügeln reichen bis über die Flügelmitte, Unterseite der Hinterflügel ist gräulich-grün; Weibchen haben zusätzlich zwei schwarze Punkte auf den Vorderflügeln; die kegelförmigen goldgelb gerippten Eier werden in großen **Gruppen** abgelegt; 1. Generation legt Eier an Wildkräutern (Kreuzblütlern) ab, 2. Generation blattunterseits an Kohlpflanzen (nur diese Generation verursacht für uns einen Schaden)

Raupe & Puppe:

» *Kleiner Kohlweißling:* 3 cm große samtig behaarte, mattgrüne Raupen mit hellem Längsstreifen
» *Großer Kohlweißling:* 4–5 cm große grünlich-gelbe Raupen mit seitlichen gelben Längsstreifen und schwarzen Flecken, schwarzer Kopf und Borsten, Überwinterung als Puppe oberirdisch an Baumstämmen, Zäunen, Hausmauern ...

HÄUFIG ANZUTREFFEN AN:

» Kohl, Meerrettich, Kresse, Rettich, Radieschen, Rucola ... (Kreuzblütler)
» Pflanzen werden durch grün-braune Kotkrümel verschmutzt
» *Kleiner Kohlweißling:* einzeln fressende Raupen befallen die äußeren Blätter (Lochfraß) sowie das Innere des Kohls
» *Großer Kohlweißling:* frisst in Kolonien, zuerst Löcher in die Blätter, später Skelettierfraß, nur Blattrippen bleiben stehen

ZU VERWECHSELN MIT:

Die gelben Eier von Marienkäfern werden ebenfalls in Gruppen abgelegt, sind allerdings glatt.

VORBEUGUNG:

» Eier blattunterseits entfernen
» Raupen absammeln
» Kulturschutznetze während der Flugzeit (1,5–2 mm)
» Randpflanzung mit Hanf, Tagetes, Salbei oder Chrysanthemen
» Gesteinsmehle stäuben

MISCHKULTUR:

mit Tomaten und Sellerie
Blühende Pflanzen wie Kornblume oder Buchweizen zwischen den Kohlpflanzen wachsen lassen zum Anlocken von Nützlingen.

MASSNAHMEN, WENN ZU VIEL:

Nützlinge:
verschiedene Schlupfwespenarten, Vögel, Wanzen, räuberische Insekten

Zaubertränke (Brühen & Jauchen):
Rainfarn- oder Wermutjauche; kalter Auszug oder Jauche von Tomatenblättern während der Flugzeit wiederholt spritzen

Pflanzenschutzmittel:
Bacillus thuringiensis ssp. *kurstaki*–Präparate, Azadirachtin (Neem)

Tipp: Brennnesseljauche lockt den Kohlweißling an!

BESONDERHEIT:

Die Eier und Larven der Kohlweißlings-Schlupfwespe (oder auch Kohlweißlings-Brackwespe – *Cotesia glomerata* und *rubecula*) entwickeln sich in der Kohlweißlingsraupe, die trotzdem normal weiterfrisst. Sie stirbt erst ab, nachdem die Wespenlarven den Körper der Raupe verlassen haben. Neben der toten Raupe verpuppt sich die Wespe.
Daneben gibt es noch die Puppen-Erzwespe *Pteromalus puparu* und Zwergwespen der Gattung *Trichogramma,* die Eier und Puppen der Weißlinge parasitieren. Auch krankheitserregende Pilze und Bakterien machen den Kohlweißlingsraupen das Leben schwer.

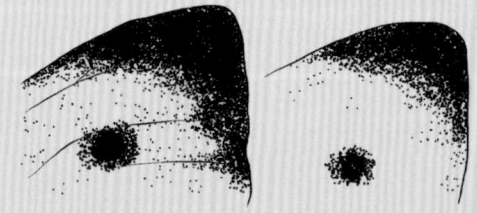

Flügelspitzen von Großem (links) und Kleinem Kohlweißling.

WENN DER KOHL DIE MOTTEN KRIEGT: DIE KOHLMOTTE

Der zoologische Name der Kohlmotte (die auch Kohlschabe genannt wird) lautet: *Plutella xylostella*. Das ist griechisch und *Plutella* bedeutet übersetzt Reichtümer – ein passender Name, denn die Kohlmotte kommt zahlreich auf der ganzen Welt vor. *Xylostella* wiederum heißt in etwa Holzstern und bezieht sich wohl auf die braune Zeichnung am Rücken des Falters. Die Kohlmotte ist nachtaktiv, wie die meisten ihrer Art und wird als „gefürchtetster Kohlschädling" geführt. Wir sind zwar der Meinung, dass ein konventionelles Kohlfeld aufgrund schädlicher Pestizide und Unmengen an Kunstdüngern gefährlicher für die Umwelt ist, aber ein Lump ist die Motte allemal, wenn sie auf viel Kohl trifft. Ab April werden gelbliche flach-ovale Eier in Grüppchen an Blattstiel oder -unterseite geheftet. Die schlüpfenden Larven – erst blassgelb, später grün – leben erstmal minierend im Blatt. Werden sie älter, schaben sie an der Blattunterseite kleine Fenster ins Blatt. Fenster deshalb, weil die durchsichtige Oberhaut bestehen bleibt – wie ein Fenster eben. Diese Fensterchen werden mit der Zeit immer größer und die Blätter zunehmend silbrig-weiß. Etwa 15 Tage wird „gefensterlt" und nach der Verpuppung, in einem der Lauchmotte ähnlichen kunstvollen Seidenkokon blattunterseits, schlüpfen sofort paarungsbereite Falter. Die Weibchen begeben sich alsbald im Dunkeln nach Futterpflanzensuche zur Eiablage.

Bis in den Winter herrlich anzusehen – unterschiedliche Kohlsorten nebeneinander, aber Vorsicht: Hier ist es für Kohlfresser ein Leichtes, sich stark auszubreiten, da sie nicht von einer Mischkultur gebremst werden.

Gut zu wissen

Nicht so leicht um die Ecke zu bringen

Tiere können gegen Mittel, die sie eigentlich umbringen sollen, widerstandsfähig werden. Diese sogenannten Resistenzen gegen Pflanzenschutzmittel sind im Gemüsebau ein großes Thema, und gerade die Kohlmotte schafft es durch einen unglaublich variablen Stoffwechsel, für sie eigentlich tödliche Substanzen schlicht zu verdauen. Sogar ein Biomittel, ein Toxin aus der Bakterie *Bacillus thuringiensis var. kurstaki*, das Raupendärme normalerweise sicher perforiert und den finalen Durchfall auslöst, hat sie überlebt. Somit rückt die Kohlmotte in den Fokus der Resistenzforscher und wird Gen für Gen untersucht. Dass einheimische parasitische und räuberische Wespen, Florfliegen und viele Pilze die Kohlmotte wunderbar dezimieren können, spricht für die Förderung der Artenvielfalt am Kohlfeld und nicht für das Entwickeln neuer Gifte.

Ein wunderschöner kleiner Falter mit markanter gezackter Rückenzeichnung.

Eier, Jungraupen, Puppen ... nahezu alles, was der Florfliegenlarve vor die giftigen Zangen kommt, wird ausgesaugt. Ein Universalnützling, der durch Blütenvielfalt ins Feld gelockt werden kann.

Die hinten oft etwas spitz zulaufende Raupe der Kohlmotte frisst als Junglarve kleine Fenster ins Blatt. Die transparente Oberhaut bleibt bestehen (schmeckt wahrscheinlich nicht) – so sieht das wirklich nach Fenster aus. Als ältere Raupe wird fast alles vertilgt.

Steckbrief

KOHLMOTTE
(PLUTELLA XYLOSTELLA)
3–4 Generationen

MEIN LOOK:
Schmetterling:
1,5 cm groß, ab April in der Dämmerung und nachts unterwegs, braun-grau mit einer Zickzack-Zeichnung auf dem Rücken bei zusammengelegten Flügeln; ovale abgeflachte Eier werden einzeln oder in kleinen Gruppen (2–10 Eier) abgelegt, zuerst gelb-blassgrün färben sie sich später dunkel
Raupe & Puppe:
bis 1 cm groß, leicht behaarte grüne Raupe, spitzer Kopf und Hinterteil;
Verpuppung an der Pflanze in einem netzartigen Kokon; überwintert im Boden

HÄUFIG ANZUTREFFEN:
minieren als junge Larven im Blatt von Kohlgewächsen, dann Schabefraß blattunterseits – deshalb auch der Name Kohlschabe; später Loch- und Skelettierfraß, können auch im Inneren von Blumenkohl, Brokkoli und Kohlrabi vorkommen; Blatt glänzt silbrig-weiß durch Fraßtätigkeit, Hauptschaden im Juni und August

ZU VERWECHSELN MIT:
Raupe des Kleinen Kohlweißlings

VORBEUGUNG:
» Entfernen der Eier
» Absammeln der Raupen und Puppen
» Kulturschutznetze anbringen (1,5–2 mm Maschenweite)
» Erntereste im Herbst entfernen

MISCHKULTUR:
mit Porree, Rosmarin, Salbei, Saubohnen, Sellerie, Tagetes, Thymian, Tomaten

MASSNAHMEN, WENN ZU VIEL:
Nützlinge:
Schlupfwespen (*Diadegma semiclausum*), Brackwespen (*Cotesia plutellae*), Vögel

Zaubertränke (Brühen & Jauchen):
Stinkebrühe zum Verwirren: Knoblauch-, Rainfarn- oder Wermut-Tee während der Flugzeit wiederholt spritzen

Käufliche Nützlinge und Pflanzenschutzmittel:
Schlupfwespen der Gattung *Trichogramma*, *Bacillus thuringiensis* ssp. *kurstaki*-Präparate, Azadirachtin (Neem)

Tipp: Bei Blumenkohl und Brokkoli werden auch die **Blumen**, am Kohlrabi die **Knolle** geschädigt.

BESONDERHEIT:
Dem Rücken der Motten entlang zieht sich ein breites cremefarbenes oder hellbraunes Band, das manchmal verengt ist, um eine oder mehrere helle Rauten zu bilden, von denen sich die englische Bezeichnung *diamant back moth* herleitet. Die Motten sind nur mäßige Flieger und können sich im Durchschnitt nur 13 bis 35 m innerhalb eines Felds verteilen. Mit Hilfe des Windes können sie aber pro Nacht leicht Strecken von 400 bis 500 km zurücklegen.

Verpuppung der Kohlmotte in einem Nachthemd aus feinster Seide.

DIE PRINZESSIN AUF DER ERBSE: DER ERBSEN-WICKLER

Wickler (Tortricidae) sind eine recht große Schmetterlings-familie mit rund 500 Arten in Mitteleuropa. Und Wickler heißen sie, weil die Larven Seide produzieren, super spinnen können und Blätter, Früchte und Blüten einwickeln. Sie spinnen unter anderem an Obst, Nadelgehölzen, Hanf und an Erbsen.

Der erwachsene Erbsenwickler (*Cydia nigricana*) ist schön in metallic Graubraun mit Zebramuster an den Flügel-enden lackiert. Ein dämmerungs- und nachtaktiver Falter, wie die meisten Wickler. Zur Blütezeit von Erbse und Wicke (die der Falter auch bestäuben kann) werden flache Eier an die Blüte abgelegt. Eine kleine weiße Raupe bohrt sich dann in die sich bildende Hülse und frisst an den sich ent-wickelnden Erbsen. Sie kackt auch rein und webt Gespinste, was die Erbsen nicht besser macht. Wickler-Raupen erkennt man generell an ihren 16 Beinen: sechs vorn, acht weiter hinten plus zwei Nachschieber am Schluss. Die Erbsen-wickler-Raupen verfärben sich später gelblich mit dunklen haarigen Warzenreihen und dunkler Kopfkapsel. Sie bohren sich nach der vierten Häutung nach draußen, seilen sich ab und verpuppen sich schließlich in einem seidenen Kokon im Boden. Die Ausbohrlöcher kann man sehen und sie sind oft Ausgangspunkt von kompletter Fäulnis.

Durch den Blütenduft der Erbsen werden die Falter angelockt.

Skurriles und Wunderbares

Streit um die schönste Hülse
Italienische Zoologen berichten Erstaunliches: Junge Erbsenwickler-Larven nutzen beim Einbohren in die Hülsen der Erbsen bereits schon vorgebohrte Gänge ihrer Brüder und Schwestern. Ganz schön frech, oder? Denen gefällt das verständlicherweise gar nicht und deshalb herrscht eine ziemlich aggressive Grundstim-mung vor der Erbse. Das gegenseitige Angreifen hört aber nach dem kompletten Einbohren einer einzigen Larve auf und Friede und Ruhe zieht über die Erbsen-hülse. Deshalb ist in jeder Schote auch meist nur eine einzige Larve drin.

Schaut so unschuldig drein und ist es auch, der Erbsenwickler. Kann man ihm nicht verübeln, dass er Erbsen einfach gern hat.

Eine gute Verdauung, wie sie jede Raupe hat, hat auch der Erbsenwickler. Das Ergebnis sieht später aus wie ein Dixi-Klo im Kleinen.

Steckbrief

ERBSENWICKLER
(CYDIA NIGRICANA)
Schmetterling fliegt ab Ende Mai,
1 Generation pro Jahr

MEIN LOOK:
Schmetterling:
1,5 cm groß, gelb-braun, fliegt von Mai bis Juni, Hauptflugzeit im Juni, Eier werden blattunterseits oder auf Hülsen abgelegt
Raupe & Puppe:
2 cm große, gelblich-weiße Raupe mit braunem Kopf, überwintert im Boden, verpuppt sich im Frühjahr

HÄUFIG ANZUTREFFEN AN:
Raupe bohrt sich in die jungen Hülsen ein und frisst am Samen, braune Kotkrümel sichtbar in den Früchten; nach drei Wochen bohrt sich die Raupe aus der Hülse und seilt sich ab; Inneres der Hülsen hinterlässt sie oft verpilzt

VORBEUGUNG:
» windoffene Lagen bevorzugen
» frühe Aussaat, um Falterflug zu entgehen
» Kulturschutznetze anbringen (1,3 mm Maschenweite)
» Boden bearbeiten im Herbst und Frühjahr, um Raupen zu schädigen
» Fruchtwechsel einhalten

MISCHKULTUR:
mit Radieschen, Rettich, Karotten, Salat, Spinat, Feldsalat

MASSNAHMEN, WENN ZU VIEL:
Nützlinge:
Schlupfwespen, Raubwanzen, Spinnen, Spitzmäuse, Fledermäuse, Laufkäfer, Igel, Vögel

Zaubertränke (Brühen & Jauchen):
Tomatenblätterjauche – kurz vor oder während der Flugzeit

Pflanzenschutzmittel:
keine zugelassen

Tipp: Schlupfwespen parasitieren oftmals 30–70 % der Larven des Erbsenwicklers und können so den Befall im Folgejahr reduzieren.

BESONDERHEIT:
Befallene Hülsen sind nur schwer an kleinen vernarbten Einbohrstellen erkennbar. Erst wenn die Pflanzen reifen, werden Ausbohrlöcher sichtbar. Jede Erbsenwickler-Raupe kann bis zu vier Erbsen beschädigen.

NACHTAKTIVES FLATTERN IM BEET: DIE EULEN-FALTER

Eulen? Ja, Eulen! Genauer gesagt Eulenfalter (Erebidae und Noctuidae). So werden zwei Schmetterlingsfamilien mit über 25 000 Arten genannt, vermutlich weil ihre Augen Licht reflektieren können. Eulenarten haben witzige deutsche Namen: Hausmutter, Mönch, Ausrufezeichen oder Schwarzes C. Die meisten heißen aber Eulen, mit vorangestelltem Lieblingsessen. Bei uns also die Gemüseeule, die Kohleule, die Saateule und die Ypsiloneule, die aber nicht gerne Pflanzen und Gemüse mit Y wie Yucca oder Yams frisst, sondern Kohl. Eulen sind meist schön gemusterte graubraune Nachtfalter und manche, wie das Rote Ordensband, haben Schreckfarben auf den beiden Hinterflügeln. Husch, und schon ist die graue Eule rot-schwarz. Da erschrickt so mancher Eulenfresser. Aber, wie bei allen Schmetterlingen, ist die Larve die, die frisst und den eigentlichen Schaden anrichtet. Diese Larven der gemüsefressenden Eulen haben unterschiedliche Färbungen, von grün bis bräunlich und sind eher rundlich. Gemein ist allen Eulenlarven der Fluchtreflex, bei dem sie sich zusammenrollen und schwimmreifenartig vom Blatt in Sicherheit kullern. Auch wohnen die meisten Eulenraupen im Boden, steigen im Dunkel der Nacht empor, fressen Löcher (und hinterlassen Kotkrümel!) oder die ganze Jungpflanze. Und verziehen sich beim ersten Sonnenstrahl wieder, um an den Wurzeln weiterzuknabbern.

Skurriles und Wunderbares

Der größte Feind der Eulen

Natürlich haben die vielen Eulenfalter auch Gegenspieler, die sie gut in Schach halten können. Raupenfliegen, Wespen, Vögel, Igel, Spitzmäuse ... Der größte Feind jedoch kommt im Gemüsezoo nur selten vor: der Bär. Von Braun- und Grizzlybären wird berichtet, dass sie gezielt nach Eulenfaltern suchen und an einem Tag bis zu 40 000 Motten fressen. Das sind rund 20 000 Kilokalorien, die dem Bären helfen, seinen Winterspeck anzulegen.

Das geheime Leben auf der Blattunterseite: Während die hübschen Kohleulenraupen soeben schlüpfen und ihre Eihülle auffressen, haben Kohlmottenschildläuse bereits Eier abgelegt.

Etwas größeres Exemplar der Kohleule. Im Gegensatz zum Kleinen Kohlweißling ohne feine Haare.

Schön zeigt diese Eulenraupe, was viele Raupen auszeichnet. 16 Beine an 13 Segmenten: 6 Brustbeine, 8 Bauchbeine und 2 Nachschieber.

Puppenstadium der Kohleule. Erstaunlich beweglich sind die Tiere in dieser harten Hülle.

Gut getarnte Eulenraupe auf der Erde.

Ganz schön ausgefressen, diese Tomate, dank einer Eulenraupe.

Die Fluchtreaktion der Eulenraupe ist das Bilden eines schwimmreifenartigen Rings und ein sofortiges Abrollen in die sichere Tiefe. Aber nicht, wenn das Blatt waagrecht gehalten wird.

EULENFALTER
(NOCTUIDAE)
UND ERDRAUPEN

Erdraupen werden bodenbewohnende Raupen verschiedener Eulenfalterarten umgangssprachlich genannt, u.a. **Agrotis-Arten**, wie **Saateulen** (*Agrotis segetum*) und **Ypsiloneulen** (*Agrotis ipsilon*) oder **Gemüseeulen** (*Lacanobia oleracea*) und **Kohleulen** (*Mamestra brassicae*)

1–2 Generationen pro Jahr, ab Mai und Juli/August

· ·

MEIN LOOK:

Schmetterling

3–4 cm groß; mittelgroße, meist graubraune unscheinbare Nachtfalter; Eier werden blattunterseits in Haufen oder Eispiegeln abgelegt

Raupen & Puppe

4–6 cm groß; lichtscheu und fressen lieber nachts; verstecken sich in der Erde; rotbraun, graubraun bis grüne Varianten; Typisch: rollen sich spiralförmig ein, wenn sie gestört werden; Raupen oder Puppen überwintern im Boden; Schäden oft besonders stark im Juli und August;

Raupen der Kohleule sind grün mit gelben Streifen, die älteren braun, Puppen rötlich bis dunkelbraun

••

HÄUFIG ANZUTREFFEN AN:
Kohlgewächse, Tomate, Salat, Erbse ...
im Boden, an Setzlingen und Jungpflanzen; an vielen verschiedenen Nahrungspflanzen; Jungraupen fressen Blätter oberirdisch und bewegen sich wie Spannerraupen, mit dem klassischen Buckel bildend, fort; ältere Raupen wandern in den Boden zu den Wurzeln ab und schädigen dort, Pflanzen welken und sterben ab; Lochfraß an Blättern, Schabefraß auch an Früchten (Tomate)

••

ZU VERWECHSELN MIT:
andere Schmetterlingsraupen und Blattwespenraupen

••

VORBEUGUNG:
» ausreichend wässern und mulchen (Nässe hemmt die Entwicklung)
» immer wieder bis 2 cm tief um betroffene Pflanzen hacken
» Raupen tagsüber und auch nachts absammeln (20 cm um die Pflanze und bis 2 cm tief im Boden)
» Kulturschutznetze vor der Eiablage

••

MISCHKULTUR:
je nach Gemüseart (siehe Kapitel 5, S. 158)

••

MASSNAHMEN, WENN ZU VIEL:
Nützlinge:
Vögel (Amseln), Maulwurf, Kröte, Laufkäfer, Ameisen, Fledermäuse jagen die Falter, Hühner (graben Boden um auf Nahrungssuche), Spinnen

Zaubertränke (Brühen & Jauchen):
Stinkebrühen: Rainfarn- oder Wermutbrühe für Setzlinge (am Wurzelhals)

Käufliche Nützlinge und Pflanzenschutzmittel:
Bacillus thuringiensis ssp. *aizawai* und ssp. *kurstaki* (am späten Abend), Nematoden (*Steinernema carpocapsae*: Juni bis August), Azadirachtin (Neem)

Tipp: Schäden können in warmen und trockenen Jahren stärker sein.

••

BESONDERHEIT:
Die ältere Raupe der Kohleule wird auch Herzwurm genannt. Sie frisst sich ins Herz der Kohlpflanzen ein und hinterlässt grün-schwarze Kotkrümel.

ERLAUCHTER GESCHMACKSSINN UND EIN FEINES NÄSCHEN: DIE LAUCHMOTTE

Manche Inhaltsstoffe im Gemüse, die uns gut schmecken, sind für andere Lebewesen ungenießbar. So enthalten Zwiebeln, Porree und Lauch Dimethyldisulfid, ein Nervengift für Insekten. Es lähmt die Energiezentrale in der Zelle und ... schwups, Exitus! Nicht aber bei der Lauchmotte (*Acrolepiopsis assectella*), denn sie ist fähig das Insektengift abzubauen. Andere insektizide Stoffe in Lauchgewächsen, wie Allicin, locken sie sogar an. Ein feines Näschen in den Beinen und Füßen verrät der schwangeren Lauchmotte gute Eiablageplätze. Sie sucht meist die größten Pflanzen aus, geht lange umher, bevor sie ihre weißlichen Eier an den Lauch klebt. Die schlüpfenden Junglarven bohren sich in die Pflanzen ein und nach fünf Larvenstadien, also vier Häutungen, verpuppen sich die Raupen in hübsch geklöppelter, grobmaschiger Spitze, was an die Puppe der Kohlmotte erinnert. Der Falter ist recht klein und unscheinbar, aber für einen Großteil der Lauchschäden im Profianbau verantwortlich. Wenn der Falter jedoch durch geschickte Mischkultur sein Allicin und sein Dimethyldisulfid nicht riechen kann und Schlupfwespen ihm das Leben zusätzlich schwer machen, ist er kein Problem.

Für immer und ewig: der Lauchmotten-Treueschwur

Anders als viele andere Motten leben Lauchmotten monogam, haben also nicht das wilde Sexleben der Kohlmotten im Swingerclub Kohlfeld. Und Monogamie unter Faltern ist schwierig, denn Falterweibchen geben ein Sexualpheromon frei, das alle Faltermännchen ziemlich verwirrt – man könnte sagen: hirnlos und genitalapparatgesteuert geht's los (das männliche oder weibliche Geschlechtsteil wird in wissenschaftlichen Artikeln Genitalapparat genannt; ein seltsames Wort!). Wenn also der Lauchmottenmann eine Lauchmottendame riecht, setzt er ebenfalls ein anderes Pheromon frei und flattert wie wild mit den Flügeln, um es auch wirklich gut in der Luft zu verteilen. Das Pheromon hemmt einerseits die Liebeslust anderer Männchen und wirkt andererseits betörend-aphrodisierend auf das Weibchen. Hat er seine Traumfalterin gefunden, nebelt er sie noch mehr in diesen Stoff ein. Dadurch wird das Falterweibchen ganz entzückt-verrückt, für andere Männchen riecht das aber richtig abtörnend. So funktioniert das mit der Treue bei den Lauchmotten.

Mischkultur unterdrückt den Eigengeruch der Pflanzen und vermindert so den Befall mit bösen Lauchmotten. Die Karotten-Subkultur daneben profitiert ebenfalls davon.

LAUCHMINIERMOTTE, LAUCHMOTTE
(ACROLEPIOPSIS ASSECTELLA)
2 Generationen pro Jahr, April und Juli

MEIN LOOK:

Schmetterling

16 mm groß, unauffälliger Nachtfalter mit markantem weißem Dreieck bei zusammengeklappten Flügeln, legt schmutzige weiße Eier verteilt über das Blatt ab; Falter überwintert

Larve & Puppe

12 mm große Larven; 2. Generation verursacht Hauptschaden; grün-gelbliche Larven minieren von Mai bis September im Blatt; liebt warme, trockene Sommer; verpuppt sich in einem netzartigen Kokon am Blatt außen oder in der Umgebung

HÄUFIG ANZUTREFFEN AN:

Zwiebelgewächse wie Lauch, Zwiebel, Knoblauch, Schnittlauch

Larven fressen, nach dem Schabefraß, Gänge ins Blatt und minieren von oben nach unten entlang des Schaftes; Gänge sind mit Kot gefüllt; durchsichtige helle Flecken und Streifen entstehen, die in der Folge zu Löchern werden; Fäulnis kann entstehen und Schaden bis ins Innere gehen

ZU VERWECHSELN MIT:

Lauchminierfliege

VORBEUGUNG:

» befallene Erntereste sofort abräumen und kompostieren
» windoffene Lagen bevorzugen
» engmaschige Kulturschutznetze verwenden
» befallene Spitzen sofort abschneiden
» Larven in den Gängen zerdrücken

MISCHKULTUR:

» mit Karotten und Sellerie

» nicht mit anderen Zwiebelgewächsen oder Roter Bete

....

MASSNAHMEN, WENN ZU VIEL:

<u>Nützlinge:</u>

parasitierende Schlupfwespen fördern, Laufkäfer, räuberische Insekten, Vögel

<u>Zaubertränke (Brühen & Jauchen):</u>

» Stinkebrühen: Rainfarn und Wermut vorbeugend zur Falterverwirrung

» Rhabarberblätterbrühe oder -jauche bei Befall

<u>Käufliche Nützlinge und Pflanzenschutzmittel:</u>

» *Bacillus thuringiensis* ssp. *aizawai* und ssp. *kurstaki*– Präparate

» Azadirachtin (Neem-Extrakt)

Jede Schmetterlingspuppe ein Kunstwerk: Das feine Netzhemd an der Puppe der Lauchmotte erinnert an die Netzhemden mancher Männer in den 80er Jahren.

Lauchmotte mit typischem weißen Dreieck am Rücken.

Unangenehmer Miniermottenschaden an Porree.

Gefräßige Gemüsefans im Fellmantel: Wühlmäuse

Wühlmäuse sind eigentlich mehr langschwänzige Hamster oder Lemminge als Mäuse. Die umgangssprachlichen Namen haben oft mit der Wirklichkeit nichts zu tun: Das Alpenveilchen ist eine Primel, die Erdbeere eine sogenannte Sammelnussfrucht und bei der Paprikaschote handelt es sich botanisch gesehen um eine Beere. Alles rein wissenschaftlich. Wühlmäuse sind also keine echten Mäuse, sondern gehören, wie eben Hamster, zu den „Wühlern" (wie treffend) und werden auch als Schermäuse (*Arvicola*) bezeichnet. Bei uns kommt nahezu immer die Ostschermaus ins Beet. Sie wühlt sich unterirdisch an die – bevorzugt verdickten – Wurzeln, und frisst sich daran satt. Nicht alle übrigens, denn manche Wühlmäuse leben rein aquatisch in der Nähe von Gewässern und schädigen nicht. *Arvicola terrestris* ist der frühere Name der Wühlmaus, jetzt heißt sie *A. amphibius*, was mehr nach Frosch als nach Maus klingt. Die am Wasser lebende ihrer Art frisst übrigens nicht nur Pflanzen, sondern auch Frösche und Kaulquappen. Bei der im Garten heimischen Wühlmausform muss ab und an mal ein Engerling dran glauben oder ein toter Artgenosse. Und in erster Linie leider dein Gemüse.

Wühlmaus (1), Feldmaus (2) und Maulwurf (3) – nur den Maulwurf heißen wir im Garten willkommen.

Wühlmäuse markieren ihr Revier durch Kot und Urin und reagieren echt sauer, wenn eine andere Wühlmaus in die Nähe kommt. Außer es ist ein Weibchen zur richtigen Zeit am richtigen Ort. Nach buchstäblich unterirdischem Sex dauert es nur drei Wochen, bis durchschnittlich acht Junge geboren werden.

Wühlmäuse sind ausgezeichnete Schwimmer und Taucher, weshalb sie gelassen reagieren, wenn ihr Gangsystem durch einen Gartenschlauch geflutet wird. Schütteln, Krone richten und weiternagen. Und hier noch eine schlechte Nachricht: Auf Bäume klettern können sie auch noch!

Interessant ist, dass in Frankreich ganze Gebiete von der Ostschermaus kahlgefressen werden, während sie in Großbritannien eine stark gefährdete und geschützte Art ist. So gegensätzlich kann unser Leben mit der Wühlmaus aussehen.

Erwähnt werden sollten noch die zwei häufigsten anderen Bodenwühler, um sie auch erkennen zu können: Feldmaus und Maulwurf.

Feldmäuse (*Microtus arvalis*) sind nur halb so groß wie die mit ihnen verwandten Wühlmäuse. Ein kurzer Schwanz und Koloniebildungen mit bis zu 20 Tieren unterscheiden sie zudem. Gemein ist ihnen die Vorliebe für vegane Kost: Fehlende Kräuter oder Karotten/Möhren mit 1,5 mm großen Nagespuren überführen sie als Gemüsediebe. Sie leben in kreisrunden Gängen, haben zahlreiche Gangöffnungen, die durch oberirdische Wechsel (Trampelpfade) miteinander verbunden sind. Besonders nach der Schneeschmelze offenbart sich dies häufig.

Und dann haben wir noch den hassgeliebten **Maulwurf** (*Talpa europaea*) mit seinen rasenvernichtenden Riesenhaufen. Er frisst aber kein Gemüse, sondern Schädlinge wie etwa Drahtwürmer, Eulenraupen und andere wirbellose Erdbewohner. Der Maulwurfhaufen ist fast immer perfekt rund mit Gangöffnung in der Mitte, wobei der Gang im Querschnitt queroval verläuft; wie ein liegendes Ei. Der Wühlmausgang ist hochoval, wie ein stehendes Ei also, wobei beide die Gänge der anderen Art nutzen und sich auch nicht immer an die Theorie vom Ei halten.

Welches Gang-Mitglied ist denn wo zu Hause? Feldmäuse machen kreisrunde Löcher und hinterlassen auffällige Laufwege. Der Maulwurf macht den schönsten Haufen: kreisrund und ohne sichtbare Gänge. Die Wühlmaus „schwimmt" fast oderirdisch durch die Erde.

Schlafraum, Vorratskammer, Toilette und Bio-Heizung: Wühlmäuse im Winter

Wenn es kälter wird, ziehen sich die Wühlmäuse in tiefere Erdschichten zurück. Sonst eher aggressive Einzelgänger, verlieren sie jetzt ihren Starrsinn und werden kuschelweich. Mehrere Wühlmäuse wärmen sich gegenseitig, schlafen viel, halten aber keinen klassisch-echten Winterschlaf. Obwohl sie auch über den Winter frische Wurzeln suchen und anfressen (also schädigen), werden in mehreren Kammern im Herbst übermäßig Vorräte angelegt. Wenn es ihnen an Frischware mangelt, knabbern sie die Lagerware an. In einer dieser Kammern wurden einmal fast 50 kg Kartoffeln entdeckt.

Um nicht zu frieren, bauen die Wühler ein geniales Heizsystem: Speisereste, alte Blätter, Kot und Urin vergären in der Toilettenkammer durch Bakterien. Die entstehende Wärme macht es kuschelig und behaglich, aber sicher auch stinkig. Stinkig werden die Wühlmäuse auch etwa ab Februar, wenn das gesellige Beisammensein in wüsten Beißereien endet. Was folgt? Eine Trennung auf Zeit – nämlich bis zum nächsten Winter. Mehr als zwei erlebt die Wühlmaus aber nicht.

Diese Kastenfalle fängt keine Maulwürfe und wird mit einem Köder bestückt. Am besten eignen sich Karotten, Sellerie oder dicke Löwenzahnwurzeln. Wenn die Kastenfalle 24 Stunden lang nicht fängt, dann um 180 Grad drehen und erneut warten. Wieder nichts gefangen? Dann die Falle in einem anderen Gang aufstellen.

Eine Schlagfalle, die durch ein Häkchen anzeigt, wann etwas in die Falle gegangen ist. Gut zu bedienen und effizient, ohne Köder, aber nicht einsetzen, wenn auch Maulwürfe oder kleine Kinder im Garten sind. Die Falle unterscheidet nicht und der Finger ist schnell ab. Dann besser Kastenfallen verwenden.

Schon eher was für Trapper: die Bayerische Drahtfalle. Das Spannen ist nicht so einfach, aber das Preis-Leistungs-Verhältnis ist phänomenal. Für große Flächen mit vielen Wühlmäusen lohnt es sich, die Handhabung des Geräts zu erlernen. Fängt leider auch Maulwürfe ab.

WÜHLMAUS/SCHERMAUS
(ARVICOLA SP.)

MEIN LOOK:

12–19 cm Körperlänge, 6–10 cm Schwanzlänge; die kurzen Ohren sind fast vollständig im dichten, braunen Pelz verborgen; recht kurzer Kopf, der ohne Übergang in den Körper mündet; kein Winterschlaf; tag- und nachtaktiv; an der Erdoberfläche nur zur Wanderung und Paarung unterwegs, selten zur Nahrungsaufnahme; lebt in ihren Gängen meist allein, außer bei der Aufzucht der Jungen von April bis September; drei bis vier Würfe pro Jahr mit zwei bis acht Jungen; alle fünf bis acht Jahre Massenvermehrungen; Lebenserwartung etwa zwei Jahre

HÄUFIG ANZUTREFFEN IN:

Feldern, Wiesen und Gärten; hauptsächlich vegetarisch lebend; frisst außer Obstbaumwurzeln auch Löwenzahn, Gemüsepflanzen, Knollen und Blumenzwiebeln, gerne Wurzelgemüse, teilweise Insekten und andere wirbellose Tiere; Wurzelgemüse wird bis zum Wurzelhals abgefressen, Blumenzwiebeln verschwinden oft ganz; paarige 2–3 mm breite Nagespuren auf Wurzeln sichtbar; ausgeprägtes bis 25 m langes Tunnelsystem dicht an der Oberfläche bis ca. 1 m Tiefe mit mehreren Eingängen; Wohnkammer und mehrere Vorratskammern; im Querschnitt hochoval und ca. 8 cm breit; flacher Haufen mit seitlichem Eingangsloch; freigegrabene Öffnungen werden innerhalb weniger Stunden wieder zugebuddelt; an der Erdoberfläche durch wellenförmige Linien oder kleine Erdhaufen zu erkennen (kleiner als Maulwurfshügel)

ZU VERWECHSELN MIT:

» Feldmäusen oder anderen Mäuseartigen
» Maulwurfsgängen und -haufen
» Schaden durch Insektenlarven an Wurzeln

VORBEUGUNG:

» Pflanzen zur Abwehr: Kreuzblättrige Wolfsmilch, Hundszunge, Steinklee, Knoblauch, Kaiserkronen, Ablenkungsfütterung mit Topinambur
» Störung durch Geräusche: reagieren empfindlich auf unregelmäßig auftretende Geräusche, z.B. Eisenstangen tief einschlagen (50 cm) und über einen längeren Zeitraum unregelmäßig immer wieder kräftig mit einem Hammer dagegen schlagen; Schallgeräte funktionieren nur unzureichend
» wenn Mulch, dann gute Kontrolle unter der Mulchdecke, damit die Wühlmaus nicht zu lange unentdeckt bleibt
» Wühlmauszaun: 80 cm tief eingraben, oberirdisch 60 cm hoch
» spezielle Gittertöpfe oder Körbe für Zwiebelpflanzen erhältlich
» Wühlmausgitter für Hochbeete und stark gefährdete Beete
» Ansitzstangen für Greifvögel
» Die langfristig erfolgreichste Methode bei starken Schäden ist der Einsatz von Fallen im Spätherbst oder zeitigen Frühjahr (z.B.: Draht-, Kastenfallen).
» Lebendfallen sind nicht empfehlenswert, da sie zu Quälerei, Stress und Überhitzung der Tiere führen (außer man kontrolliert die Fallen alle zwei Stunden, bei Tag und Nacht).

MASSNAHMEN, WENN ZU VIEL:

Nützlinge fördern:

Greifvögel, Eulen, marderartige Tiere (Mauswiesel, Hermeline ...), Schlangen, Rotfüchse, Wildkatzen, Katzen, Hunde

Zaubertränke (Brühen & Jauchen):

Vertreibung durch Geruchsstoffe (in Gänge einbringen): Holunderblätterjauche, Nussbaumblätter, Thujazweige, vergorene Buttermilch

Tipp: Keine Gifte verwenden – werden über die Nahrungskette von Stufe zu Stufe weitergegeben.

••••••••••••••••••••••••••••••••••••••

BESONDERHEIT:
» Schneidezähne und Backenzähne wachsen ein Leben lang nach.
» Mit ihrer Nahrung nehmen Wühlmäuse Pilzstoffe auf, die ihren Urin im ultravioletten Lichtbereich verändern. Greifvögel und Eulen können so Wege und Tunnel gut erkennen.
» Wühlmäuse sind wichtig in der Nahrungskette und von ökologischem Nutzen. Sie bringen Nährstoffe in tiefere Schichten, belüften den Boden, verteilen Pflanzensamen, „jäten" Quecken und kleiden damit gerne ihre Nester aus. Ihre Wühltätigkeit schafft neue Lebensräume.

Die Kreuzblättrige Wolfsmilch (*Euphorbia lathyris*), auch Wühlmaus-Wolfsmilch genannt, vertreibt Wühlmäuse ähnlich wie Knoblauch.

Nicht immer ist ein Wühlmausgang so schön hochoval wie dieser.

Gemüseknast: Aber der Kohlrabi ist in Schutzhaft. Dieser Zaun geht noch mehr als 80 cm nach unten in die Erde, denn Wühlmäuse sind Tunnelbauer, die von unten angreifen.

Hunde finden Wühlmausgänge besser und schneller als wir.

Ein Heuschreck, der nicht springt: Maulwurfsgrillen

Maulwurfsgrillen? Das klingt nach marinierten Maulwürfen, die auf dem Rost gebraten werden. Aber keine Sorge! Maulwurfsgrillen sind Insekten, die jedoch durchaus in manchen Ländern geröstet werden. Jetzt aber weg vom Kulinarischen, hin zu einem wunderlichen, einmaligen Tier, das zu den Heuschrecken gehört, aber nicht springen kann. Seine Familiengeschichte reicht 35 Millionen Jahre zurück.

Einmalig allein schon wegen des Aussehens: große Grabschaufelbeine, vier „Finger", großes Halsschild und ein grimmiges Gesicht. Dunkel gefärbt und ein Wesen der Nacht. Ihr Singen jedoch, also ihr Zirpen, ihr *Stridulieren*, ist ungewöhnlich schön. Drrrrrrrrrrrr – minutenlang der gleiche Text, ohne Pause, bis die richtige Partnerin gefunden ist.

Das Wunderliche an der Europäischen Maulwurfsgrille (*Gryllotalpa gryllotalpa*) ist, dass sie gar nicht gerne Schädling im Gemüsebeet sein möchte – obwohl sie das manchmal eben doch ist. Eigentlich fressen Maulwurfsgrillen nämlich Insekten und sind somit wunderbare Nützlinge. Wer Maulwurfsgrillen hat, der hat fast keine Eulenraupen oder Engerlinge. Bei zu wenig Nahrungsangebot fressen sie jedoch Pflanzenwurzeln – das endet böse für dein Gemüse.

Auch wenn Maulwurfsgrillen manchmal mit Pflanzenwurzeln nicht gut umgehen, sie sind gute Nützlinge und in erster Linie Fleischfresser.

Alleskönner Maulwurfsgrillen

Die Entwicklung zum Vollinsekt dauert über zwei Jahre und nachdem Maulwurfsgrillen schwimmen, tauchen, graben und kurze Strecken fliegen können, verteilen sie sich und suchen feuchten, eher sandigen Boden auf, um dort zu leben. Herrscht einmal Nahrungsengpass, und das Gemüse schmeckt nicht, dann fressen sich die Tierchen auch mal gegenseitig.

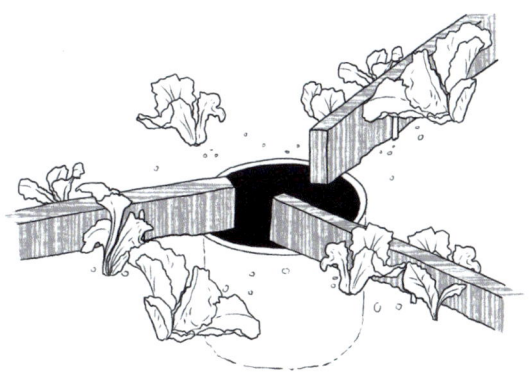

Sinnvoller als das Abtöten der Grillen ist das Fangen. Eine Maulwurfsgrillen-Falle kannst du dir ganz leicht selbst bauen: Hierzu benötigst du ein kleineres Einmachglas oder eine Dose, gräbst das Gefäß ebenerdig ein und stellst Holzlatten auf der schmalen Seite auf. Ja, die kippen leicht um, also mit Stöckchen stabilisieren. Diese Latten dann sternförmig auf das Gefäß zulaufen lassen. Maulwurfsgrillen wuseln ungern über offene Flächen, lieber an Mauern oder eben Latten entlang – bis zum Fanggefäß. Gute Trapper kontrollieren die Fallen täglich und befreien die Tiere – sonst sterben sie.

MAULWURFSGRILLE, WERRE

(*GRYLLOTALPA GRYLLOTALPA*)
kommt im April an die Oberfläche,
sonst unter der Erde

MEIN LOOK:

35–50 mm groß, dunkelbraun, Vorderfüße zu Grab-schaufeln umgewandelt, lebt hauptsächlich unterir-disch, nachtaktiv

HÄUFIG ANZUTREFFEN:

in lockerer Erde, Rasen, Gemüsebeet, Komposthau-fen, auf feuchten Wiesen, gerne auch in der Nähe von Gewässern. Sie gräbt unterirdische Tunnelsysteme, in denen sie fast ihr gesamtes Leben verbringt und unterminiert Rasen und Beete mit Röhren.

Sie frisst hauptsächlich Insekten und Insektenlarven, Drahtwürmer, Asseln, Erdraupen, Engerlinge, Schnecken und deren Eier sowie Würmer; bei Nahrungsmangel auch Pflanzenwurzeln. Die jungen Setzlinge werden durch die Grabtätigkeit emporgeschoben und vertrocknen.

In Brutnestnähe werden nahezu alle Pflanzen, vor al-lem Gräser, angefressen. Im Rasen ist die Stelle des Nestes deutlich sichtbar (runde, tennisballgroße Kahl-stellen bis maximal 25 cm Durchmesser).

VORBEUGUNG:

» Nester im Frühjahr ausgraben
» Tiere abfangen

MASSNAHMEN, WENN ZU VIEL:

Nützlinge fördern:

Amsel, Dachs, Igel, Katze, Krähe, Maulwurf, Raub-käfer, Spitzmaus, Steinkauz, Star

Käufliche Nützlinge:

parasitäre Nematoden (*Steinernema carpocapsae*) – im Juni und Juli befallene Beete damit gießen

Tipp: Die Maulwurfsgrille ist bereits relativ selten und steht deshalb in einigen Regionen auf der Roten Lis-te gefährdeter Tierarten. Freu dich also, wenn du so etwas Außergewöhnliches wie die Maulwurfsgrille in deinem Garten entdeckst. Und zeig deinen besonde-ren Fund auch gerne Nachbar*innen und Freund*in-nen – vielleicht halten auch sie in Zukunft eine Ecke in ihren Gärten frei für dieses urtümliche Tierchen.

Wäge aber auch immer gut ab, ob es wirklich notwen-dig ist, die Tiere zu entfernen. Wenn ja, dann verwen-de möglichst nur Lebendfallen und setze sie in der freien Natur wieder aus.

BESONDERHEIT:

Das Weibchen bewacht die Eier und die nach zwei bis drei Wochen schlüpfenden Junglarven, die ameisen-ähnlich aussehen, noch einige Zeit, aber es gibt keine Brutpflege. Später gehen sie mit dem Muttertier zu-sammen auf die Jagd.

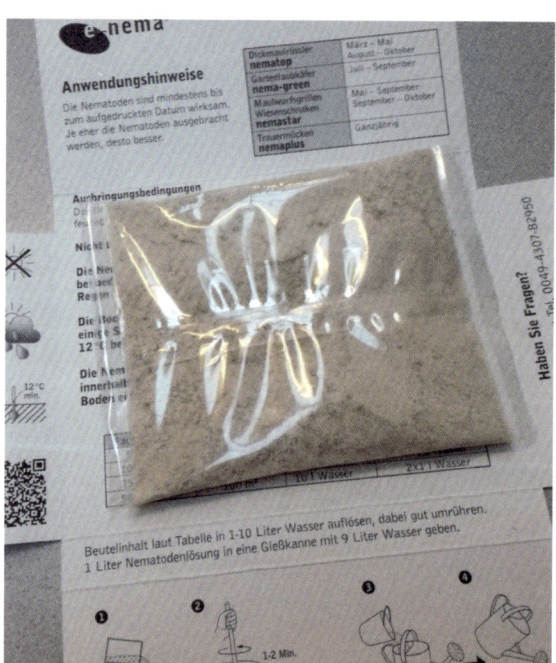

So sehen käufliche Nematoden aus. Ein weißliches Pulver, das in Wasser aufgelöst und dann gegossen wird.

Wer frisst deinen Salat und säuft dein Bier? Schnecken!

Zugegeben, die Idee für die Überschrift ist geklaut: vom Werbeplakat einer Firma, die als erste ein Bio-Schneckenkorn mit dem Wirkstoff Eisenphosphat herausbrachte. Und weil sie so passend ist, musste sie einfach ins Buch. Schnecken sind heimische Tiere, vermutlich ist auch die „Spanische Nacktschnecke" sogar einheimisch, auf jeden Fall ist sie nicht spanisch. Und diese unbeliebten Schleimer sind nützliche Tiere, denn Schnecken sind wichtige Totpflanzen- und Aas-Zernager und schaffen wertvollen Boden für Pflanzen in der Natur. Wenn sie den Salat, die Zierpflanzen oder das Basilikum anknabbern, ja zum Teil sogar richtig auffressen, dann fehlt ihnen meist einfach feuchtes, totes Pflanzenmaterial und sie fressen dann eben lebende Pflanzen. Warum aber den Salat und nicht das Unkraut? Weil vielen Kulturpflanzen der natürliche Schneckenschutz weggezüchtet wurde. In der wilden Natur da draußen nehmen Schnecken nie überhand. Zahlreiche Feinde wie etwa Igel, Spitzmäuse oder Vögel halten ihre Zahl gering. Auch aus den eigenen Reihen kann es der Schnecke an den Kragen gehen: So kann Schwester oder Bruder (eigentlich „Schwuder", denn es sind ja Zwitter) zum Fressfeind werden, denn Schnecken leben fast alle kannibalisch. Nur in unseren Gärten explodiert die Population. Alles aufgeräumt, kaum tote

Lochfraß und oft auch glitzernder Schleim verraten Schneckenfraß.

Pflanzen, immer feucht durch Rasensprenger, bitterstofffreier Salat und wenig Schneckenfeinde schaffen ein wahres Paradies für die Schleimer.

Apropos Schleimer: Der Schleim der Schnecken ist hochinteressant für medizinisch-klebtechnische Anwendungen. Denn er klebt auch z.B. Löcher in Organen zusammen und fördert gleichzeitig die Wundheilung. Das kannst du ganz wunderbar am nackten Fuß beobachten: Wenn du schon einmal auf eine Schnecke getreten bist, bleibt alles dran kleben – Gras, Dreck, kleine Käfer ... es ist schwierig, den Schleim wieder loszukriegen (Essig oder Salz soll helfen). Im Gemüsebeet ist der Schleim (neben Löchern oder Komplettfraß) wiederum ein untrügliches Zeichen für Schneckenfraß.

Schnecken vertilgen tote Schnecken, aber auch Regenwürmer und anderes Aas.

Schneckensex wirkt auf uns so erotisierend wie ein Komposthaufen. Mehrere Stunden drehen sie sich um einen Schleimklumpen herum und jagen sich dann gegenseitig Spermatophoren, also Samenpakete, in den Leib.

Schnecken sind Weichtiere (Mollusca), wie auch Muscheln und Kraken. Da sie an Land leben und atmen, heißen die uns bekannten Gartenschnecken auch Landlungenschnecken. Als Zwitter ist jede vorbeikommende Schnecke der gleichen Art auch potenzieller Partner. Die Konsequenzen sind hunderte befruchtete Eier, aus denen nach frühestens zehn Tagen die Kleinen schlüpfen und diese sind nach rund sechs Wochen ausgewachsen. Dann geht's mit aberwitzigen 0,01 km/h auf dem Bauch kriechend durch den Garten, um mit der Raspelzunge, der *Radula*, und 22 000 Zähnen das Gemüsebeet zu stürmen.

Nicht jede Schnecke stürmt da übrigens mit. Gehäuseschnecken werden nur sehr selten schädlich, sie sollten als wichtiger Teil des Ökosystems Garten von Gegenmaßnahmen unbehelligt bleiben. Und bei den Nacktschnecken gilt der Tigerschnegel als Nutzschnecke, der andere Schnecken und deren Eier frisst. Im Kapitel „Ungewöhnliche und unterschätzte Nützlinge" (Seite 148) wird er etwas näher beschrieben. Beide Augen auf vor der Schneckenbekämpfung, und manches Mal auch wieder eines zudrücken. Die dürfen da sein.

Weinbergschnecken sind selten schädlich, meist fressen sie nur totes Pflanzenmaterial.

Tigerschnegel, die Jäger im Gemüsebeet, könnten auch Leopardenschnegel heißen, denn die Musterung ist nicht immer tigerartig. Mit 10 m pro Stunde stürzt sich ein Tigerschnegel auf sein Opfer, die Wegschnecke.

DIE SPANISCHE WEGSCHNECKE AUS FRANKREICH

Vermutlich stammt die Spanische Wegschnecke (*Arion vulgaris*) aus Frankreich. Eine Verwechslung mit einer echten Spanierin, *Arion lusitanicus*, ist der Grund. Lustigerweise kommt die Spanische Wegschnecke in Spanien fast gar nicht vor, sonst aber hat sie sich über fast ganz Europa ausgebreitet und ist wohl bereits seit den späten 1950er Jahren bei uns in Mitteleuropa heimisch. Wenn sie nicht schon immer da war, aber darüber streitet sich die Wissenschaft noch. Eine Unterscheidung zur heimischen Roten Wegschnecke (*Arion rufus*) ist bei erwachsenen Schnecken nur durch einen Gentest sicher möglich, Jungtiere der französischen Spanierinnen sind etwas grau, junge Rote Wegschnecken schneeweiß. Ist aber auch eigentlich ganz egal, denn Salat fressen können beide. Wobei die Spanische Wegschnecke Trockenheit besser verträgt und bitter schmecken soll (wer auch immer das probiert hat). Das wird vermutlich auch der Grund sein, weshalb sie nicht vorrangig auf dem Speiseplan von Igel, Maulwurf und Spitzmaus steht. Pro Schnecke werden etwa 0,8 kg Nahrung pro Jahr verspeist. Wenn der durchschnittliche Wert von 200 Schnecken pro Garten stimmt, dann fehlen an Silvester 160 kg Pflanzen (das meiste davon aber bereits totes Grün!). Die durchschnittliche Lebensdauer der Spanischen Wegschnecke beträgt etwa ein bis zwei Jahre – da kommt ganz schön was zusammen, oder besser weg: aus deinem Garten.

Wenn Schnecken Eier legen, dann kommen die nicht hinten raus, sondern eher seitlich vorn.

Wem Bier zu schade ist, um es Schnecken anzubieten, dem seien Bretter ans Herz gelegt. Dient dem Schneck als Versteck vor der Sonne und hilft beim Absammeln.

No-Gos bei der Jagd auf Schnecken:

Wer bringt schon gerne Schnecken um die Ecke? Für manche aber der einzige Weg, die ungeliebten Salatfresser loszuwerden. Es gibt aber selbst hier No-Gos:

» Schnecken durchschneiden und liegen lassen: Ist proteinreiches Superfood für andere Schnecken, lockt sie aber auch unnötig an.

» Schnecken salzen, mit Essig beträufeln oder heißem Wasser überbrühen: Tierquälerei und ganz mies fürs Karma.

» Schnecken zum Nachbarn werfen: Verbreitet sicher schlechte Stimmung und da die Schnecke ohnehin 10 m pro Stunde schafft, kommt sie heute noch wieder.

» Schneckenkorn mit Metaldehyd: Die Schnecken blubbern sich tot mit dieser Chemikalie. Außerdem ist es auch für Hund, Igel und Vogel gefährlich. Sorgt für richtig mieses Karma!

Interessante Trinkgeschichten:

O'zapft is! Warum Bierfallen funktionieren und trotzdem nicht immer gut sind.

Auch auf die Gefahr hin, dass dir das Biertrinken vergehen wird, wenn wir die Stoffe nennen, die Schnecken am Bier so mögen, tun wir es trotzdem. Forscher der polnischen Rzeszów Universität haben mehrere Publikationen hierzu veröffentlicht: Caprinsäure, Aristolen-Epoxid und Glyceryldiacetat-2-Linolenat (ein Glyceryloleat) sind die Stoffe, die die Schnecken am Bier lieben, deshalb kriechen sie hin. Nach der Aufnahme weniger Milliliter Bier werden die Fußmuskeln lahm, die Schnecke verliert den Halt und plumpst ins Getränk. Das funktioniert ganz prima, doch leider sind die oben genannten chemischen Verbindungen sehr flüchtig, wabern durch den Garten, um auch wirklich die hinterletzte Schnecke ins Gemüsebeet zu locken. Und wenn dann auch noch ein knackiger Salatkopf am Wegrand wächst, dann wird auch der noch schnell angefressen, bevor es zum großen Gelage an der Bierfalle kommt. Vor dem Saufen eine gute Grundlage durch feste Nahrung zu schaffen, ist ja immer gut. Deshalb unser Tipp: Bierfallen am besten abseits der zu schützenden Pflanzen aufstellen.

EISKALTER SALATKILLER: DIE ACKERSCHNECKE (KLEINSCHNEGEL)

Während wir noch mit Pudelmütze und Handschuhen im Garten arbeiten, sind sie schon unterwegs: Ackerschnecken (Agriolimacidae). Die kleinen Frosties unter den Schnecken schaffen es, schon um den Gefrierpunkt große Löcher in den Eissalat zu fressen. Da sie keine auffällige orangene Färbung haben wie die Wegschnecken, fallen sie durch ihre schmutzig-weiße Farbe kaum auf. Noch besser getarnt ist hier sogar die Genetzte Ackerschnecke (*Deroceras reticulatum*), die ein netzartiges Muster auf dem Buckel hat. Gerade dieser Schleimer ist der Ärgste unter den Gemüsefressern. Mit seinen 3–5 cm Länge ist er deutlich kleiner als die Rote Wegschnecke oder der liebe Tigerschnegel.

Ackerschnecken verstecken sich tagsüber in der Nähe ihrer Beute, deshalb ist das Auslegen von Brettern als Versteck und das anschließende Absammeln der Tiere eine clevere Methode, um sie zu erwischen. Leider verstecken sie sich auch *im* Salat und geben ihm so eine schmackhafte Würze, wenn sie nicht entdeckt und mit verzehrt werden.

Namaste, Kleinschnegel!
Wenn Nützlinge gegen Schadorganismen eingesetzt werden, dann sind dies meist kleine, oft mikroskopisch winzige Wesen. Aber auch große Tiere können als Nützling Verwendung finden. Am bekanntesten ist hier die Indische Laufente (*Anas platyrhynchos domesticus*), die genüsslich alle Arten von Nacktschnecken frisst und auch vor der schleimig-bitteren Spanischen Wegschnecke nicht Halt macht. Im Gegensatz zum Igel, dessen Nahrung lediglich zu etwa 10 % aus Schnecken besteht, fressen die Laufenten fast nur Schnecken. Leider hinterlassen sie überall, auch im Beet, Kotspuren. Das mag nicht jeder. Zum Schutz vor Marder und Fuchs brauchen sie einen Stall sowie eine Wasserwanne, um den Schleim runterzuspülen und für ein gelegentliches Kurzbad. Das ist nicht in jedem Hausgarten möglich.
In Niederösterreich startete der erste „Rent-an-Ent"-Laufenten-Verleih. Für eine Mindestverleihdauer von einem Monat können die Laufenten als Nacktschnecken-Jäger ausgeliehen werden und wenn die Plage vorbei ist, wieder zurückgegeben werden. Eine gute Idee, oder?

Ackerschnecken sind sehr schüchtern und verstecken sich in der Nähe oder in ihrer Nahrung. Hier ist ein Kohl Speisekammer und Wohnzimmer in einem.

Perfekte Schneckenjäger: Nicht vergessen, den Laufenten immer frisches Wasser anzubieten. Sie brauchen es, um den Schleim der verzehrten Schnecken hinunterzuspülen.

22 000 Zähne raspeln sich in den Salat, wenn die Spanische Wegschnecke zubeißt.

Steckbrief

NACKTSCHNECKEN
(VERSCHIEDENE ARTEN)
SPANISCHE WEGSCHNECKE
(ARION VULGARIS)
1–2 Generationen pro Jahr
ACKERSCHNECKEN
(DEROCERAS SPP.)
1–2 Generationen pro Jahr
Andere: Gemeine Wegschnecke (*Arion distinctus*),
Große Rote Wegschnecke (*Arion rufus*),
Gartenwegschnecke (*Arion hortensis*)

MEIN LOOK:
Wegschnecken 7–18 cm groß; braun- bis orangefarben; Ackerschnecken sind deutlich kleiner: 4–5 cm, weißlich-grau gefärbt, teilweise mit netzartiger Musterung; dämmerungs- und nachtaktive Tiere; Paarung von August bis September; Zwitter, die sich gegenseitig befruchten; 2–3 mm große weiße bis durchsichtige Eier, werden drei bis fünf Wochen nach der Paarung in einzelnen Haufen bis zu 300 Eier (Ackerschnecken bis zu 50 Stück) unter Bodenritzen, Steinen und Brettern, in Spalten und Nischen abgelegt; leben bis zu einem Jahr; Schnecke und Ei können überwintern; in milderen Gegenden Eiablage der Ackerschnecken bereits im Februar möglich

HÄUFIG ANZUTREFFEN AN:
Allesfresser; lieben feuchte und schattige Verstecke, von wo aus sie in der Dämmerung oder bei Regen über fast alle Gemüsearten herfallen; vorzugsweise knabbern sie an weichen Blättern wie Salate oder Basilikum; auch Früchte, tote Schnecken oder Kleintiere werden verzehrt;
Loch-, Schabe- und Totalfraß; Blattrippen bleiben manchmal stehen; Jungpflanzen werden komplett vernascht; glänzende eingetrocknete Schleimspuren und teilweise schnurähnliche Kothaufen;
Wenn natürliche Feinde fehlen, bei feuchtem Klima oder milden Wintern, kommt es zu Massenvermehrungen.

ZU VERWECHSELN MIT:
» anderen Nacktschnecken, Schwarzer Wegschnecke (*Arion ater*), Brauner Wegschnecke (*Arion fuscus*)
» Raupenfraß – wenn keine Schleimspuren erkennbar sind

VORBEUGUNG:
» morgens gießen; besser selten, aber durchdringend
» Eigelege im Herbst und zeitigen Frühjahr suchen und entfernen
» Schnecken in der Früh, spät am Abend/Nacht oder bei Regen einsammeln
» Bretter als Versteck auslegen und regelmäßig wenden und absammeln
» verschiedene Fallensysteme bzw. Lockstoffe probieren: z.B. Bierfallen mit Deckel, damit sie bei Regen nicht verwässern – täglich kontrollieren und außerhalb der Beete aufstellen (locken auch Nachbars Schnecken an)

» Schneckenzaun rund um das Gemüse – Eckteile gut verbinden und Pflanzen nicht als Kletterhilfe überhängen lassen

» mulchen mit groben, trockenen Materialien – nach Regen wieder aufrauen

» dünne Mulchschichten, damit sich Schnecken nicht darunter verstecken können

» Schneckenkragen für Jungpflanzen (bis sie das Gröbste überstanden haben)

» grobe Bodenschollen im Herbst wegen Eiablage vermeiden – feinkrümelige Bodenstruktur anstreben

» Nützlinge fördern: Frisch geschlüpfte Schnecken und Eier haben die meisten Feinde!

» Kompost regelmäßig umsetzen, vor allem im Herbst, um Eiablage zu stören

» Kupferbänder zur Abwehr am Hochbeet anbringen

» Und hier noch drei exklusive Tipps von Josef Schlaghecken, Deutschlands Gemüsepapst: 1. Streu etwas Zimt rund um gefährdete Pflanzen aus. Das Gewürz scheint eine gute Abwehreigenschaft zu haben. 2. Ein Schutzanstrich aus Leinöl und anderen natürlichen Zutaten ("Schnexagon") lässt die Schnecken abrutschen. 3. Pflanze schneckengefährdetes Gemüse am besten in sicherer Höhe: im Hochbeet, das vorher schneckensicher gemacht wurde.

- -

MASSNAHMEN, WENN ZU VIEL:

Nützlinge fördern:

Laufenten und Hühner; Tigerschnegel, Wurmschnegel, Großer Schnegel; Larven von Leuchtkäfer, Weichkäfer, Aaskäfer; Laufkäfer und -larven; Schneckenräuber; Schneckenkanker (Weberknechtart); Larven verschiedener Fliegen und Mücken; Amseln; Stare; Grasfrösche; Kröten; Igel; Spitzmäuse; Maulwürfe; Blindschleichen ...

Zaubertränke (Brühen & Jauchen):

Jauche: Holunderblätter, Rhabarber, Wermut, Tomatentriebe – zwischen die Pflanzen gießen

Käufliche Nützlinge und Pflanzenschutzmittel:

Nematoden *Phasmarhabditis hermaphrodita* (nur gegen Ackerschnecken), Laufenten; Eisen-III-Phosphat (im äußersten Notfall)

- -

TIPP:

Am effektivsten gegen Schnecken sind immer kombinierte Methoden und das Absammeln, bei dem man die meisten Schnecken erwischen kann. Außerdem solltest du unbedingt viele Nützlinge in deinen Garten locken, die unterstützen dich bei deiner Schneckenabwehr und stellen ein natürliches Gleichgewicht her. Dass dies nicht von heute auf morgen passiert, ist klar, also: übe dich in Geduld.

Eisen-III-Phosphat ist in der Wirkung völlig anders als die früher verwendeten Wirkstoffe, bei denen die Schnecken an Ort und Stelle gestorben sind. Nicht so bei Eisenphosphat, da es über größere Flächen breitwürfig ausgebracht werden muss. Bei diesem Pflanzenschutzmittel verkriecht sich die Schnecke, nachdem sie es gefressen hat, zum Sterben. Wenn du Eisen-III-Phosphat verwendest, dann am besten nur einmal zeitig im Frühjahr (Februar/März), um Ackerschnecken, oder im April, um die noch jungen Spanischen Wegschnecken zu dezimieren.

Vorsicht: Jedes Schneckenkorn tötet alle Schnecken, auch die Gehäuseschnecken!

- -

BESONDERHEIT:

Als grobes Unterscheidungsmerkmal der Nacktschneckenarten schaust du dir am besten das Atemloch genauer an: Liegt die Atemöffnung eher im vorderen Teil des leicht abgehobenen Schilds, dann hast du eine Wegschnecke vor dir. Liegt es eher im hinteren Teil, macht sich eine Ackerschnecke oder ein Schnegel über dein Gemüse her.

Ein ungewöhnlicher Nützling: der Schneckenkanker (*Ischyropsalis hellwigi*) verzehrt Gehäuse- und Nacktschnecken. Er gehört zu den Weberknechten und diese haben – im Gegensatz zu allen anderen Spinnentieren – sogar eine Art Penis.

Ein alter Handschuh, der Wassernapf vom armen Hund und in zwei Minuten sind ein Dutzend Schnecken weniger im Garten. Absammeln ist die schnellste und umweltfreundlichste Methode.

Schneckenzaun im Einsatz: Perfekte Schneckenabwehr, wenn auch die Ecken gut angepasst werden und kein Blatt, kein Halm als Einstiegshilfe darüber hängt.

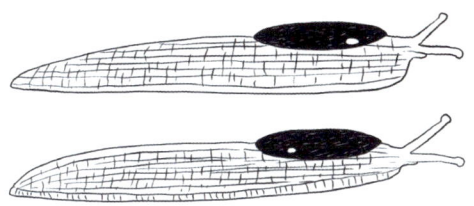

Wenn du wissen willst, mit welcher Schnecke du es zu tun hast, schau am besten auf das Atemloch auf der rechten Seite der Schnecke. Gute Raubschnecken, wie der Tigerschnegel, haben ihr Atemloch ähnlich den Ackerschnecken eher hinten montiert. Sie sind aber meist größer als die Ackerschnecken.

Schnecken ekelhaft? Salat Einzelhaft! Der Schneckenkragen schützt Einzelpflanzen.

Gift und Gallen: die Milben

Tierfreunde werden aufhorchen: Die Tierart, die uns am nächsten ist, die uns vor Liebe fast verzehrt und auch nachts mit uns kuschelt, hat nur wenig Fell und meist acht „Pfötchen". Von Milben ist die Rede. Kleine Spinnentierchen, die praktisch überall auf der Welt vorkommen: im Wasser, an Land, in der Luft und – auf uns Menschen. Viele verschiedene Milbenarten besiedeln das Ökosystem Mensch, z.B. die Haarbalgmilbe, ein wurmartiges Spinnentier, das in die Haarfollikel kriecht und dort Talg schlürft. Das juckt schon beim Lesen!

Zu den größten Milben zählen die Zecken. Hier liegt das Schildzecken-Weibchen vollgesogen auf dem Rücken und das Männchen krabbelt auf ihr herum.

Meist acht Beine (sechs im Larvenstadium) zeichnen sie als Spinnentiere aus und Milben sind, wie die entfernt verwandten Echten Spinnen, saugende Tierchen. Die Größe variiert von Art zu Art, von kleiner als einem Zehntel Millimeter bis hin zu stattlichen 3 cm einer vollgesogenen Zeckenmama.

Pflanzen werden aber genauso von Milben besiedelt. Manche sitzen frei am Blatt, wie die Gemeinen Spinnmilben, andere Arten leben versteckt, wie die Weichhautmilben und noch andere (wie Gallmilben) lassen sich von Blattgewebe umwachsen und bilden dann lustige Gallen aus. Und selbstverständlich sind auch räuberische Milben auf dem Blatt: Wild wuselnde, meist rot gefärbte und schnelle Wesen, die schädliche Milben, Thripse, Weiße-Fliegen-Jungtiere ... sowie Eier jeder Art aussaugen.

VOM WINDE VERWEHT: DIE SPINNMILBE

Fast alle Pflanzen, die bei drei nicht auf den Bäumen sind, sind interessant für die Gemeine Spinnmilbe (*Tetranychus urticae*). Dieses hundsgemeine kleine Tierchen hat das größte Wirtsspektrum aller Milben. Sie saugt an tausend verschiedenen Pflanzenarten und ihr schmeckt fast alles, was ihr vor den Rüssel kommt. Vom Wind lassen sie sich von einer zur anderen Pflanze tragen und deshalb sind selbst Zimmerpflanzen durch jedes gekippte Fenster nicht sicher vor ihr.

Spinnmilben injizieren ihren Speichel in die Zelle, die sie aussaugen wollen, was eine gelbliche Verfärbung auslöst. Das zeigt sich dann auch auf der Oberseite des Blatts durch kleine gelbe Punkte. Bei Massenbefall bauen die Milben baldachinartige Netze über die Triebspitzen, auf denen sie als kleine, geschickt balancierende Pünktchen zu erkennen sind. In so einem Fall sind die Blätter meist schon knusprig und nicht mehr zu retten. Ein Spinnmilben-Weibchen lebt etwa drei bis vier Wochen und kann in dieser Zeit mehr als 100 Eier legen. Wurde sie begattet, schlüpfen aus den Eiern hauptsächlich Weibchen. Waren keine Männchen zum Beischlaf vorhanden, dann schlüpfen aus den jetzt unbegatteten Eiern nur männliche Spinnmilben. Toll geregelt, das Geschlechterverhältnis der Milben!

Kleine gelbe nadelstichartige Punkte sind meist Schäden der Gemeinen Spinnmilbe. Wir drehen das Blatt um und ...

... sehen blattunterseits winzige grünlich-gelbe bis rötliche Tierchen flanieren. Das ist die Gemeine Spinnmilbe!

Wie ein Baldachin haben Spinnmilben ihre Netze über diese arme Sonnenblume gespannt und turnen emsig in diesen herum. Für die Pflanze bedeutet so viel Milbe das Ende.

Skurriles und Wunderbares

Neues aus der Seidenstraße

Die Spinnfäden der Gemeinen Spinnmilbe scheinen auf den ersten Blick sinnloses Herumweben zu sein. An der belgischen Universität in Louvan fand man jedoch heraus, dass die Fäden wichtig sind für sozialen Zusammenhalt, Schutz, Kommunikation, als Mittel zur Entscheidungsfindung und sogar zur Abgrenzung eigener Spinnmilben-Clans dienen. Der Geruch der Fäden scheint eine zentrale Rolle zu spielen, und wo es nach Verwandtschaft riecht, lässt man sich als Milbe eher nieder als in einem fremden Clan. Außer Inzucht droht, dann wird des Nachbars Duft interessant. Weiterhin nutzen Milben die (eigenen) Fäden, um sich zu einer Versammlung abzusprechen. Entweder als Schutz vor Fressfeinden oder auch, um als kleiner Milbenball vom Wind vertragen zu werden.

Die Gemeine Spinnmilbe in ihrer ganzen Pracht. Schöne rote Augen, die klassischen dunklen Seitenflecken, die ohne Lupe wie Streifen wirken.

GEMEINE SPINNMILBE, BOHNENSPINNMILBE
(TETRANYCHUS URTICAE)
bis zu 7 Generationen pro Jahr, je nach Temperatur

MEIN LOOK:
Erwachsene Milbe:
0,5 mm groß; acht Beine; gelblich mit zwei dunklen Rückenflecken, ältere Weibchen bräunlich- bis grünlich-schwarz; überwinternde Weibchen sind orangerot und werden auch „Rote Spinne" genannt; mit der Lupe sind blattunterseits alle Stadien zu entdecken; Überwinterung an Stangen und Verstecken in Bodennähe

Larve:
0,15 mm groß; hellgelb; erstes Larvenstadium hat sechs Beine; Nymphenstadien (ältere Larven) haben acht Beine

HÄUFIG ANZUTREFFEN AN:
» Bohne, Gurke, Paprika, Tomate und vielen anderen
» saugen Zellsaft; lieben trocken-warme Witterung; häufig Massenvermehrung im Gewächshaus durch trockene Luft
» Helle gelbe Punkte auf Blättern durch Einstiche der Milbe, Gelbfärbung, Blattkräuselungen, feines Gespinst blattunterseits, Deformation der Blüten und Früchte, Absterben der Pflanze

ZU VERWECHSELN MIT:
» Thripsbefall; Zikadenschaden
» Trockenschäden

VORBEUGUNG:
» gut versorgte Pflanzen sind weniger anfällig (keine Stickstoffüberdüngung)
» auf genügend Feuchtigkeit achten und mulchen
» Pflanze mit Wasser überbrausen

» im Gewächshaus für höhere Luftfeuchtigkeit sorgen (Wasserschalen)
» Zugluft vermeiden
» stark befallene Pflanzenteile entfernen
» Stützstangen mit heißem Wasser reinigen

MASSNAHMEN, WENN ZU VIEL:
Nützlinge:
Raubmilbe (*Typhlodromus pyri*), Marienkäfer, Schwebfliegenlarven, Florfliegenlarven, Blumenwanzen, Weichwanzen, Raubwanzen, Kugelkäfer, räuberische Thripse

Zaubertränke (Brühen & Jauchen):
Knoblauchtee; Ackerschachtelhalm-Brühe; Rainfarn-, Brennnesseljauche

Käufliche Nützlinge und Pflanzenschutzmittel:
Raubmilbe *Phytoseiulus persimilis* und *Amblyseius spp.;* Räuberische Gallmücke *(Feltiella acarisuga)* Kaliseife, Rapsöl, Schwefel

Tipp: Die sehr effektiven Raubmilben, die die Spinnmilben aussaugen, lassen sich unter der Lupe durch ihre rötliche Färbung und ihren kugelig-gewölbten Hinterleib gut von Spinnmilben unterscheiden.

BESONDERHEIT:
Als Rote Spinne wird auch die Obstbaumspinnmilbe bezeichnet, ein Schädling auf Obst und Wein, bei der Weibchen und Eier rötlich sind. Auch die Samtmilbe kann dir im Garten begegnen, ist ebenfalls rot, aber 4 mm groß und ein Nützling, der die Eier von Schädlingen aussaugt.

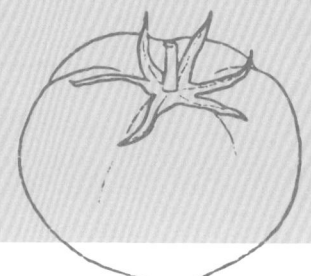

KRÄUSELN, SCHRUMPELN, BEULEN UND UN-SICHTBAR: DIE WEICHHAUTMILBE

Wie schon in der Einleitung erwähnt, leben Weichhautmilben versteckt und nur wenige Individuen machen bereits schöne Beulen am Blatt. Da diese Milben auch sehr, sehr winzig sind (0,1–0,2 mm), können sie eigentlich nur am Schaden erkannt werden.

Viele Pflanzenarten werden von Weichhautmilben befallen, auch Gemüse wie Paprika oder Gurken. Die Milben leben gerne in den Blattknospen und nutzen, wie die Spinnmilben, ihren giftigen Speichel, um saugen zu können. Ohne diesen würden sie mit ihrem Stechrüssel mit der Pflanze verkleben, was richtig ungünstig für sie wäre. Doof für uns ist dann aber das krüpplige Blattgewebe, aufgebeult wie ein mit dem Vorschlaghammer repariertes Unfallauto. Hinzu kommt ein eingeschränkter Wuchs, der die Blühfreudigkeit stark herabsetzt. Das heißt dann: weniger Früchte für dich.

Interessant ist die Verbreitungsweise von Milben, besonders der Weichhautmilben, von einer Pflanze auf eine andere. Dummerweise hat man nämlich bei einer Körperlänge von 0,2 mm auch meist nur sehr kurze Beine, was

längere Spaziergänge erschwert. Hier greifen Milben zu einem Trick: Sie nutzen andere, meist fliegende Tiere als Taxi. Phoresie nennt das die Wissenschaft. Und so klammern sie sich an ein Käferbein oder sogar an eine Weiße Fliege – und schwups, auf geht's zur nächsten Pflanze. Weichhautmilben bevorzugen sogar solche, die nach Weißer Fliege riechen, weil die Reisemöglichkeiten hier größer und die Abflugzeiten kürzer getaktet sind. Wenn einer eine Phoresie tut, dann kann er was erleben.

Wenn sich die (meist oberen) Blätter seltsam aufbeulen und kein anderes Tier daran zu sehen ist, dann kann die Weichhautmilbe der Bösewicht sein.

Larve:

sechs Beine; weißlich, optisch wie erwachsene Milbe, nur kleiner; Larvenstadium vor ausgewachsener Milbe: eine sogenannte ruhende Nymphe blattunterseits

• •

HÄUFIG ANZUTREFFEN:

» Paprika, Auberginen, Tomaten, Gurken
» leben versteckt in Blattachseln sowie unter jungen Blättern und saugen an der Zelle; langsame Ausbreitung; zunächst nur an einzelnen Pflanzen Schäden ersichtlich;
» Blattränder rollen sich ein, Blätter sind nach oben gebogen; Blattkräuselungen, Verkümmern der Blätter; Blattadern werden meistens nicht befallen, heben sich grün von der befallenen braunen Blattspreite der Blattunterseite ab; Verkorkungen auf der Blattunterseite, Triebstauchungen, Kleinblättrigkeit, Verkrüppelung, Blattränder vertrocknen, virusähnliches Schadbild

• •

ZU VERWECHSELN MIT:

» Virusbefall
» abiotischem Schaden

• •

VORBEUGUNG:

» lieben feuchtwarmes Klima – daher Temperatur und Feuchtigkeit im Gewächshaus ändern
» Raubmilben im Gewächshaus vorbeugend einsetzen
» Befallene Pflanzen für 15 Minuten in 43–49 °C warmes Wasser halten – das ist genau die Temperatur, die Pflanzen noch unbeschadet vertragen, für die Milbe wird's aber gefährlich
» vermilbte Pflanzen entfernen

• •

MASSNAHMEN, WENN ZU VIEL:

Nützlinge fördern:

Raubmilben

Käufliche Nützlinge und Pflanzenschutzmittel:

Raubmilben: *Amblyseius cucumeris*, *Amblyseius swirskii* und *Amblyseius montdorensis* (vorbeugend) Keine Pflanzenschutzmittel derzeit zugelassen

Tipp: Weichhautmilben mögen frisches und weiches Pflanzenmaterial und meiden das Licht. Sie sind daher meist blattunterseits, in den Blattachseln oder Knospen zu finden.

• •

BESONDERHEIT:

Kalte Perioden mit Frost können sie meist nicht überdauern. Ein Befall mit Weichhautmilben bei Topfpflanzen ist häufig lokal begrenzt, da die Milbe sich nur sehr langsam ausbreiten kann.

Die relativ großen Weibchen sind oval, breit und leuchtend gelbgrün oder dunkelgrün, je nach Art und Menge der aufgenommenen Nahrung. Das vierte Paar Beine dient nicht der Fortbewegung, sondern wird als Tastorgan eingesetzt.

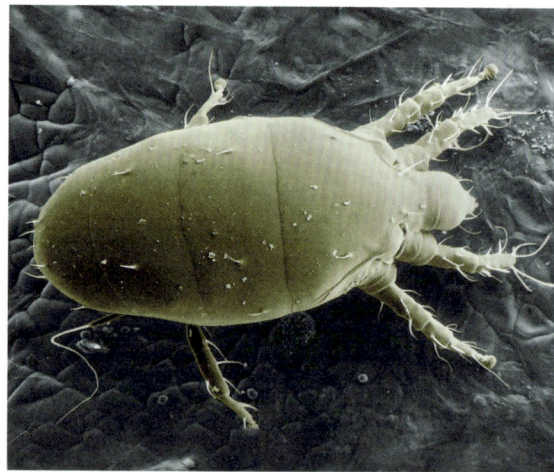

Schade, dass man diese irrwitzig aussehenden Weichhautmilben nie sieht. Sie sind einfach zu klein.

Gut gepanzert im Gemüsebeet: Käfer

Wenn wir über Käfer reden, dann reden wir über jedes vierte Tier auf dieser Welt. Wenn wir noch die Pflanzen, also jeden Grashalm mitrechnen, dann ist immer noch jedes fünfte Lebewesen ein Käfer. Vom süßen *Scydosella* mit 0,35 mm bis zum 20 cm großen Riesenbockkäfer *Titanus giganteus* – ein treffender wissenschaftlicher Name. Und Käfer können alles: fliegen und laufen, graben und bohren, schwimmen und tauchen, singen und trommeln, leuchten und sogar ein 100 °C heißes Gasgemisch mit Knall auf den Gegner loslassen, wie die heimischen Bombardierkäfer (siehe Seite 137). Bisher sind weltweit etwa 350 000 Arten beschrieben, es könnten bis zu 3 Millionen sein, schätzen Wissenschaftler*innen.

Käfer haben ein robustes Außenskelett, eine Panzerung, die sie vor vielen Gefahren schützt, jedoch auch etwas unbeweglich macht – mit einem Panzer rückwärts einparken geht ja auch schwer. Larven und erwachsene Käfer haben zwar beißende Mundwerkzeuge, trotzdem verdauen manche Arten (z.B. Laufkäfer) ihre Nahrung *extraintestinal,* also außerhalb des Magens. Sie würgen eine Verdauungsflüssigkeit über die Beute und schlabbern das Verdaute dann auf. Klingt nicht sonderlich appetitlich. Im Gemüse fressen sie am liebsten Blätter oder Knollen und Wurzeln. Manche Käfer müssen erst über das Gemüse speien, um es verzehren zu können.

Lustige Geschichte am Rande: Im Griffith Park, Los Angeles, wurde zum Gedenken an einen der berühmtesten „Käfer" (Beetle) der Welt ein Baum gepflanzt. Nämlich für George Harrison, den Gitarristen der Band „The Beatles". Dieser Baum wurde ironischerweise von Käfern befallen und zur Gänze vernichtet.

LANGSAMER SCHLEICHER: DER SCHNELLKÄFER

Schnellkäfer sind eine 10 000 Arten umfassende, teilweise unglaublich schöne Familie. Vom Veilchenblauen Wurzelhalsschnellkäfer (*Limoniscus violaceus*) bis zum gelbschwarzen Länglichen Schnellkäfer (*Ampedus elegantulus*) sind diese Käfer, ganz entgegen ihrem Namen, eigentlich eher langsam unterwegs und stellen sich sogar tot bei Gefahr. Und plötzlich – schwups – schnellen sie mit hörbarem Klick in die Höhe und entschwinden mit 380-facher Erdbeschleunigung. Deshalb *Schnell*käfer! Ein raffinierter Trick, den nur die erwachsenen Käfer beherrschen, dessen Mechanismus die Forscher aber noch rätseln lässt. Ein kräftiger Muskel im Mittelteil des Käfers schnalzt gegen die Bauchseite und wirbelt den Käfer durch die Luft. Schädigend fürs Gemüse sind übrigens nur die Larven weniger Arten; die meisten Schnellkäferlarven leben von toten Pflanzen, z.B. in Holzstümpfen.

Die Kinder gemüsefressender Schnellkäfer, die Drahtwürmer, sind ebenfalls eher langsam unterwegs; auch in der Entwicklung, die drei bis fünf Jahre dauern kann und bis zu

Klein und Groß auch im Gemüsebeet. Der zierliche Gefleckte Kohltriebrüssler bohrt Löcher in die Blattrippen und legt Eier hinein. Böse. Der große schwarze Laufkäfer hingegen frisst auch kleine Rüssler. Das ist gut.

15 Larvenstadien durchläuft. Ist nichts zu fressen da oder es wird kalt, ziehen sich die drahtigen Kerle bis zu 60 cm tief in den Boden zurück und können dort mehrere Monate gut überleben. Ist es wieder warm und ausreichend Futter vorhanden, kommen sie an die Oberfläche, bohren sich in Kartoffeln und Wurzelgemüse und verdauen extraintestinal („es draht dem Wurm den Magen um"). Deshalb faulen befallene Stellen in Knollen und Wurzeln und sollten vor dem Verzehr gut ausgeschnitten werden.

Ein häufiger Gast im Beet ist der Drahtwurm, die Larve des Schnellkäfers.

So sieht der erwachsene Drahtwurm aus, hier vermutlich der Gelbbraune Schnellkäfer (*Agriotes sputator*).

Wurzelduft lockt Drahtwurmschuft

2019 wird als das Jahr des Schnellkäfers in die Geschichte eingehen. Es gab fast keine Kartoffeln ohne Fraßschäden zu kaufen, weil viele, sehr viele Drahtwürmer Lust auf Knollen hatten. Zu wenig wilde Natur für Fressfeinde, zu viel Monokulturen und (glücklicherweise) nur wenig zugelassene giftige Mittel waren der Grund. Im Moment wird deshalb viel geforscht und ausprobiert: insektenbefallende Pilze und Nematoden, Sexuallockstoff-Fallen und Anbau von sogenannten Fangpflanzen, die vom Wurm lieber gefressen werden als die Kartoffeln. Gerade letzterer Ansatz ist interessant, denn Pflanzen sondern Gerüche ab (flüchtige Verbindungen) und alle Bodenbewohner orientieren sich fast ausschließlich über Geruch. Künstlich nachgebauter Wurzelduft lockt die Tiere sehr gut an und könnte in Zukunft eine feine Fangmethode für Drahtwürmer werden.

Ein Drahtwurm auf der Flucht.

DRAHTWURM
(AGRIOTES SPP.)
Larven verschiedener Schnellkäferarten

MEIN LOOK:

Käfer:

1 cm groß, bräunlich gefärbt und schlank, können aus der Rückenlage plötzlich hochschnellen, legen Eier vor allem in Wiesen ab

Larven:

bis 3 cm groß, dünn, gelb bis orange-braune „Würmchen"; fühlen sich durch die Einlagerung von Chitin steif und wie ein Stück Draht an; drei kleine Brustbeinpaare; 3–5 Jahre dauert die Entwicklung im Boden; ältere Larven schädigen stärker

HÄUFIG ANZUTREFFEN AN:

Wurzeln und verschiedenen Gemüsesorten – Fraßschäden durch die Larven; 2–4 mm breite Gänge in Kartoffeln und Rüben, auch Minierfraß

ZU VERWECHSELN MIT:

Fraßbild der Möhrenfliege (Gemüsefliege)
Einmal gesehen und berührt, erkennst du den Drahtwurm immer wieder.

VORBEUGUNG:

» Gemüse nicht direkt nach frischem Rasen- oder Wiesenumbruch anbauen
» intensive Bodenbearbeitung von April bis Juli oder August bis September kann den Befall reduzieren
» Kartoffeln frühzeitig ernten
» Abfangen mit Hilfe von ausgelegten Kartoffelhälften, Karotten oder Rüben: Schnittfläche ca. 4 cm tief in den Boden drücken, regelmäßig absammeln
» Salat als Fangpflanzen setzen
» Ringelblumen und Tagetes können den Befall reduzieren

MASSNAHMEN, WENN ZU VIEL:

Nützlinge fördern:

Laufkäfer, Maulwurf, Spitzmäuse, Maulwurfsgrille, Kröten, Vögel

Pflanzenschutzmittel:

keine zugelassen

TIPPS:

Tritt häufig in den ersten Jahren nach dem Umgraben von Wiesenflächen auf. Vor dem Anlegen der Gemüsebeete ein paar Hühner auf die Fläche lassen; sie graben nach den Larven und picken sie sauber auf.

BESONDERHEIT:

Larven brauchen viel Feuchtigkeit und sind empfindlich gegen Trockenheit.

Hühner sind die besten Drahtwurmjäger und Bodenlarvenjäger und Eulenraupenjäger und Schneckenjäger und überhaupt ... her mit den Hühnern!

FLIEGEN, LAUFEN, FRESSEN, HÜPFEN: DER ERDFLOH

Nach dem eben beschriebenen Schnellkäfer jetzt zu noch höher hüpfenden Käfern: die Erdflöhe. Erdflöhe im Plural, weil eine Vielzahl ihrer Arten unser Gemüse durchlöchern kann, vor allem auf Kreuzblütler wie Kohl, Meerrettich und Rucola haben sie es abgesehen. Hier findest du meist den Grünglänzende Kohlerdfloh (*Phyllotreta cruciferae*), den Gelbstreifigen Kohlerdfloh (*Phyllotreta nemorum*) oder seltener auch den Rapserdfloh (*Psylliodes chrysocephala*). Wenn sie gestört werden, hüpfen die kleinen Tiere mit ihren kräftigen Oberschenkeln des hinteren Beinpaars aus dem Blickfeld. Wie weggezaubert. Von weiter weg kannst du aber beobachten, wie sie kleine runde Löcher in die Blätter stanzen. Wie von vielen kleinen Kugeln durchschossen sehen manche Pflanzen dann aus und die kleineren Pflanzen-Exemplare können ganz den Geist aufgeben. Noch schlimmer treibt's der Große Rapserdfloh, und bei ihm vor allem sein Nachwuchs. Die Käferlarven fressen das Mark in den Blattstängeln, was dem Blatt ganz und gar nicht guttut. Die größten Feinde der Erdflöhe sind übrigens parasitische Wespen, z.B. *Microtonus brassicae*, die fast die Hälfte der erwachsenen Käfer mit einem Ei belegen können. Die Larve der Wespe schlüpft nach dem Fressen der Innereien aus dem Hintern des Käfers zur Verpuppung aus.

Klassisches Erdflohbild. Viel Loch, wenig Blatt und 20 weggehüpfte Erdflöhe (nicht mehr auf dem Foto).

Skurriles und Wunderbares

Ein Erdfloh kommt selten allein

Wenn ein Erdfloh deinen Kohl entdeckt hat, dann ruft er all seine Kolleg*innen in der Nachbarschaft mit Hilfe eines Duftstoffcocktails zusammen. Eigentlich doof, möchte man meinen, denn er könnte ja den ganzen Kohl für sich haben, die ganze Reihe, das ganze Beet! Aber der Erdfloh weiß genau, dass das Aufbeißen der Wachsschicht von Kohlblättern viel Arbeit bedeutet, und die kann man sich doch teilen. Zudem könnte ja ein nettes Weibchen aus gutem Hause ebenfalls zufliegen. Interessant ist zudem, dass der Käfer den Duftcocktail selbst produziert, denn oftmals ruft allein der Duft verletzter Pflanzen ganz andere Arten von Schadinsekten herbei. Genau das will der kleine Erdfloh aber nicht, dass plötzlich Raupen, Fliegen und andere die fette Kohlbeute riechen. Deshalb lässt er eine nur für Erdflöhe interessante Duftwolke übers Feld ziehen.

Erdflöhe haben hier einen Rucola teilperforiert.

Ein Erdfloh in lackglänzendem Schwarz ...

... und hier mit Streifenmuster.

KOHLERDFLOH
(*PHYLLOTRETA*-ARTEN)
1 Generation pro Jahr

MEIN LOOK:
Käfer:
2–4 mm großer Blattkäfer; blauschwarz (grünglänzend) oder mit zwei gelben Längsstreifen (gelb gestreift) Kohlerdfloh; überwintert in der Streuschicht
Larven:
fressen unauffällig an den Wurzeln oder minieren, keine Maßnahmen nötig

HÄUFIG ANZUTREFFEN AN:
Kohlpflanzen, Rucola, Radieschen, Rettich, Raps, Senf Keimlinge und Jungpflanze sind am meisten gefährdet; siebartige Durchlöcherung, starker Schabe- und Lochfraß; Absterben der Pflanzen bei starkem Befall; Erdflöhe können Viren übertragen

ZU VERWECHSELN MIT:
Lochfraß der Kohlmotte

VORBEUGUNG:
» regelmäßig wässern, feucht halten
» hacken und Boden um die Pflanzen lockern – Käfer meiden rauen Boden
» mulchen
» engmaschige Netze einsetzen (0,8 mm), aber nur, wenn die Käfer noch nicht im Boden vorhanden sind, sonst kommt es unter den Netzen zur Massenvermehrung
» Pflanzen mit Algenkalk oder Gesteinsmehlen bestäuben zur Vergrämung

MISCHKULTUR:
mit Spinat und Salat

MASSNAHMEN, WENN ZU VIEL:
Nützlinge fördern:
Schlupfwespen, Laufkäfer, Spitzmäuse, Vögel

Zaubertränke (Brühen & Jauchen):
» Rainfarn- oder Wermut-Tee über die Pflanzen spritzen (zweimal pro Woche)
» Kohljauche um die Kohlpflanze gießen

Pflanzenschutzmittel:
Azadirachtin (Neem)

Tipp: Der Erdfloh liebt Wärme und Trockenheit und tritt deshalb auch im Frühjahr bei Temperaturen von 20 °C verstärkt auf. Ab diesen Temperaturen also auf die ersten Löcher achten.

BESONDERHEIT:
Der Blattkäfer kann durch seine verdickten Oberschenkel des hinteren Beinpaares bis zum 200-fachen seiner Körperlänge weit springen.

Mit Grasschnitt mulchen hilft sehr gut gegen Blattflöhe, hält Feuchtigkeit im Boden und unterdrückt Beikräuter.

AY BONITO MEXICANO: DER KARTOFFELKÄFER

Ein wirklich hübscher Kerl, der Kartoffelkäfer (*Leptinotarsa decemlineata*). Sein wissenschaftlicher Name bedeutet frei übersetzt etwa zehn Linien auf dürren Beinen, und er kann eigentlich jedes Jahr auf Kartoffeln, Auberginen und anderen Nachtschattengewächsen angetroffen werden. Seine nicht ganz so hübschen Kinder sind rot mit schwarzen Punkten und buckelig. Kartoffelkäfer sind, wie die Erdflöhe, Blattkäfer (Chrysomelidae) und fressen fast nur Blätter. Ständig. Alles davon. Notfalls Stängel und Knollen.

Aus bis zu 70 cm Tiefe kommt der Käfer im Frühjahr an die Oberfläche. Da er auch recht gut fliegen kann, sucht er jetzt geeignete Pflanzen und: Fressen und Sex, Fressen und Sex. Bis zu 700 gelb-orangefarbene Eier kann dann ein Weibchen pro Sommer ablegen, eine Katastrophe für die Kartoffel. Bemerkenswert ist eine bis zu drei Jahre andauernde Hungerphase, die die Käfer ohne Nahrung (im Boden) überleben können. Und viele Feinde muss er nicht fürchten, denn das Nachtschattengift Solanin, das er fleißig im Körper ansammelt, schützt ihn.

eigentlich nur in Südamerika heimisch waren, in der Nähe der Käfer an und siehe da, ab dem Jahr 1859 schmeckten den Käfern auch Kartoffelpflanzen. 17 Jahre später war der Kartoffelkäfer in fast ganz Nordamerika unterwegs und 1877 wurde das Tier zum ersten Mal in Europa gesichtet.

Später versuchten die Nazis und die Stalinisten den Käfer gegen die US-Amerikaner propagandistisch zu instrumentalisieren, indem sie ihnen biologische Kriegsführung durch bewusste Freilassungen mit dem Flugzeug unterstellten, dabei forschten beide Diktaturen heimlich selbst an der „Biowaffe Kartoffelkäfer". Heute ist der Kartoffelkäfer weltweit unterwegs, gegen die gängigsten Gifte resistent und wird uns noch lange mit seinen schönen Streifen das Leben schwer machen.

Forscher berichten übrigens, dass die Urkartoffelarten viel weniger attraktiv für die Kartoffelkäfer waren. Aktuell versuchen Kartoffelzüchter diese alten Resistenzen in unseren heutigen Sorten wieder einzukreuzen.

Hellgelbe bis orangene Eier des Kartoffelkäfers. Sehr gerne saugen verschiedene Wanzenarten die Eier aus.

Hier die ganze Familie des Kartoffelkäfers auf einem Bild: Käfer, Larven und Eier.

Gut zu wissen

Ein Käfer frisst sich seinen Weg
Ursprünglich knabberte der Kartoffelkäfer nur an der Büffelklette, einem Nachtschattengewächs in Mittelamerika, vor allem in Mexiko. Siedler bauten Kartoffeln, die jedoch

Larven haben immer Hunger und machen größeren Schaden als die erwachsenen Käfer.

Die bucklige Brut des Kartoffelkäfers. Die Larven haben den typischen Blattkäferbuckel, denn Kartoffelkäfer gehören zu den Blattkäfern.

Steckbrief

KARTOFFELKÄFER
(LEPTINOTARSA DECEMLINEATA)
1–2 Generationen

MEIN LOOK:

Käfer:

1 cm groß; gewölbt und gelb mit zehn dunklen Längs-streifen auf den Flügeldecken; gelbe Eier werden in Gruppen hängend blattunterseits abgelegt und sind wie die Marienkäfer-Eier länglich-oval; verfärben sich später orange; überwintert im Boden

Larven & Puppen:

1,5 cm groß; rot-gelb bis orange mit schwarzem Kopf, Beine und Warzen; Verpuppung im Boden

HÄUFIG ANZUTREFFEN AN:

Larven und Käfer fressen hauptsächlich Kartoffelblätter, teilweise auch andere Nachtschattengewächse (Aubergine, Tomate); Lochfraß und anschließend Komplettfraß bis auf die Stängel der Blätter; Knollenbildung wird dadurch gestört; Jungkäfer fressen auch Knollen im Boden an

ZU VERWECHSELN MIT:

Eier des Marienkäfers

VORBEUGUNG:

» wöchentliche Kontrolle auf Eier, Käfer und Larven
» Zerdrücken der Eier
» Absammeln der Käfer und Raupen
» Stäuben der Pflanzen mit Gesteinsmehlen, auch blattunterseits (nur in Ausnahmefällen, schädigt auch andere Tiere)
» frühe Sorten bevorzugen oder vorkeimen lassen (Entwicklungsvorsprung)

MISCHKULTUR:

Kapuzinerkresse, Meerrettich und Pfefferminze (mögen Käfer nicht)

MASSNAHMEN, WENN ZU VIEL:

Nützlinge fördern:

Raubwanzen, Laufkäfer, Florfliegenlarven, Marien-käferlarven, parasitische Zwergwespen und Raupenfliegen, Nematoden und Mikroorganismen im Boden, Vögel, Kleinsäuger, Kröten, Eidechsen …

Pflanzenschutzmittel:

Azadirachtin (Neem)

Tipp: So früh wie möglich eingreifen, da ältere Larven und erwachsene Käfer schwierig zu behandeln sind.

BESONDERHEIT:

Eier sind auch auf anderen Nachtschattengewächsen zu finden (Tomaten, Bilsenkraut …)

„Zehn Linien auf dürren Beinen" ist die Übersetzung des wissenschaftlichen Namens des Kartoffelkäfers.

Absammeln ist eine der besten Methoden gegen Kartoffelkäfer. Der Fraßschaden hört sofort auf, es ist ungiftig und der sammelnde Mensch braucht nur Treibstoff auf Lebensmittelbasis; das ist nahezu CO_2-neutral.

HÄHNCHEN, DIE SINGEND EIER LEGEN: DIE ZIRPKÄFER

Zirpkäfer heißt die hier besprochene Käfer-Unterfamilie der Blattkäfer. Sie zirpen wirklich, wenn sie leicht gedrückt werden. Ein Knackgeräusch signalisiert: zu fest gedrückt. Manchmal singen sie einfach so auf ihren Futterpflanzen. Hähnchen heißen sie, weil sie so wunderbar bunt daherkommen. Wirklich schöne Tiere! Sie wirken jedoch recht nervös, lassen sich sehr schnell fallen und dann meist mit ihrer dunklen Unterseite nach oben, sodass sie dem Augenblick augenblicklich entschwinden.

Ihre Larven sind wahre Schmuddelkinder und diese Jungen fressen viel mehr als die Alten, was jeder kennt, der Teenager zu Hause hat. Auch das Im-eigenen-Schmutz-Leben können beide recht gut. Die Hähnchen-Larven können Pflanzen komplett vertilgen.

Am Spargel sitzen schwarz-rot-goldene Spargelhähnchen und an Liliengewächsen wie Lauch knallrote Lilien- und Maiglöckchenhähnchen (*Lilioceris lilii* und *L. merdigera*), die beide auch als Zwiebelhähnchen bezeichnet werden. Alle drei Arten paaren sich im Frühsommer, um dann recht winzige Eier abzulegen; Spargelhähnchen am Stängel, die anderen beiden über die Blattunterseite verteilt in Reihen. Aus diesen schlüpfen die ungustiösen Larven und beginnen zu fressen.

(Lilien-)Hähnchen auf Schnittlauch. Klingt fast wie ein Mittagsmahl.

Charme mit Darm

Hähnchenlarven leben im eigenen Schleim und haben ihren Popo am Rücken, sodass ihr Kot auch direkt auf ihnen landet. Fäkal-Schild nennt man das im Fachjargon. Aber auch ziemlich clever irgendwie, denn kein Vogel mag diesen Schleim auf seinem Speiseplan, der ohnehin wie ein Vogelschiss aussieht. Somit ein erfolgreicher Schutz gegen Fressfeinde mit Geschmack, nicht aber gegen eine geschmacklose parasitische Wespe. Die ist geruchlich auf diesen Kot-Schleim spezialisiert und legte im Laborversuch sogar Eier in Schleimklumpen, in denen keine Larven enthalten waren.

Steckbrief

SPARGELHÄHNCHEN
(CROCERIS ASPARAGI)
2 Generationen pro Jahr

MEIN LOOK:
Käfer:
6 mm groß; April bis September; länglich, bunt und mehrfarbig; rotorange mit schwarzen Flügeldecken und sechs hellen Flecken; mehrere dunkle stiftartige Eier senkrecht auf Stängel; zirpt bei Störung und lässt sich fallen oder versteckt sich auf der Rückseite der Stängel; überwintert im Boden und in Spargelstrünken
Larve:
bis 7 mm groß; graugrün mit schwarzem Kopf; entwickelt sich innerhalb von 3 Wochen; Verpuppung im Boden;

HÄUFIG ANZUTREFFEN AN:
des Spargels Blätter und Beeren; Käfer und Larven schädigen durch Lochfraß und Kahlfraß; Pflanze knickt ab; Käfer durch auffällige Farbe gut sichtbar

ZU VERWECHSELN MIT:
Spargelkäfer *(Crioceris duodecimpunctata)* tritt häufig gemeinsam mit Spargelhähnchen auf bzw. etwas später ab Mai; rotoranger länglicher Käfer mit 12 schwarzen Flecken auf den Flügeldecken; Maßnahmen gleich; Schaden geringer

VORBEUGUNG:
» händisches Abfangen bzw. Abklopfen der Käfer und Larven in ein Gefäß
» Zerdrücken der Eier und Larven
» Pflanzen im Herbst möglichst tief in der Erde abschneiden und Kraut entsorgen
» Bodenbedeckung mit stark duftenden Kräutern

MISCHKULTUR:
mit Gurken, Petersilie, Schnittsalat und Tomaten

MASSNAHMEN, WENN ZU VIEL:
Nützlinge fördern:
Marienkäferlarven fressen die Larven, Igel, Raubkäfer, Schlupfwespen, Spinnen, Spitzmäuse, Vögel

Zaubertränke (Brühen & Jauchen):
Tomatenblättersud im Frühjahr und Herbst auf den Boden gießen

Pflanzenschutzmittel:
Azadirachtin (Neem)

Tipp für tapfere Gärtner*innen: Das Kraut durch die geschlossene Hand durchziehen, um die Larven und Eier effektiv zu zerdrücken.

Spargelhähnchen heften ihre winzigen Eier an die Stängel des Spargels.

Spargelkäfer (links) und Spargelhähnchen (rechts). Auf edlem Gemüse sind sogar die Käfer, die es fressen, hübsch.

Im Gegensatz zu den gleich folgenden Lilienhähnchenlarven sind die Larven der Spargelhähnchen sauber und gepflegt.

Roter Kopf, schicke orangene Seitenstreifen, schwarze Flügeldecken mit sechs weißen Punkten drauf. So ein Spargelhähnchen ist ein schönes Tier.

Steckbrief

LILIEN- UND ZWIEBELHÄHNCHEN
(LILIOCERIS LILII UND L. MERDIGERA)
2–3 Generationen pro Jahr

MEIN LOOK:

Käfer:
6–8 mm groß; länglich, gelb-orange bis leuchtend rot mit schwarzem Kopf, Beinen und Fühlern; orange Eier in Reihen blattunterseits; überwintern im Boden

Larve:
ab Mai; schleimig, umgibt sich zum Schutz vor Fressfeinden mit eigenem Kot

HÄUFIG ANZUTREFFEN AN:

» Schnittlauch, Knoblauch, Zwiebelgewächse, Liliengewächse
» Käfer und Larven schädigen durch Lochfraß und Verunreinigung durch Kot; Käfer durch ihre leuchtende Farbe gut sichtbar

ZU VERWECHSELN MIT:

Spargelhähnchen oder Spargelkäfern, jedoch andere Farbe

VORBEUGUNG:

» Abfangen der Käfer am Morgen mit der Hand
» Zerdrücken der Eier
» Larven mit Wasserstrahl von der Pflanze spritzen
» mit Algenkalk oder Gesteinsmehl stäuben (auch blattunterseits)
» Kaffeesatz um die Pflanzen verteilen

. . . .

MISCHKULTUR:

Rosmarin oder Basilikum zwischen befallene Pflanzen

. . . .

MASSNAHMEN, WENN ZU VIEL:

Nützlinge fördern:
Igel, Raubkäfer, Schlupfwespen, Spinnen, Spitzmäuse

Zaubertränke (Brühen & Jauchen):
» Rainfarn- oder Wermut-Tee

Pflanzenschutzmittel:
» Azadirachtin (Neem)

Tipp: Die Käfer fängt man am besten, indem man ein Gefäß oder die Hand schon mal unter dem Käfer platziert und sich anschließend mit der anderen Hand von oben nähert. Lässt sich der Käfer fallen, landet er dort, wo er hin soll und nicht am Boden.

Die leuchtend orangen Eier färben sich kurz vor dem Schlupf dunkel.

Larven des Lilienhähnchens an Etagenzwiebel. Getarnt durch Schleim und Kot können sie in relativer Ruhe fressen.

Wunderschöne Tiere, wären sie doch nur nicht so gefräßig.

Mal kurz eingeworfen: einen Thrips

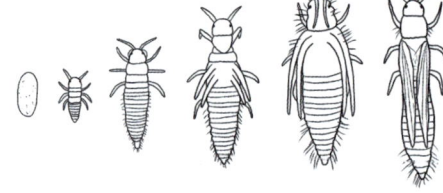

Falls beim Radfahren mal ein Tierchen ins Auge kommt, das brennt und in etwa so aussieht wie die Bartstoppeln, die der liebe Partner oder du selbst in großer Zahl im Waschbecken hinterlässt, dann ist vermutlich ein Thrips in deinem Auge! Wir haben Thripse auch im Auge, und zwar wegen ihrer faszinierenden Vielzahl, ihrer Mal-so-mal-so-Lebensweise und natürlich, weil sie Feldfrüchte mit silbrigem Glanz überziehen können.

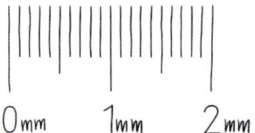

Entwicklungsstadien eines Thripses: Ei, verschiedene Larvenstadien, adultes Tier

Thripse beim Löwenzahnlikör-Ansetzen in den Blüten entdeckt.

Thripse heißen auch Fransenflügler, was gut passt, denn ihre Flügel sehen arg zerzaust aus. Sie sind nur wenige Millimeter groß und ernähren sich saugend. An Pflanzen, an Tieren, an Artgenossen, sogar an Menschen. Wenn sie Pflanzenzellen aussaugen, bleibt die silbrig-glänzende Wachsoberfläche der Pflanze übrig und der Schaden, den sie anrichten, sieht aus wie viele kleine nadelstichgroße silbrige Einstichpünktchen sowie meist auch lackschwarz glänzende Kot-Tröpfchen. Gut beobachten kannst du das auf der Unterseite der Blätter, aber auch an Früchten wie Gurken. Diese kriegen bei starkem Befall eine Krümmung, die jeden EU-Beamten in Brüssel rotieren lassen würde (wobei es die EU-Krumme-Gurken-Verordnung so nie gab; das war nur ein Wunsch der großen Discounter).

GIVE PEAS A CHANCE: DER ROBUSTE ERBSENTHRIPS

Erbsenthrips *(Kakothrips robustus)* heißt das Tier, das an Erbsen und anderen Schmetterlingsblütlern Blüten und Früchte besaugt. Die Larve überwintert, verpuppt sich und geht dann ab Mai, angelockt durch die weißen Blüten, auf deine Erbsen los. Wenn Blüten oder Triebspitzen von den Thripsen angestochen werden, dann können diese verkümmern. Auf den jungen Früchten schaffen es diese Lumpen, dass die Erbsenhülse später aussieht wie eine Mischung aus Gurke und Broccoli. Krumm, verbeult und unansehnlich. Die Erbsen können aber sorglos geerntet und verspeist werden, auch wenn sie echt mies aussehen.

Kleinvieh macht auch Mist. Thripse und ihre kleinen schwarzen Häufchen blattunterseits.

Thripsschaden an Blättern, oft silbrig-glänzend durch viele winzige Einstichstellen.

Skurriles und Juckendes:

Ich bin keine Erbse, du Thrips!

Manche Menschen leiden unter makulopapulösen Eruptionen – kurz: Hautausschlägen. Manche Thripse, wohl auch der Erbsenthrips, drehen offensichtlich bei Wassermangel komplett durch und versuchen sogar Mensch und Säugetier anzuzapfen. Das geht gar nicht, denn der kleine Einstich fängt an zu jucken und zu prickeln, das kann dazu führen, dass die Haut eruptiert, also Blasen schlägt – und das makulopapulös, was in etwa „knubbelige Flecken" bedeutet.

Thripse heißen nicht nur Fransenflügler, sondern auch Blasenfuß. Diese weitere Bezeichnung für dieses Tierchen bezieht sich auf dessen blasenartig aufgeblasenen Fuß.

Thrips = Fransenflügler = Blasenfuß = Gewitterfliege = Thysanoptera

Steckbrief

THRIPSE, FRANSENFLÜGLER
(THYSANOPTERA)
1–6 Generationen pro Jahr, je nach Thripsart

MEIN LOOK:

Thrips:

1–2 mm groß; ab Ende Mai; hell, schwarz oder auch quergestreift; länglich-schmal; gefranste Flügel; kurze Fühler; Eier werden an die Pflanze oder ins Gewebe gelegt; manche Arten überwintern

Larve:

gelb bis orange und flügellos; überwintert im Boden

HÄUFIG ANZUTREFFEN AN:

» Erbsen, Zwiebel, Lauch, Gurken, Bohnen, Knoblauch, Kohl, Paprika, Tomaten

beide Stadien sitzen gerne blattunterseits und saugen an Blättern und Früchten; blattoberseits silbrig-helle Verfärbungen, die ineinander übergehen; blattunterseits schwarze Kotflecken; Vergilbung, Verkrüppelung, Wachstumshemmungen, Verkorkungen, Erbsenhülsen und Gurken haben silbrig-graue Flecken und Verkrüppelungen, Blumenkohl kann herzlos werden, Abfallen der Blätter; können Viren übertragen

ZU VERWECHSELN MIT:

Saugschaden von Zikaden oder Spinnmilben

VORBEUGUNG:

» Boden gut umgraben und Fruchtfolge beachten
» Anfällige Pflanzen nicht zu warm und zu trocken halten – regelmäßig wässern, überbrausen
» Erbsen und Zwiebel früh aussäen/pflanzen
» mit Kulturschutznetzen abdecken (unter 1 mm Maschenweite)
» Blattunterseite mit kaltem Wasserstrahl abspritzen
» befallene Triebe entsorgen
» Boden bedeckt halten und mulchen

» Bohnenkraut, Ysop oder Kamille einsäen

MASSNAHMEN, WENN ZU VIEL:

Nützlinge fördern:
Raubmilben, Florfliegenlarven, Marienkäfer, Schwebfliegenlarven, Raubwanzen, Spinnen, Ameisen, räuberische Thripse

Zaubertränke (Brühen & Jauchen):
Knoblauchextrakt oder Brennnessel-Kaltauszug

Käufliche Nützlinge und Pflanzenschutzmittel:
» Florfliegenlarven, Raubmilben, Raubwanzen, Blumenwanzen und Raubthripse
» Azadirachtin (Neem)

Tipp: Lieben warme, trockene Witterung und treten dann auch verstärkt auf.

BESONDERHEIT:

Lassen sich vom Wind tragen, da sie nicht gut fliegen können. Wurden in Jetstreams in unglaublichen 8–12 km Höhe gefunden und zählen daher zum Luftplankton.

Um den Thripsen zuvorzukommen, säen wir die Erbsen so früh wie möglich aus.

Im Auge des Wurms: Älchen (Nematoden)

Bei einer Safari durch das Gemüsebeet werden diese Würmchen vermutlich nicht auffallen: Nematoden, auch Älchen genannt, sind nämlich sehr klein, etwa an der Grenze der Sichtbarkeit, eher schon mikroskopische Winzlinge. Nahezu alles und jeder kann Nematoden bekommen – natürlich immer verschiedenste Arten und Gattungen dieser Würmer. Bekannt sind sie als Spulwürmer in Menschen oder Trichinen in Schweinen. Manche dieser Würmchen können aber auch hilfreich sein, wenn wir bestimmte Nematoden als Nützlinge gegen Bodenschädlinge einsetzen oder sie unseren Kompost aufbereiten, andere Arten wiederum ärgern uns, wenn sie unser Gemüse, unsere Hunde oder unseren Darm befallen.

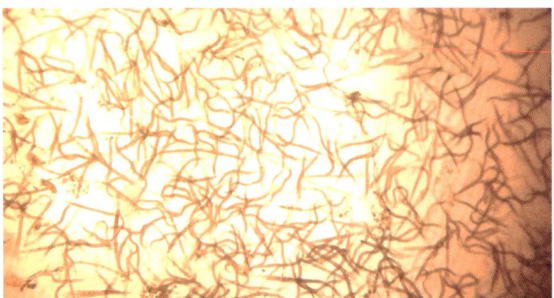

Nematoden unter dem Mikroskop. Winzige Wuselwürmer und mit dem bloßen Auge nicht zu erkennen.

Wenn der Lauch so mies aussieht, ist oft der Stängelnematode *Ditylenchus dipsaci* der Übeltäter. Die Lauchminierfliege macht ähnliche Schäden, hier sind jedoch kleine gelbe Maden an der Basis der Pflanze zu finden.

Aufgrund ihrer Winzigkeit wurden die Pflanzen parasitierenden Nematoden erst relativ spät als Pflanzenschädlinge entdeckt. Wenn Gemüse an bestimmten Stellen nesterweise schwach wuchs, wurde als Grund dafür eine „Bodenmüdigkeit" angegeben. Und als man dann die Nematoden als die eigentlichen Übeltäter enttarnte, fanden Forscher auch heraus, dass verschiedene Arten Wurzeln, Stängel oder Blätter befallen können.

Nematoden sind saugende Schädlinge, die Eier legen und deren Larven sich auch mehrfach häuten müssen. Manche Arten bilden Dauerstadien wie Zysten oder „Trockenstarre" und können so 20 Jahre und mehr auf einen neuen Wirt warten.

Skurriles und Wunderbares

Von großen Massen und Wurmlöchern
Etwa 400 Quintillionen Nematoden leben auf unserer Erde, das sind 57 Billionen Würmer für jeden Menschen. Sie sind die häufigsten Tierchen auf dieser Welt, vier von fünf Tieren sind Nematoden. Nicht alle sind winzig, und die größte Art lebt in einem Wal: der *Placentonema gigantissima* wird bis zu neun Meter lang! Nicht ganz so groß, aber dafür umso unheimlicher sind die heimischen Saitenwürmer, die Heuschrecken befallen, sich in deren Nervensystem hacken und die Kontrolle über den Schreck übernehmen. Dieser stürzt sich daraufhin in ein Gewässer, was eine wasserscheue Heuschrecke sonst nie tun würde, und stirbt. Der Saitenwurm, der etwa drei- bis viermal so groß ist wie eine gewöhnliche Heuschrecke, kann sich dann im Wasser wieder entrollen und dort auf Partnersuche gehen. Daher kann es gut sein, dass du einen Saitenwurm im Swimmingpool oder einem wassergefüllten Gefäß im Garten entdeckst. Wie ein 15 cm langer Draht, der sich plötzlich bewegt. Aber keine Angst: Selten finden sich Saitenwürmer in unserem Darm oder der Harnröhre. Sie haben das Loch verwechselt, denn der Mensch ist für sie ein Fehlwirt.

HIPSTER-KAROTTE MIT VOLLBART: DER WURZELNEMATODE

Wenn die Wurzeln deiner Pflanzen von diesen kleinen Lumpen befallen werden, dann vermutlich von wandernden oder sesshaften Nematoden. Bei beiden Arten gibt es Nematoden, die entweder in die Wurzel eindringen oder sie von außen besaugen. Die von außen saugenden Wanderer sind besonders unbeliebt, weil sie Viruserkrankungen verbreiten können. Die in der Wurzel lebenden sesshaften Älchen machen wiederum kleine, weiße Knötchen (Gallen, v.a. an Tomate, Gurke und Karotte), andere basteln aus Karotten/Möhren, Kartoffeln oder Knollensellerie richtige Hipster-Wurzeln, stilecht mit Vollbart. Wurzelbärtigkeit nennt der Gartenprofi und die Fachfrau diese Auffälligkeit.

Nematoden haben große Vorlieben und starke Ablehnungen in Bezug auf Pflanzenwurzeln. Das kann bei der Reduzierung der Anzahl pflanzenbesaugender Nematoden von Vorteil sein: Mit *Fangpflanzen,* z.B. Ölrettich, werden bestimmte Nematoden-Arten angelockt. Sie nisten sich in deren Wurzel ein und daraufhin kannst du ganz leicht die Pflanze mit den Nematoden entfernen oder einfräsen. Mit *Feindpflanzen* kannst du sie vertreiben oder sogar um die Ecke bringen. Mit Tagetes-Arten reduzierst du *Pratylenchus*-Arten. Gegen *Meloidogyne hapla*, den Wurzelgallen-Nematoden, wirkt das aber leider nicht.

Mehrere Beinchen durch *Meloidogyne hapla* und starker Bartwuchs, schon in jungen Jahren, verursacht durch *Pratylenchus penetrans*-Nematoden. Diese lokal erworbene Möhre wurde jedoch durch eine Gemüsewaschmaschine leicht rasiert.

Tipp: Wenn du einen möglichen Nematodenbefall feststellen möchtest, lohnt es sich, das verdächtige Teil (Wurzel- oder Sprossstück) klein zu schneiden und in ein (Reagenz-) Glas zu geben. Dann handwarmes Wasser dazu. Falls sich Nematoden eingenistet haben, wandern sie aus dem Gewebe aus und bilden am Boden des Glases einen weißen wuselnden Haufen. Mit einer Lupe sind die Würmchen gut zu erkennen.

FIESER FLECKENVERURSACHER: DER BLATT- UND STÄNGELNEMATODE

Älchen, die Stängel oder Blätter besiedeln, kriechen bei nassem Wetter die Pflanze hinauf und bohren sich in das Gewebe ein. Der Stängel mag das gar nicht, besonders, wenn er jung ist. Er wird dicker und krumm und beulig. Von *Ditylenchus dipsaci* befallen werden gerne Kartoffeln, Bohnen, Rüben, Zwiebeln und Mais. Lauch sieht dann aus wie ein blümerantes, krummes Häufchen Elend.

Auch das Blatt ist nicht begeistert, denn stärkerer Befall macht große, von Blattadern begrenzte eckige Flecken. Blattnematoden (*Aphelenchoides spp.*) sind im Gemüse aber kaum Thema.

Durch Stängelnematoden surreal wachsender Lauch.

HÄUFIG ANZUTREFFEN AN:

» Karotten/Möhren, Sellerie, Petersilie, Lauch sowie Beikräutern

saugen an der Wurzel oder anderen Pflanzenteilen oder dringen in sie ein; verschiedene Pflanzen reagieren oft unterschiedlich auf den Befall. Im Beet nesterweises Auftreten der Schäden: Wachstumsstörungen, Verwelken, Vergilben, Gewebeveränderungen, Verkrümmungen.

Karotten- und Selleriewurzeln bekommen abnormale Seitenwurzeln, den sogenannten Wurzelbart; Wurzelgallennematoden produzieren sichtbare Gallen an den Wurzeln; bei Stängelnematoden kommt es zu Verdrehungen und Vergilbung der Stängel durch den enzymatisch wirkenden Speichel.

Nematoden können Viren übertragen.

ZU VERWECHSELN MIT:

Die unterschiedlichen Nematoden-Arten sind schwer zu unterscheiden.

VORBEUGUNG:

» Fruchtfolge einhalten (teils schwierig, da viele Pflanzen befallen werden können)
» Gänsefußgewächse anbauen (z.B. Rote Bete), Tagetes, Raps
» bei Befall mit Wurzelnematoden Phazelie als Gründüngung meiden
» Bodenleben als Gegenspieler fördern und mit organischer Substanz füttern
» Boden kalken (pH-Wert-Erhöhung)
» wenig beregnen und Pflanzenentwicklung fördern
» befallene Pflanzen inklusive anhaftender Erde entfernen – Vorsicht: nicht auf den Kompost!
» Karotten nicht am selben Platz wieder anbauen
» Beikräuter als mögliche Wirte entfernen
» Neem-Presskuchen in den Boden einarbeiten (Dünge- und Schutzeffekt)
» Chitin in den Boden einarbeiten

» Warmwasserbehandlung für befallenes Pflanzgut (Pflanzen für 3 Stunden bei konstant 45 °C baden, was aber ohne Thermometer und Engelsgeduld schwierig zu handhaben ist).

MISCHKULTUR:

Tagetes (*T.patula* und *T.erecta*) – wirken hemmend v.a. bei Wurzelnematoden-Arten (locken aber Schnecken an); Ringelblumen

MASSNAHMEN, WENN ZU VIEL:

Nützlinge fördern:
räuberische Pilze und Bakterien (Bodenleben erhöhen durch Kompostgaben)

Zaubertränke (Brühen & Jauchen):
Rainfarnbrühe, -tee

Tipp: Wurzelnematoden mögen warme, feuchte und leichte bis mittlere Böden und treten oft in Herden auf. Stängelnematoden hingegen lieben meist schwere Böden. Wenn der Fruchtwechsel eingehalten wird, sind Schäden durch Nematoden im Hausgarten eher selten.

BESONDERHEIT:

Es gibt nützliche und schädliche Nematoden. Die nützlichen werden oft wirkungsvoll zur Eindämmung von unterschiedlichen Schadinsekten eingesetzt. Sie werden in trockenem Zustand geliefert und fangen nach Feuchtigkeitszugabe, unter dem Mikroskop gut zu sehen, wie wild zu wuseln an.

Schädliche Nematoden findet man übrigens in jedem Boden. Schaden entsteht wie immer nur, wenn die Bedingungen für den Schädling optimal werden, z.B. bei Monokulturen oder fehlendem Fruchtwechsel.

Die Pflanzung von Tagetes, auch Studentenblume genannt, ist eine altbewährte Methode gegen Wurzelnematoden.

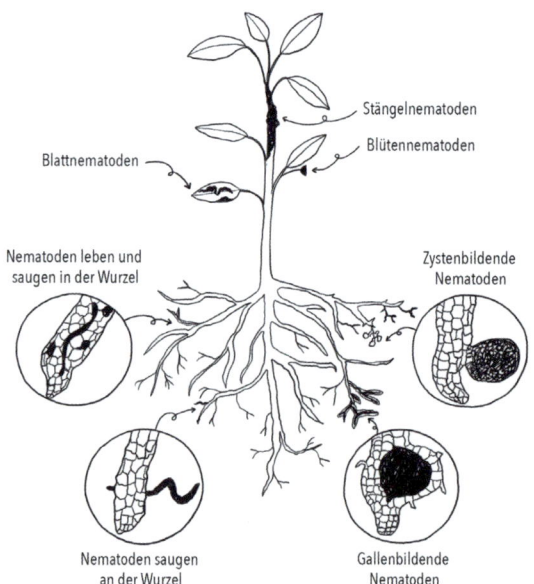

Stängelnematoden

Blütennematoden

Blattnematoden

Nematoden leben und saugen in der Wurzel

Zystenbildende Nematoden

Nematoden saugen an der Wurzel

Gallenbildende Nematoden

Nützliche und lästige Gäste: Ameisen

Bei einer aufmerksamen Safari durch das Gemüsebeet wird man immer wieder auf Tiere stoßen, die einfach da sind, ohne uns erkennbar zu nutzen oder dem Gemüse zu schaden. Eine Amsel, die in den Tomaten singt, eine Fliege, die glücklich ein Vogelhäufchen besaugt, eine Ameise, die sich mit einem (für sie viel zu schweren) Käferbein aufmacht. Ein friedliches Gewusel im Garten. Zum richtigen Lästling werden Tiere, wenn sie in größerer Zahl das Beet stürmen und vielleicht auch noch beißen, zwicken oder stechen können. Wenn 100 Nasenbären die Tomaten bevölkern, bleibt nicht mehr viel über, kommt aber zum Glück nur selten vor. Hunderte von Ameisen, Wespen oder Feuerwanzen sind jedoch eher möglich. Gerade die Hautflügler, wie Wespen oder Ameisen, können zudem sehr wehrhaft sein. Beide können beißen, zwicken, zum Teil auch stechen und Ameisen haben noch einen Säureangriff abschussbereit auf Lager. Auf gesunder Haut macht die Säure kaum Probleme, in eine Wunde oder ins Auge gespritzt kann das schon richtig wehtun.

Tausende auf der Bank haben ... wer träumt nicht davon? Ein Nest der Roten Waldameise kann aus mehreren Hunderttausend bis 2 Millionen Tieren bestehen.

Die Nützlingsleistung von **Ameisen** ist in jedem Fall höher zu bewerten als ihre Erwerbstätigkeit als Läusebauern. Ja, sie hüten Läuse, überwintern sie, bringen sie auf andere Pflanzen. Aber sie füttern ihre Larven auch mit Raupen und anderem gemüseschädlichen Getier. Das macht sie zu hervorragenden Freunden im Gemüsebeet. Und ihre Anwesenheit kann auch versteckten Lausbefall (etwa an Wurzeln) aufzeigen.

Die Gelbe Wiesenameise ist gelb, in der Wiese und eine Ameise, die oft Wurzellausbefall anzeigt.

Skurriles und Wunderbares

Kiss my ant, mate! It tastes like lemon.
Ameisen können bis zum 50-fachen ihres Körpergewichts tragen, also die Frauen. Männerameisen tragen nichts, außer Spermien. Die Arbeiterinnen kommunizieren über Duftstoffe, die sie ständig abgeben – fast wie ein permanentes Quasseln. Manche Ameisen versklaven andere Ameisenvölker oder greifen sie an. Und noch mehr Fakten: Ameisen gibt es seit 130 Millionen Jahren und sie haben die Eiszeit überlebt. Die stinknormale Schwarze Wegameise lebt sogar länger als dein Hund (etwa 15 Jahre, die Königin schafft 30 Jahre). Der Hintern der australischen Grünen Ameise schmeckt nach Limette und andere riechen nach verfaulter Kokosnuss. Große Unterschiede also. Und eigentlich ganz interessant, die kleinen Tierchen.
Die meisten Ameisenarten haben eine Königin, die Eier legt. Aus befruchteten Eiern werden Arbeiterinnen und Königinnen und aus unbefruchteten Eiern schlüpfen Männchen. Oft gibt es einen Hochzeitsflug, das heißt Männchen und zukünftige Königinnen schwärmen aus, paaren sich (in der Luft, manchmal auch noch im Nest) und die frisch begatteten Königinnen suchen dann neue Gebiete aus, in denen sie sich niederlassen.

Ihre abgöttische Liebe zu Süßem, also auch Läusekot, ist dadurch bedingt, dass sie Zucker als Treibstoff für sich selbst benötigen. Das Zernagen toter Tiere und Raubzüge auf Insekten und andere Eiweißquellen ist durch ihre hungrige Brut verursacht. Die Larven werden nämlich mit Eiweiß gefüttert.
Und noch eine letzte Anmerkung zu den oben genannten, nicht minder lästigen Wespen und Feuerwanzen. Letztere saugen tote Insekten aus und ernähren sich hauptsächlich von Linden- oder Malvensamen. Wenn sie das nicht tun, haben sie permanent Sex, ganz wanzentypisch in entgegengesetzte Richtungen blickend. Die Wespen – nerven zwar auch tierisch, besonders an einem sonnigen Tag und einem gemütlichen Mittagessen im Freien – sind hingegen die besten Nützlinge im Gemüsebeet. Mehr erfährst du im Nützlingskapitel auf Seite 114.

Überall, wo Tiere Honigtau ausscheiden, sind Ameisen nicht weit. Und überall, wo Ameisen an Gemüse sind, finden sich meist Wurzelläuse oder andere Läuse. Selbst im Boden bewacht diese Schwarze Wiesenameise die Wurzellaus-Brut.

Wie die Ameisen kein Schädling, sondern Lästling: Feuerwanzen saugen lediglich Samen von Malvengewächsen, z.B. Malven oder Linden, und ab und zu auch ein totes Tier aus.

AMEISEN
(FORMICIDEA)

... sind vor allem **Nützlinge** und Gesundheitspolizei im Garten!

» helfen Samen zu verbreiten, z.B. beim Bärlauch oder Krokus
» vertilgen Eier, Raupen und Larven der Gemüse-schädlinge
» schleppen tote Insekten weg
» verhindern Massenvermehrung von Schädlingen

... können aber auch zu richtigen Lästlingen werden, wenn sie:

» Blattläuse vor ihren Feinden schützen und Marien-käfer und Co. in die Flucht schlagen
» Läuse auf Pflanzen tragen und verbreiten
» Wurzelläuse züchten und beschützen
» bepflanzte Töpfe besiedeln und dadurch die Pflanzen schädigen
» Plattenwege unterhöhlen und einfach zu viele im Gemüsebeet werden
» den Wurzelhals von Pflanzen und vorgeschädigte Früchte anknabbern

••••••••••••••••••••••••••••••••••••••

MEIN LOOK:
Stadien: Ei – Larve – Puppe – Erwachsene; die weißen vermeintlichen „Eier", die du bei Ameisenansammlungen findest, sind in Wirklichkeit Larven oder Puppen; Königin überwintert meist und gründet einen neuen Staat; sobald die erste Brut übernimmt, legt sie nur mehr Eier; sind vom Schlupf an auf bestimmte Aufgaben spezialisiert; für den Garten relevante Ameisen:

Wiesenameise, Gelbe Wegameise (*Lasius flavus*): gelblich, gerne bei Wurzelläusen, mag Feuchtigkeit

Schwarze Wegameise (*Lasius niger*): häufigste Gartenameise, mattschwarz, baut Nester in der Erde bei Pflanzen, unter Platten, nagt teilweise Wurzelhals von Jungpflanzen an, liebt sonnige und trockene Stellen

Rote Knotenameise (*Myrmica rubra*): räuberische Ameise; frisst Eier, Larven und Puppen sowie kleinere Insekten; kann stechen

••••••••••••••••••••••••••••••••••••••

HÄUFIG ANZUTREFFEN BEI:
Läusen. Ameisen sammeln die zuckerhaltigen Ausscheidungen der Läuse (Honigtau); durch Beklopfen der Läuse, was auch „Betrillern" oder „Melken" genannt wird, motivieren sie diese, die begehrten Tropfen am Hinterleib rauszupressen; verteidigen ihre „Viehherden" energisch gegen Feinde (Nützlinge), was zu einer starken Vermehrung der Läuse und zur Schädigung der Pflanze führen kann; indirekt helfen sie so Krankheiten und Virosen zu übertragen

••••••••••••••••••••••••••••••••••••••

ZU VERWECHSELN MIT:
Schäden durch Wurzelläuse und Blattläuse werden oft mit anderen Erkrankungen verwechselt oder erst erkannt, wenn die Pflanze schon großen Schaden davongetragen hat – daher: Wenn du besonders viele Ameisen auf einer Pflanze oder im Wurzelbereich entdeckst, ist schnelles Handeln angesagt.

••••••••••••••••••••••••••••••••••••••

VORBEUGUNG:
» Umsiedeln: Tontopf mit Erde oder ungeliebter Pflanze ins Gemüsebeet zu den Ameisen stellen; leicht in die Erde drücken und abwarten, bis der Topf besiedelt wird; Abtransport der Ameisen im Topf zu einer anderen Stelle, wo sie nicht nerven
» Stören durch häufiges Hacken und durchdringendes Wässern
» Algenkalk stäuben

MASSNAHMEN, WENN ZU VIEL:

Nützlinge fördern:

räuberische Insekten, Vögel, Spitzmäuse

Zaubertränke (Brühen & Jauchen):

» Pflanzendüfte als Tee oder Jauche zum Stören: Thymian, Majoran, Wermut oder Eiche

» Streuen oder Sprühen von Duftstoffen wie Lavendel, Pfefferminze, Eukalyptus oder Essig

• •

BESONDERHEIT:

Im Handel werden Streu- und Gießmittel gegen Ameisen mit insektiziden Wirkstoffen angeboten. Finger weg davon! Diese Mittel sind auf Zuckerbasis und locken auch Bienen an, die dann ebenfalls verenden. Besser geschlossene Köderboxen mit dem Wirkstoff Spinosad verwenden oder Diatomeenerde streuen, die die Bienen nicht gefährden. Köderboxen dürfen laut Gesetz allerdings nur auf Terrassen oder im Haus verwendet werden und nicht im Gemüsebeet!

Tipp: Ameisen kommunizieren u.a. über Duftstoffe (Pheromone) und markieren so ihre Ameisenstraßen. Vorhandene Straßen mit einem anderen Duft unterbrechen, das verwirrt die Ameisen und hilft kurzfristig.

Kids first! Wenn Ameisenbauten gestört werden, dann retten die Ameisen zuerst ihre Kinder. Hier werden die Puppen gerettet, manchmal sind es auch die Larven; Ameiseneier sind übrigens nur so groß wie ein Salzkörnchen.

„Ameise" und „emsig" haben die gleiche Wortherkunft. Und Ameisen machen immer emsig sauber. Hier wird ein abgestürzter Junikäfer von Ameisen zerlegt und abtransportiert.

Niemals, nie, nicht, never ever Ameisenstreu- und Gießmittel mit insektiziden Wirkstoffen verwenden. Das hilft fast nichts, aber gefährdet andere Tiere wie Bienen oder Schmetterlinge.

BOOST IT UP! DAS IMMUNSYSTEM DER PFLANZEN

Pflanzen sind wehrlos und stehen nur doof rum? Wer schon mal in einen Rosenbusch, in Brennnesseln oder gar Kakteen gefallen ist, weiß: Das tut ganz schön weh. Und wer unbekannte Pflanzen isst, der kann sich glücklich schätzen, wenn die enthaltenen Inhaltsstoffe wie Alkaloide, Triterpene oder Glykoside (nur) eine berauschende Wirkung haben und nicht gleich tödlich sind. Also nein, Pflanzen sind nicht wehrlos. Ein ausgeklügeltes System hält Fressfeinde und Krankheiten fern oder begrenzt sie zumindest.

zunehmen und nicht daran zu sterben, sie sind also quasi immun dagegen. Und dadurch auch vor Fressfeinden geschützt. Bei vielen Schädlingen wie dem Tabakschwärmer oder der Mehligen Kohlblattlaus funktioniert das wunderbar. Die meisten anderen jedoch meiden diese ungenießbaren Pflanzen.

Traumhaft, wenn im Waldviertel die Schlafmohnfelder blühen. Zur Mohnproduktion natürlich! Das Opium in der Mohnpflanze ist eigentlich dazu gedacht, Insekten zur ewigen Ruhe zu bringen.

Zugegeben: Manche der von der Pflanze gebildeten, auch als sekundäre Pflanzenstoffe bezeichnete Substanzen, sind für uns gesund oder angenehm. Die Glucosinolate im Kohl schmecken und helfen uns gegen Krankheiten. Und Koffein, Cannabinole oder Nikotin sind die beliebtesten Drogen der Menschen und werden auch deswegen großflächig angebaut. Insekten und Milben sind aber viel kleiner und haben mit den gebildeten Abwehrsubstanzen schon ihre liebe Mühe. Und so haben einige Beißer und Sauger den Trick angewendet, die giftigen Substanzen der Pflanzen auf-

Viele fiese kleine Stacheln – die Waffen einer Esels-Distel.

Vollgepumpt mit giftigem Solanin aus Kartoffelblättern ist der Kartoffelkäfer vor vielen Fressfeinden sicher.

Um sich an den Abwehrstoffen nicht selbst zu vergiften, greifen Pflanzen übrigens zu einem super Trick: Sie binden die giftige Substanz chemisch an einen Zucker – dieser neue Stoff ist völlig ungiftig. Beißt jetzt ein Tier rein, dann spaltet sich dieser Stoff entweder durch den Luftsauerstoff oder durch Enzyme – der Kampfstoff wird jetzt freigesetzt. Deshalb riechen unbeschädigte Meerrettichwurzeln (Kren) gar nicht scharf, nur etwas muffig, und erst beim Reiben kommt Sauerstoff hinzu und Leben in die Bude: Der Abwehrstoff dampft sich frei und lässt uns mit tränenden Augen und tropfenden Nasen zurück.

Scharfer Abwehrstoff der Meerrettichpflanze – in der Wurzel liegt die meiste Kraft der Schärfe. Die Blätter schmecken weniger scharf und können als Gemüse verwendet werden.

Leider machen wir es den Gemüsefressern leicht, da wir den Pflanzen ihre oft bitter oder scharf schmeckende Substanzen wegzüchten oder die Pflanzen sich an ihrem Standort nicht wohlfühlen und dadurch keine Reserven haben ausreichend Abwehrstoffe zu bilden. Beides führt zu geschwächten Pflanzen, die fast wehrlos den Tieren und Krankheiten ausgesetzt sind. Schnecken würden nie wilden Salat essen, denn dessen Ursprungspflanze, der Stachel-Lattich (*Lactuca serriola*), enthält gallebitteren Milchsaft und hat fiese Stacheln. Der gezüchtete Softie aber schmeckt bis zur letzten Blattrippe.

Der Name Salicylsäure leitet sich von der Weide, *Salix*, ab. Dieser Stoff spielt eine wichtige Rolle in der Immunabwehr vieler Pflanzen. Wird Weidenrindentee gespritzt, fährt die Pflanze ihre Abwehrkraft nach oben und ist geschützt.

Das Nutzen alter Sorten und die Pflege des Bodens sind also wichtige Grundvoraussetzungen für starke, gesunde und unbenagte Pflanzen. Und dann gibt es noch einen Trick: Bestimmte natürliche Substanzen, z.B. Fettsäuren, Salicylsäure, Chitine und viele Pflanzenextrakte (siehe Zaubertränke Seite 172) wirken wie ein Immun-Booster auf die Pflanzen. Fachleute sprechen von Elicitorenwirkung, was einfach gesagt dem Auslösen einer Abwehrreaktion entspricht. Werden Pflanzen mit solchen Elicitoren eingenebelt, dann fahren sie ihre Immunabwehr auf Anschlag. Diese ausgelöste Resistenz finden Insekten und Milben gar nicht gut.

Stoffe mit dieser Elicitorenwirkung heißen Pflanzenstärkungsmittel bzw. Pflanzenhilfsmittel und werden beide mittlerweile unter dem Begriff Biostimulanz geführt – so will es eine EU-Verordnung. Das ist moderner Pflanzenschutz: Nicht den Tieren etwas Böses, sondern dem Gemüse etwas Gutes tun! Apropos Pflanzenschutz: Immer mehr zugelassene natürliche Pflanzenschutzwirkstoffe wirken genau so wie gerade beschrieben. Und zugelassen wird nur, was in vielen Tests auch wirklich hilft.

Kleine Auswahl an fix-fertigen Pflanzenstärkungs- und Pflanzenhilfsmitteln. Der Markt ist riesengroß.

Zusätzlich zu Dornen, Lederhaut, Kampfgasen und Giftnadeln nutzen Pflanzen andere Lebewesen, um sich gesund zu halten. Ein externes Immunsystem sozusagen. Um einen mikrobiellen Wurzelschutz zu erhalten, füttern Pflanzen ihre Bakterien und Pilze mit bis zu 40 % ihres gesamten Zuckers. Fast die Hälfte des aufwändig produzierten Süßstoffs wird in den Boden abgegeben. Der Bakterien-Pilz-Wurzelschild hält dann Angreifer von unten fern. Und wenn oben eine Raupe beißt, ein Läuslein saugt oder eine Miniermade sich einbohrt, erkennt die Pflanze am Speichel der Tiere, was sich da satt fressen will. Sie lässt dann gezielt Duftstoffe frei, um damit ausgewählte Nützlinge herbeizulocken – die bringen dann den Pflanzenfresser über den Jordan. Ein Wahnsinn, was die Natur alles kann!

Und der wird noch getoppt: Pflanzen kommunizieren miteinander und teilen sich untereinander mit, wenn z.B. Wassermangel herrscht oder Raupen fressen. Sie tun das über ein Pilzfaden-Netzwerk oder durch abgegebene Gerüche, die die anderen Pflanzen „riechen" können.

Pflanzen unterstützen sich also untereinander, aber sie konkurrieren auch. In der Mischkultur machen wir uns einige dieser Mechanismen zunutze, indem wir Pflanzen nebeneinander setzen, die sich durch ihren Duft oder durch die Wurzelausscheidungen positiv beeinflussen. Das wohl bekannteste Beispiel ist die Karotten-Zwiebel- oder Karotten-Lauch-Koalition (S. 171). All dieses Wissen verdanken wir vergangenen Generationen, die ihre Pflanzen noch genau beobachteten und positive wie negative Nachbarschaften erkannt haben.

Mit dem Einsatz von Gründüngungspflanzen fütterst und pflegst du auch das Bodenleben und bringst so indirekt die Abwehr auf Trab.

Die eine hilft der anderen Pflanze: Gemeinsam sind wir stärker.

Nicht nur den Pflanzen geht es gut: Blatt auf dem Kopf, Blume hinterm Ohr und ganz viel Gemüse im Hut.

WITH A LITTLE HELP FROM MY FRIENDS: NÜTZLINGE IM GEMÜSEGARTEN

Nützlinge sorgen für die richtige Balance in deinem Gemüsegarten.

Wir sprechen immer über Schädlinge und Nützlinge, Gut und Böse, versuchen unsere Welt klar abzugrenzen, um sie zu verstehen ... dadurch übersehen wir aber allzu oft die wesentlichen Zusammenhänge. Wie bei den Raupen: Wir lieben Schmetterlinge, wollen aber keine Raupen auf unseren geliebten Pflanzen, schon gar nicht, wenn sie daran herumkauen. Aber: Die Jungtiere brauchen eben Futter. Wir freuen uns tierisch, wenn uns ein wunderschöner Kohlweißling mit seinen schwarzen Punkten um die Nase flattert. Doch was wird er wohl in deinem Gemüsebeet suchen? Richtig, Eiablageplätze. Und seine Raupen können ganz schön lästig werden. Aber eben nur, wenn sie zu viele werden. Und hier kommen unsere Freunde ins Spiel: die Widersacher.

Was können wir also tun, um sie in unseren Gemüsegärten anzusiedeln, ohne dass wir einen Megaaufwand betreiben müssen? Eigentlich total einfach: Wir müssen nur weniger tun. Und manches einfach mal (zu-)lassen: Wildwuchs, Steinhaufen, Gehölzdickichte, Laub oder Pflanzenstängel bis ins

Frühjahr stehen lassen. Für uns passiert gefühlt recht wenig, für die Tierwelt dafür umso mehr: Insekten überwintern an Ästen als kleine Eier, Raupen oder Puppen, Wildbienen in Pflanzenstängeln und unser Schneckenschreck, die Larve des Glühwürmchens, im Laub. Der hübsche Aurorafalter benötigt für seine Puppe verdorrte Pflanzen. Gut über den Winter gebracht helfen uns unsere kleinen Freunde alsbald, ein Gleichgewicht im Beet herzustellen. Übrigens: Wilde Ecken sind immer die spannendsten Lebensräume im Garten. Frag am besten die Kinder ... oder den Laufkäfer.

Vielfalt ist ein dichtes Netzwerk, das die Pflanzen vor massenhaft Schädlingsbefall schützt. Wenn dieses Netz nur aus wenigen Arten gebildet wird, gibt es Lücken und ein bestimmtes Tier kann sich dann eben explosionsartig vermehren. Logisch, simpel, seit Millionen von Jahren erprobt. Stellen wir Lebensräume zur Verfügung und lassen wir das Tier-Netzwerk werkeln.

Bodenorganismen: 40 000 unsichtbare Helfer kurz erklärt

Wir sind nie allein! Unser kompletter Körper ist mit Mikroorganismen durchsetzt, besonders Darm, Lunge, Nase und Haut. Und ohne dieses (Biom genannte) Mikrogewusel könnten wir nicht existieren. Unsere Verdauung würde zusammenbrechen, Vitamine könnten nicht synthetisiert werden, wir würden von Hautpilzen und echt bösen Bakterien befallen. Niemand ist allein. Jedes Leben ist vernetzt mit anderen Lebewesen und das seit Millionen von Jahren. Je mehr Vielfalt wir an und in uns tragen, desto gesünder sind wir. Fehlen bestimmte Arten, können wir krank werden oder Parasiten nisten sich ein. Und genauso ist das bei Pflanzen. Deren „Darm" sind der Boden und die Wurzeln, also die am stärksten besiedelten Organe. Auch auf den Blättern und sogar *in* der Pflanze wimmelt es vor Pilzen und Bakterien. Diese halten die Pflanze gesund, sichern ihre Ernährung und sind für die Kommunikation (S. 112) untereinander notwendig.

Die meisten Arten kommen im Boden vor und besiedeln die Pflanze von der Wurzel aus. Der Boden ist als riesiger unbekannter Organismus zu sehen, der gesund bleiben und wachsen muss (Humusaufbau), um auch unsere Pflanzen gesund zu halten und unsere Ernährung sichern zu können. Wenn sich ein menschlicher Hintern auf den Boden setzt, zerquetscht dieser etwa 2,5 Billionen Mikroorganismen unter sich. Der Boden ist der belebteste Lebensraum der Erde. Und auch die Vielfalt ist im Untergrund am größten, denn etwa 8 000 bis 40 000 verschiedene Arten finden sich hier, je nach Boden. Selbst *in* Steinen leben Mikroorganismen und teilen sich nur alle paar hundert Jahre. Bakterien und Pilze besiedeln die Wurzel und lassen keine hinterlistigen Keime durch. Und sie liefern Nährstoffe, die die Pflanze selbst nicht aufnehmen könnte, vor allem Phosphor.

Viele winzige Tiere ergänzen das Netzwerk aus Bakterien, Algen, Pilzen und guten Viren. Nematoden, Amöben, Flagellaten (Geißeltierchen), Wimperntierchen und Wur-

Viele Springschwänze, guter Kompost für deinen Boden.

Die Garten-Bänderschnecke ist kein Schädling, sondern frisst meistens tote Pflanzen oder raspelt Algen und Flechten von Gehölzen.

zelfüßler bilden die Mikrofauna des Bodens. Milben und Springschwänze sind schon etwas größere Tiere. Asseln, Tausendfüßler, Erdhummeln sind noch größer und Maulwürfe sowie Wühlmäuse sind die Wale des Bodens.

Dieses Netzwerk hält sich wunderbar im Gleichgewicht. Fressen, gefressen werden, Nachlieferung von Rohstoffen, Aufbereitung von Nahrung für die Pflanzen, die dann wiederum Nahrung liefern. Vor allem Zucker wird aus den Wurzeln abgegeben, was vielen Mikros herrlich schmeckt. Dieses System ist die Grundlage unserer Existenz!

Gut getarnte Spinne im Komposthaufen, ein oft unterschätzter Nützling.

Regenwürmer sind wichtige Bodenverbesserer: Pro Hektar leben 3 Tonnen Würmer, die 600 Tonnen Kot produzieren, den Boden aufbereiten und durchmischen, Krankheiten reduzieren und noch so einiges mehr draufhaben.

Steinläufer sind Jäger mit giftgefüllten Beißzangen (Neurotoxine) und der Horror für Wurzelläuse und andere Vielfraße im Gemüsebeet.

PLASTIC WORLD: PLASTIK IM BODEN, IN DEN PFLANZEN, IN UNS

Diese extrem dünne, empfindliche braune Schicht, die uns alle ernährt: unser Boden. Und was machen wir? Wir treten ihn buchstäblich mit Füßen, gehen mit dem nutzbaren Boden um, als könnten wir einfach einen neuen kaufen, wenn der alte verbraucht ist. Neben Erosion, Vergiftung, Versalzung, Versiegelung und extremer Verdichtung durch Maschinen, scheint Plastik ein Riesenproblem zu werden.

Fast unbeachtet von der Wissenschaft, die vor allem aquatische Systeme wie Meere oder Seen erforscht, hat sich auch im Boden eine Menge an Plastik angesammelt. Kleine Teile dieses Plastikmülls, Mikroplastikpartikel, werden z.B. von Regenwürmern in den Körper aufgenommen und in tiefere Schichten verbracht. Es wird also großflächig im Boden verteilt. Dort zerfällt es zu den noch kleineren Nanoplastik-Teilchen und jetzt wird es richtig ungut. Diese Teilchen können von Pflanzen aufgenommen werden, die wir dann wiederum essen. Salat und Karotte/Möhre waren die Versuchspflanzen Berliner Forscher, die auch Wachstumsstörungen der Pflanzen beobachteten, wenn Nanoplastik im Spiel war. Dieses hat wiederum völlig andere Eigenschaften als normale kleine Plastikkrümel: Es kann beispielsweise durch Zellmembrane durchgehen, also in die Zelle eindringen. Man ist sich noch nicht ganz sicher, was diese Teilchen, wenn wir sie über die Nahrung aufnehmen, mit unserem Körper machen; im Boden sorgen sie in jedem Fall für eine Verschiebung des Artenspektrums der Mikroorganismen. Das allein kann dramatische Folgen für die Fruchtbarkeit der Böden haben.

Weg also mit all dem Plastik im Garten, Finger weg von lackierten Gartengeräten, Plastikzäunen, Schnüren, Etiketten, Töpfen, Stangen, Rankhilfen, Anbindungen ... die Liste ist endlos! Und dann hört man auch noch von viel Mikro- und Nanoplastik in der Luft. Weniger Autofahren bringt übrigens immer viel. Rund 30 % des gesamten Mikroplastiks kommt von Autoreifen.

Die Zukunft gehört den abbaubaren Produkten: durchwurzelbare Töpfe aus Altpapier, Holzfaser oder auch aus Sonnenblumenkernschalen. Mach mit und stopp den Plastikwahn!

Dicke Engerlinge mit kurzen Beinen im Beet oder Kompost? Das sind nützliche Rosenkäferlarven, die wichtigsten Holzzersetzer im Kompost.

Bekannte Arten	1%
Kann nur im Boden überleben	99%
Was wissen wir?	fast 0

NAME: Bodenleben *(Edaphon)* besteht aus Viren und Viroiden, Bakterien, Pilzen, Algen und sehr kleinen Tieren.

ÄUSSERE ERSCHEINUNG: Gut belebter Boden ist feinkrümelig und riecht gut. Regenwurmröhren, vertikal bis in die Tiefe und auch horizontal, sorgen für leichte Wurzelausbildung der Pflanzen. Wenn kleine rote Milben vorbeikriechen, Springschwänze aufgeregt hüpfen und Tausendfüßler panisch fliehen, dann sieht das schon richtig gut aus.

ERNÄHRUNG: Ausschließlich Naturdünger füttern! Kunstdünger, Pestizide und starkes Umgraben schädigt das Bodenleben am stärksten.
Mulchschichten erhalten das Bodenleben, wenn mal nichts wächst. Aufbringen von Kompost oder Kompost-Tee bringt Leben in die Bude. Mischkultur und Fruchtfolge sind das Must-have im Gemüsebeet, da

sich Pflanzen so gegenseitig unterstützen und fördern können. Und denk immer daran: Wir leihen uns das Stück Beet von der Natur aus, wir rauben es nicht.

Das System Bodenleben funktioniert nur in Gemeinschaft und mit lebenden Pflanzenwurzeln. Je weiter weg von einer Pflanzenwurzel, desto weniger Mikroorganismen werden sich finden – da passiert dann auch nicht mehr viel. Kein Umbau, kein Abbau, kein Aufbau. Daher: Wurzeln wurzeln lassen. Und in Anbaupausen eine Gründüngung aussäen.

Links ohne, rechts mit Kompost angereicherter Boden: Pilze und Bakterien verkleben Bodenteilchen miteinander, der Boden wird fruchtbarer und feinkrümeliger.

Unbelebter, verdichteter und humusfreier Boden. Wer will hier schon leben?

Durch Gründüngung und Kompostgaben belebter Boden. Bodentiere und Mikroorgansimen freuen sich und halten unsere Pflanzen gesund!

BODENLEBEWESEN ANLOCKEN UND ÜBERZEUGEN ZU BLEIBEN:

» Organisches Material als Futter anbieten: Bio-Dünger, Kompost, Kompost-Tee, Laub, Mulch, Gründüngung, Ernteresete.

» Auch oberirdisch keine Gifte: gelangen immer in den Boden.

» Auf Plastik im Garten verzichten: abbaubare Materialien verwenden. Mikroplastik verändert das Bodenleben!

» Sanftes Lockern mit der Grabgabel: Unterschiedliche Bodenschichten und deren Bewohner nicht durcheinanderbringen.

» Fruchtwechsel einhalten.

» Boden immer, aber wirklich immer bedeckt halten.

» Mischkultur und Permakultur anwenden.

» Folien und Unkrautvliese vermeiden.

» Durchdringend, dafür weniger oft gießen: Tiefere Schichten werden so besser versorgt und die Wurzeln werden angeregt, nach unten zu wachsen.

» Folien und Unkrautvlies aus Kunststoffen vermeiden

Gründüngung aus Buchweizen, der Bienenweide *Phacelia* und dem Inkarnatklee. Es geht nicht immer um Düngung, sondern auch darum, dass der Boden bewachsen ist. Mehr Bodenleben, weniger Verdichtungen und weniger Beikraut.

Wo nichts wachsen soll, am besten mulchen: Gut für das Bodenleben, schlecht für Beikräuter.

Mikroorganismen in den oberen Schichten lieben Licht und Sauerstoff, die in den unteren mögen's lieber dunkel. Heftiges Umgraben lässt beide gleichermaßen absterben. Deshalb am besten ...

... bodenschonend lockern, ohne umzugraben, mit der Bodenkralle (Kultivator) oder der Grabgabel.

Raubmilben: rote Birnen auf acht Beinen

Für einen Quickie ungeeignet

Die Raubmilbe (*Typhlodromus pyri*), die gerne auf Obst- und Weingehölzern, aber auch im Gemüsegarten auf Spinnmilbenjagd geht, lebt etwa 25 bis 30 Tage. Einen großen Teil ihrer Lebenszeit verbringt sie wohl mit Sex, der außergewöhnlich lange dauert. Sieben bis acht Stunden dauert die Kopulation und eine einmalige reicht zur Befruchtung meist nicht aus. Deshalb also nochmal acht Stunden, und vielleicht nochmal ... Wann bitte hat dieses Tier noch Zeit, ein Nützling zu sein?

Raubmilben sind viel aktiver und mobiler als Schadmilben. Wenn sie z.B. mit Schmierseife besprüht werden, putzen sie sich einfach ab. Für Spinnmilben ist dieses Pflanzenschutzmittel die Hölle, für die Raubmilben lediglich eine Dusche, die sie schön säubert. Wohl deshalb gilt Schmierseife als nicht raubmilbenschädigend.

Ebenfalls rot, ebenfalls Milbe und ebenfalls nützlich sind die Roten Samtmilben (*Trombidium holosericeum*). Auf dem Erdboden und auf Pflanzen trödeln sie gerne rum auf der Suche nach Insekteneiern oder einem Schmetterling, an den sie sich anhängen und im Flug dann parasitisch anzapfen können. Die Zecke der Falter sozusagen. Uns kann die Samtmilbe nichts tun.

Schmierseifeneinsatz: Auch und gerade die Unterseite muss bei Spinnmilben mitbehandelt werden.

Die Rote Samtmilbe ist eine auffällige rote Milbe, die gerne auf der Erde wandelt und nützlich für uns ist.

Die Raubmilbe im Porträt

legt Eier pro Tag	3
legt Eier pro Leben	50
gefressene Spinnmilben/Tag	5
gefressene Spinnmilben-Eier/ Tag	20

NAME: mehrere Tausend Arten sind bekannt, häufig sind z.B. *Typhlodromus pyri* oder *Amblyseius*-Arten; deutsche Namen fehlen

AUSSEHEN: Die meisten Raubmilben sind unter einem Millimeter groß, birnenförmig, gelblich oder rötlich und viel schneller als Spinnmilben. Sie irrlichtern aberwitzig über die Blätter. Das Weibchen legt 20–50 Stück 0,1 mm große Eier ab.

LIEBLINGSFRESSEN: Am liebsten verspeisen sie Milben und deren Eier, aber auch Thripse und junge Blattläuse. Eier jeder Art und kleinere Insekten stehen auch auf ihrem Speiseplan. Ist nichts zum Rauben auf der Pflanze, dann geht's in den Boden. Mull- und Modermilben, die im Boden leben, sind ein guter Ersatz, notfalls auch Blütenpollen. Käufliche Raubmilben können ebenso speziell gegen Thripse und Weiße Fliegen (*Amblyseius limonicus*) oder Trauermücken (*Macrocheles robustulus*) eingesetzt werden. Meist reichen 5 Milben/m² und etwa eine Raubmilbe pro 2 Blätter, um Spinnmilben in Schach zu halten.

RAUBMILBEN ANLOCKEN UND ÜBERZEUGEN ZU BLEIBEN

» Leg am besten einen abgeschnittenen dicken, alten Bio-Obstbaum-Ast oder frische Zweige eines Altbaums ins Beet. Das hat zwar nicht jede*r, aber so ginge es schneller, weil sich auf dem Ast hunderte Raubmilben tummeln können.

» Morschendes Holz, Totholzhaufen, Wildsträucher und alte Weinstöcke in der Nähe des Gemüses sind feine Plätze für Raubmilben.

» Ist der Boden gut belebt und beherbergt auch viele bodenbewohnende Milben, hast du gute Chancen, dass sie bei dir ein neues Zuhause finden.

» Heimische Raubmilben halten bis zu -30 °C in Verstecken, z.B. auf altem Holz, aus. Wenn Strukturen zum Überwintern da sind (z.B. rissiges Holz), bleiben sie gerne.

» Eventuell nützt auch eine Bodenbegrünung (Gründüngung) zur Förderung und Überwinterung der Raubmilben, aber das wird gerade noch erforscht. Gründüngung ist ohnehin immer nützlich.

» Raubmilben überleben Schmierseifen-Einsätze ganz gut; Neem (Azadirachtin) und Rapsöl mögen sie schon weniger und Schwefel bringt fast alle Milbenarten um.

Rot, schnell, birnenförmig und hungrig auf Milben jeder Art und deren Eier: die Raubmilben.

Milben im Ruhestadium werden im Winter auf gefrorenen Filzstreifen aufgehängt. Sie tauen an der Pflanze auf und gehen auf die Jagd nach Spinn- und Gallmilben.

Ein Sack voll Milben! Genauer gesagt Raubmilben (*Neoseiulus cucumeris*), die gegen Thripse eingesetzt werden.

Raub- und Spinnmilben auf einem Auberginenblatt.

Ist der Boden ausreichend belebt, hast du gute Chancen, dass viele Raubmilben in deinem Garten ein neues Zuhause finden.

Schlupf- und Erz-wespen: bestechende Schönheiten

Vermutlich haben Raupen ein gutes Immunsystem: Sie saugen an vitaminreichem Bio-Gemüse und haben ausreichend Bewegung. Aber: Werden sie von parasitioden Wespen mit Eiern belegt, könnten sie diese durch ihre Abwehrstoffe zum Absterben bringen. Aber die Wespen infizieren die armen Räuplein beim Stich mit sogenannten Polydnaviren, die die Immunabwehr der Raupen lahmlegen. Richtig fies ist das.

Oft gehen die im Körper der Raupen geschlüpften Wespenlarven im ersten Larvenstadium ausschließlich auf die Jagd nach Mitbewerbern im Raupenkörper. Andere Parasitoide fressen sie gnadenlos auf.

„Blattlausmumie" heißt die von einer Schlupfwespe parasitierte Blattlaus.

Auch Schlupfwespen haben Feinde. Hier wird eine durch Schlupfwespen parasitierte Blattlaus von einem sogenannten Hyperparasiten mit ebenfalls einem Ei belegt. Die schlüpfende Larve frisst dann die Larve der Schlupfwespe.

Fast jedes Insekt hat eine auf sie spezialisierte Schlupfwespe. Hier ist eine Kohlmotte bei der Verpuppung parasitiert worden. Sichtbar nun die Puppe der Schlupfwespe.

Eier, abgelegt in Läuse/Tag	30
im ganzen Leben	500
beste Temperatur	ab 10 °C
Wespe/Larve lebt Wochen	2/2

NAME:

Es gibt sehr, sehr viele Arten von Schlupf- und Erzwespen: Kohlblattlaus-Schlupfwespe (*Diaeretiella rapae*), Kohlmottenschildlaus-Erzwespe (*Encarsia tricolor*) oder die Brackwespe *Cotesia glomerata*, auch Weißlingstöter genannt. Sie parasitieren Blattläuse, Käfer, Raupen, Minierfliegen …. Die Schlupfwespen-Art *Dacnusa sibirica* bringt Minierfliegenmaden eiskalt um.

AUSSEHEN:

Die Eier werden in die Opfertiere mit einem Legestachel abgelegt (Endoparasiten, fressen drinnen); manche Wespen legen das Ei auch nur an das Opfer (Ektoparasiten, fressen von außen). In dem armen Opfertier frisst die Wespenlarve meist zunächst die unnötigen Organe, was das Opfer sicher anders sieht. Erst gegen Ende der Larvenentwicklung wird das Wirtstier getötet. Anschließend verfärben sich die Opfer. Blattläuse kupferfarben bis schwarz, je nach Schlupfwespenart, Weiße-Fliegen-Larven schwarz und Raupen werden blass. So kann der nützliche Befall genau bestimmt werden. Die erwachsenen Tiere sind meist sehr kleine Wespen mit typischer Wespentaille oder aber wie die *Encarsia*-Arten eher moppelig. Die Farben der Tiere variieren stark, schwarz scheint aber bei den meisten en vogue zu sein.

LIEBLINGSFRESSEN:

Echte Parasiten bringen ihre Wirte selten um. Schlupf- und Erzwespen gelten deshalb als Parasitoide (dieses „oi" heißt ähnlich, oder -artig); sie töten ihre Opfer nämlich immer. Je nach Art werden Blattläuse, Raupen, Minierfliegen … von den Larven verzehrt. *Encarsia*-Erzwespen neigen dazu, auch als erwachsene Wespen Opfertiere anzuknabbern und dezimieren die Weiße Fliege somit noch mehr.

SCHLUPF- UND ERZWESPEN ANLOCKEN UND ÜBERZEUGEN ZU BLEIBEN

» Schädlinge müssen vorhanden sein, sonst kommt kein Parasitoid.
» Pflanzen erkennen den Schädling am Speichel und lassen gezielt verschiedene Duftstoffe frei, die geeignete Schlupfwespen dann anlocken.
» Viele erwachsene parasitoide Wespen leben vom Honigtau der Blattläuse, andere beißen Weiße-Fliegen-Larven an.
» Auch von Pflanzensäften als Nahrung für die Wespen wird berichtet, das spricht wieder einmal für eine wilde Mischung und ein blühendes Pflanzenparadies in den Beeten.
» Neem-Präparate (Azadirachtin) schädigen die Schlupfwespenlarven.

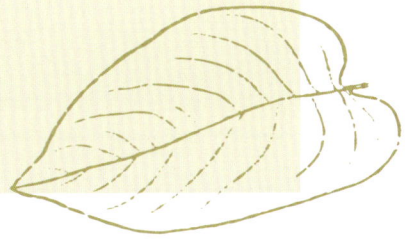

Auf dem kleinen runden Fenster am unteren Ende des Nützlingskärtchens kleben parasitierte Weiße-Fliegen-Larven. Aus diesen schlüpfen die Wespen und suchen sofort neue Opfer.

Hier werden lebende Schlupfwespen in die Gemüsekultur gebracht.

Bekämpfungs-Erfolgskontrolle: kleine, schwarze, abgestorbene Larven der Weißen Fliege, die bereits parasitiert wurden. Aus diesen „Mohnkörnchen" schlüpfen neue Erzwespen, um wieder zu parasitieren.

Schwebfliegen: Hubschrauber im Wespenlook

Wenn es eine eierlegende Wollmilchsau unter den Nutztieren im Gemüsebeet gibt, dann kommen die Schwebfliegen dem schon recht nahe. Ihre Jungen fressen Läuse aller Art sowie durchaus auch anderes Getier wie Raupen oder Blattwespen, und die Erwachsenen sind unglaublich gute Bestäuber, falls mal die Bienen fehlen.

Aber halt: Schwebfliegen (*Syrphidae*) sind eine große Familie unter den Zweiflüglern. Und wie in jeder großen Familie gibt es auch unter ihnen ein paar Verrückte und schwarze Schafe – jedenfalls bei den Larven. Einige sind eingefleischte Veganer, z.B. die Narzissenfliege. Die Punks unter den Schwebfliegenlarven, die Mistbienen, leben von Maden in Jauchegruben („Die Mistbienen" wäre ein schöner Name für eine Punkband), wieder andere besiedeln Bienen-, Wespen oder Ameisenbauten, fressen dort den Dreck und die Kinder und sehen aus wie ein kleines Spiegelei ohne Dotter.

Außerdem sind Schwebfliegen ganz fantastische Flugakrobaten: Sie können in der Luft stehen, rückwärts fliegen und sich sogar im Flug drehen. Wenn du dich mit dem Finger einer fliegenden Schwebfliege von unten vorsichtig näherst, landet sie gerne, bleibt anschließend als „wildes Haustier" minutenlang in deiner Nähe - und geht mit dir sogar spazieren. Sie lieben Hautschweiß als Mineral- und Wasserquelle.

Schwebfliegen legen die ganze Saison über kleine, längliche weiße Eier in die Nähe von Lauskolonien ab, die sie schon von weitem riechen. Schwebfliegen riechen mit den Beinen und haben demnach sechs Nasen.

Das unscheinbare kleine weiße Ei beherbergt eine große Gefahr für die Läuse.

Bonusmeilen für die Schwebfliegen!

Besonders erstaunlich: Schwebfliegen, auch die häufig vorkommende Hainschwebfliege, ziehen im Herbst, wenn es kalt wird, nach Süden. Analog zu den Zugvögeln sind sie Zuginsekten und schweben – bei Gegenwind in Bodennähe und bei Rückenwind in großer Höhe – tausende Kilometer über die Alpen oder die Pyrenäen in den warmen Süden. Im Frühling fliegen sie zurück und sind so die ersten Blattlausjäger in deinem Garten. Genau genommen fliegen nicht dieselben zurück, sondern die Enkel. Schwebfliegen leben nämlich nur einige Wochen.

Britische Wissenschaftler*innen haben ausgerechnet, dass etwa vier Milliarden Schwebfliegen (das sind 80 Tonnen) die Insel im Herbst über den Süden Englands verlassen, nachdem sie drei bis zehn Trillionen britische Blattläuse gefressen und Milliarden von Blüten bestäubt haben.

Schwebfliegenlarven bei der Arbeit. Zum Beobachten einfach auf die Blattunterseite schauen und freuen.

Durch dunkle Schleimspuren verrät sie ihre Anwesenheit – sie war da, auch wenn du sie nicht siehst: die Schwebfliegenlarve.

Sobald sie satt ist, verpuppt sie sich in kunstvolle tropfenförmige Gebilde ...

Eier pro Saison	100
Höchstgeschwindigkeit km/h	25
Entwicklungsdauer Wochen	1–2
gefressene Blattläuse/Larve	1 000

NAME:

z.B. Hainschwebfliege (*Episyrphus balteatus*), Große und Kleine Garten-Schwebfliege (*Syrphus ribesii* und *vitripennis*), und viele andere mehr

AUSSEHEN:

Die Eier der Schwebfliege sind klein, weiß und oval. Die Larven sehen wie kleine Schnecken aus, oft hübsch gemustert mit spitzem Maul. Sie hinterlassen schwarze Kotschlieren auf den Blättern. Die Puppe sieht aus wie ein brauner, manchmal grünlicher Tropfen, der auf das Blatt oder an den Stängel geklebt wurde.

Das erwachsene Insekt wird oft mit der Wespe – aufgrund ihres ähnlichen Aussehens (gelb-schwarz) – verwechselt. Aber: Nur *zwei* Flügel und mehr Speck auf den Hüften, also keine Wespentaille, unterscheidet sie tatsächlich von Wespen.

... und schlüpft dann, um als Schwebfliege dein Gemüse zu überwachen.

LIEBLINGSFRESSEN:

Erwachsene Schwebfliegen leben von Nektar und Pollen fast aller Blüten. Die Larven ernähren sich von Blattläusen, Spinnmilben, kleineren Raupen, Blattwespen und manche Arten auch von Blattkäfern. Junglarven saugen bis zu zehn Läuse am Tag aus, ältere Larven raspeln und schaben etwa 40 Blattläuse am Tag zu Tode. Um sie am Fliehen zu hindern, werden sie mit klebrigem Schleim eingespeichelt.

SCHWEBFLIEGEN ANLOCKEN UND ÜBERZEUGEN ZU BLEIBEN

» Blüten, Blüten und noch mehr Blüten, außerdem lieben sie Blumen und blühende Pflanzen (fast) jeder Art; Gelb fliegen sie gerne an.

» Beliebt sind vor allem heimische Pflanzen, bevorzugt Doldenblütler wie Kerbel, Kümmel oder das böse Beikraut Giersch, und gelb blühende Korbblütler wie Färberkamille, Löwenzahn oder auch Fenchel, Karotte ...

» breites und dauerndes Blütenangebot

» Belassen von Läusekolonien als Fressnapf

» Der Honigtau der Läuse lockt Schwebies zur Eiablage und zum Naschen an.

» Gehölzhecken zum Überwintern – auch hier vielfältig und heimisch

Lock die Schwebfliegen mit reicher Blütenauswahl in deine Beete oder lass einfach auch mal dein Gemüse blühen!

Florfliegen: stinkende Goldaugen mit good vibrations

Wenn Florfliegen in Kopulationsstimmung kommen, dann fangen sie an zu rattern. Männchen und Weibchen vibrieren sich gegenseitig an und finden bald „ihren" (Balz-)Song, der dann abwechselnd gerattert wird. Diese Vibrationsbalz hilft Zoologen dabei, verschiedene Arten und Kleinarten der Florfliege zu unterscheiden, die äußerlich komplett gleich aussehen. Erst 2018 wurde wieder eine neue Kleinart im Nahen Osten entdeckt, die auf ihre eigene Weise herumknatterte. Das Vibrieren geschieht übrigens mittels eines flatternden Hinterteils und die (Balz-)Songs anderer Kleinarten werden gekonnt ignoriert – bestenfalls. Manchmal können Florfliegen beim falschen Lied auch ziemlich sauer werden, brechen einen Streit vom Zaun und vertreiben so die andere Art.

Die Larven der Florfliegen haben keinen After und müssen Unverdautes erbrechen. Das klingt seltsam, spart aber ein Loch (umso praktischer bei der Größe). Die Larven der ersten Generation jagen bevorzugt Milben, erst die zweite Generation ernährt sich hauptsächlich von Blattläusen und Thripsen. Das Gift aus ihren Beißzangen kann das Opfer in 90 Sekunden innerlich verflüssigen. Dann wird alles ausgesaugt und eine leere Hülle bleibt zurück.

Diese Florfliegenlarve mampft ganz genüsslich eine Blattlaus.

gelegte Eier pro Tag	40
gelegte Eier pro Leben	700
gefressene Blattläuse/Tag	50
gefressene Blattläuse als Larve	500

NAME:

Die Gemeine Florfliege (*Chrysoperla carnea* und *C. lucasina*), auch Goldauge, Stinkfliege und als Larve Blattlauslöwe genannt, gehört zu den Netzflüglern. Aufgrund des Klimawandels aus dem Süden zugewandert sind z.B. die Blasse Florfliege (*C. pallida*) und die Mittelmeer-Florfliege (*C. mediterranea).*

AUSSEHEN:

Die grünlichen Eier werden einzeln oder gebündelt an einem seidenen Stiel abgelegt und färben sich kurz vor dem Schlupf grau. Die bräunliche Larve mit auffälligen Beißzangen krabbelt den Stiel hinab und beginnt sofort mit der Jagd auf alles. Im letzten Larvenstadium ist das Tier schon fast 1 cm groß und mordshungrig. 1–3 Wochen nach dem großen Fressen verpuppen sie sich in einer Art Wattekugel, jedoch schlüpft anschließend nicht das fertige Tier, sondern eine Protonymphe, die sich nochmal häutet. Dann erscheint ein wunderschönes, schlankes, grünes Tier mit schleierartigen Flügeln und schönen großen Augen. Über den Winter färbt sich das erwachsene Tier bräunlich (Frostschutz!). Florfliegen können ein wirklich seltsam riechendes Stinksekret abgeben, das sie vor Fressfeinden schützen soll.

LIEBLINGSFRESSEN:

Alles, was vor die Zangen kommt. Larven schnabulieren am liebsten: Blattläuse, Weiße Fliegen, Spinnmilben, Thripse, Jungraupen und Larven aller Art sowie Bruder und Schwester. Erwachsene Tiere leben hauptsächlich von Nektar und Honigtau (Blattlauskot) sowie Pollen als Eiweißquelle. Einige wenige Arten leben als Erwachsene räuberisch von anderen kleinen Tieren.

FLORFLIEGEN ANLOCKEN UND ÜBERZEUGEN ZU BLEIBEN:

» Ein paar Blattläuse sollten da sein, sonst werden die Eier bestenfalls in Nachbars Garten abgelegt und nicht im eigenen. Der Honigtau der Läuse ist wiederum Nahrung für die erwachsenen Tiere.

» Blüten fast jeder Art, denn die Florfliege ist da nicht sehr wählerisch. Beliebt sind Doldenblütler (Dill, Distel, Fenchel, Kerbel, Karotte/Möhre, Pastinake, Petersilie) und Korbblütler (Kamille, Margerite, Ringelblume, Schafgarbe, Wegwarte) sowie Hundsrose, Buchweizen und Klatschmohn. Katzenminze gilt als Mega-Lockduft-Pflanze.

» Die erwachsene Florfliege lebt fast nur auf einer einzigen Lieblingspflanze. Dort verschläft das dämmerungs- und nachtaktive Tier meist den Tag und besucht die Blüten abends oder nachts.

» Sträucher, am besten heimische, als Verstecke und Plätze zur Entwicklung

» Natürliche Überwinterungsplätze: efeuberankte Mauern, permanent offene Räume wie Schuppen, Garagen oder Dachböden, Laubstreu, hohle Bäume, hinter Rinden.

» Selbst gebaute oder gekaufte Florfliegenquartiere schaffen: Keinen Kunststoff oder dunkel gefärbte Quartiere verwenden.

» Und: keine Gifte!

Ei mit Stil: Die an Stielen abgelegten Eier der Florfliege sind frisch grün, kurz vor dem Schlupf grau und beim Verlassen weiß.

Der bei manchen Gärtner*innen verhasste Giersch ist nicht nur gesund, wohlschmeckend und hat eine schöne Blüte, er ist auch eine Lockpflanze für Florfliegen.

Beliebt bei Mensch und Nützling: eine bunte Blumenwiese.

Rechts unten am Nützlingshotel ein Florfliegen-Überwinterungsquartier: regengeschützt und plastikfrei. Muss aber nicht rot sein.

Marienkäfer: Glücks- bringer im Garten

Die bekanntesten Nützlinge bei Groß und Klein sind der Zweipunkt- (*Adalia bipunctata*) und der Siebenpunkt-Marienkäfer (*Coccinella septempunctata*). Punkte zählen, vom Finger wegfliegen lassen und sich über jeden Marienkäfer freuen – das kennen wir alle aus unserer Kindheit. Dass aber nicht nur der erwachsene Käfer, sondern auch seine Larven Blattläuse mampfen, das ist weniger bekannt. Auch gibt es eine Vielzahl anderer Arten mit unterschiedlicher Färbung und verschiedenen Fressgewohnheiten wie den pilzliebenden Zweiundzwanzigpunkt-Marienkäfer (*Psyllobora vigintiduopunctata*), gelb mit schwarzen Punkten, der mit seinen Larven den Echten Mehltau auf deinen Pflanzen abweidet.

LOB UND TADEL DEM ASIATISCHEN MARIEN-KÄFER

Bewusst in die Natur entlassene Nützlinge aus fremden Ländern können durchaus der heimischen Tier- und Pflanzenwelt etwas bringen – oder auch massive Probleme verursachen. So kämpft z.B. Australien gegen eine außer Kontrolle geratene giftige Kröte, die eigentlich den Greyback Cane Beetle, einen Zuckerrohrschädling, dezimieren sollte. Der Asiatische Marienkäfer (auch Harlekinkäfer *Harmonia axyrides*) ist als Nützling gegen Blattläuse aus belgischen Glashäusern ausgebüxt und hat sich über fast ganz Europa verbreitet. Er ist für uns trotzdem ein hilfreicher Nützling und hat spannenderweise zudem ein ausgefeiltes Immunsystem gegen Krankheiten, das unsere heimischen Arten nicht haben. Leider infiziert er teilweise andere Arten mit Mikroparasiten, die wiederum mit dieser Krankheit nicht gut umgehen können. *Harmonin* ist der schöne Name des Stoffs, das den Asiaten gesund hält. Der könnte wiederum für uns Menschen als Medikament gegen Malaria eingesetzt werden.

Asiatischer Marienkäfer mit dem klassischen „W" auf dem Halsschild.

Der Asiatische Marienkäfer rottet sich im Herbst gerne zur Überwinterung zusammen und versammelt sich massenhaft an Hauswänden oder in Innenräumen. Fast jeder Käfer sieht anders aus, deshalb auch der Name „Harlekinkäfer".

HASTA LA VISTA, WEISSE FLIEGE: HIER KOMMT DER BOGEN-ZWERGMARIENKÄFER

Auf unserem Gemüsefeld, das wir extra zu Recherchezwecken für dieses Buch so angelegt haben (z.B. fünf Kohlpflanzen nebeneinander), um viele Schädlinge anzulocken und sie fotografieren zu können, ist einiges schiefgelaufen. Viel zu wenig Schädlinge und zu viele Nützlinge haben sich dort breitgemacht – Blütenvielfalt und die Mischkultur waren die Gründe dafür. Aber wir müssen zugeben, die bunte Vielfalt macht sich auf den Fotos doch besser.

Kohlmottenschildläuse (Weiße Fliegen) haben sich aber zu Tausenden in unserem Garten eingenistet. Auffällig war da im Sommer ein winziger, kugelrunder Käfer, der offensichtlich unsere Schädlinge vernaschte. Es war der kleine Bogen-Zwergmarienkäfer (*Clitostethus arcuatus*), der als erwachsener Käfer über 50 Eier der Weißen Fliege verzehrt, als hübsche weißliche Larve in der etwa 20-tägigen Entwicklung sogar rund 600 Eier. Aber auch Jungstadien und erwachsene Weiße Fliegen werden gefressen. Rund 180 Eier kann ein Weibchen ablegen, ein richtig fleißiger Nützling also, der aus dem Mediterranen stammt, hier etwa drei Generationen schafft und vom Klimawandel profitiert. In wärmeren Gegenden Mitteleuropas kommen sie schon recht häufig vor.

Die leuchtend gelben Eier der Marienkäfer werden in Gruppen abgelegt.

Etwas blass, obschon sie aus dem Süden kam: Die Larve des Zwerg-Bogenmarienkäfers, die gerne Weiße Fliegen frisst.

Hier schlüpfen gerade kleine Asiatische-Marienkäfer-Larven und der ältere Bruder rechts schaut zu und fragt sich, ob die nicht sogar gut schmecken.

Ein Zwerg-Bogenmarienkäfer mit der typischen Zeichnung auf dem Rücken, wie ein Glückshufeisen.

Eine Siebenpunkt-Marienkäfer-Larve bei der Häutung ...

... und danach. Die vier orangen, nicht durchgehenden Flecken sind typisch für den Siebenpunkt-Marienkäfer..

Wenn Marienkäfer aus der Puppe schlüpfen, haben sie noch keine Muster und weiche Deckflügel.

Wie ein VW-Käfer-Cabriolet mit Faltdach wirken die sich zu Käfern verpuppenden Larven.

Paprikapflanzen ohne Blattlaussorgen: demnächst lausfrei.

Der Marienkäfer im Porträt

Eier pro Tag	60
Eier April-Mai	400
Lebensdauer Käfer	1,5 Jahre
gefressene Blattläuse/Larve	400

NAME:

Bei uns gibt es etwa 90 Arten, darunter Blattlausfresser wie z.B. der Zweipunkt-Marienkäfer (*Adalia bipunctata*), Siebenpunkt-Marienkäfer (*Coccinella septempunctata*), der Asiatische Harlekinkäfer (*Harmonia axyrides*) bis hin zum seltenen Siebenpunktigen Flach-Marienkäfer (*Hippodamia septemmaculata*).

AUSSEHEN:

Eier werden häufig in Gruppen aufrechtstehend abgelegt, sie sind quietschgelb bis leicht orange und glatt. Die Larven verschiedener Arten unterscheiden sich im ersten Larvenstadium kaum voneinander (schwarz), erst später kommen unterschiedliche Färbungen hinzu. Die Larven sind länglich mit sechs Beinen und besitzen eine sogenannte beißende Kopfkapsel, also einen härteren Kopf mit beißenden Mundwerkzeugen. Sie verpuppen sich meist an der Pflanze oder in deren Nähe, später schlüpfen halbkugelige Käfer in den verschiedensten Farben und Musterungen (je nach Art). Diese sind allerdings kurz nach dem Puppenschlupf noch gar nicht vorhanden. Erst mit dem Aushärten der Flügel erscheinen Punkte und Streifen.

LIEBLINGSFRESSEN:

Bei Larven und erwachsenen Käfern eindeutig Blattläuse. Aber auch andere Läuse wie Weiße Fliegen oder Schildläuse schmecken richtig lecker. Ebenso Spinnmilben, Zikadenlarven, Schmetterlingseier, junge Raupen, die eigenen Geschwister (Kannibalismus) oder eben – beim vegan lebenden Zweiundzwanzigpunkt-Marienkäfer – Echte Mehltaupilze.

AUS DEM LEBEN EINES MARIENKÄFERS:

In der Regel überwintern Marienkäfer als erwachsene Käfer im unteren Bereich der Pflanzen in der Bodenstreu (Laub), einige auch als Ei, wie der Bogenmarienkäfer. Der Asiatische Marienkäfer überwintert hingegen in luftigeren Höhen, in oberen Bereichen wie Baumritzen oder Fensterrahmen und kann da auch mal lästig werden, wenn er eine Ansammlung bildet.

MARIENKÄFER ANLOCKEN UND ÜBERZEUGEN ZU BLEIBEN:

» Blattläuse! Ohne Blattläuse keine Marienkäfer. Also einen gewissen Befall dulden und den gepunkteten Nützlingen ein dezentes Lausbuffet auftischen.

» Die erwachsenen Zweipunkt- und Siebenpunkt-Marienkäfer überwintern *unten* in der Bodenstreu, im Falllaub oder in stehen gelassenen Stauden. Laub unter Sträuchern liegen lassen und Stauden unbedingt erst im Frühjahr zurückschneiden.

» Pflanzenvielfalt = Tiervielfalt = Nahrungsvielfalt: Lass dem Artenreichtum freien Lauf, dadurch bietest du verschiedene Nahrungsquellen an.

» Nahrungsergänzungsmittel einplanen: Marienkäfer laben sich auch an Pollen bei zu wenig Angebot. Naturrasen statt perfekt geschniegelter englischer Rasen: Fenchel, Dill, Minze, Kamille, Löwenzahn, Klee.

» Insektenhotel in Bodennähe als Überwinterungsquartier – mit Vorliebe sonnig und trocken.

Laufkäfer: Flitzer auf Schneckenjagd

Laufkäfer (Carabidae) sind eine recht große Familie mit schrägen Verwandten, wie etwa dem kleinen Bombardierkäfer, der mit seinem Hintern 100 °C heiße ätzende und stinkende Knallbomben zur Verteidigung „abschießen" kann. Sechs Arten gibt es von diesen Knallern in Mitteleuropa. Überhaupt lässt diese fleischfressende Käferfamilie, unter ihnen auch die Schneckenfresser, die Echten Laufkäfer, gerne irgendetwas Stinkendes hinten raus. Sie haben zwei Analdrüsen links und rechts des Rektums, die eine rötlich-braune, faulig stinkende, im Auge brennende Verteidigungsflüssigkeit abfeuern können. Das Unglaubliche daran: Sie zielen dabei bis auf einen Meter Entfernung genau.

Laufkäfer sind auffällige Käfer und großartige Räuber, die jeder in seinem Garten ansiedeln und pflegen sollte. Der Goldlaufkäfer ist ein besonders ansehnliches Exemplar.

Eier pro Nest	1
Eier pro Jahr	60
Entwicklungsdauer Larve	2 Jahre
Lebensdauer Käfer	2 Jahre

NAME:

im Garten vor allem Hainlaufkäfer (*Carabus nemoralis*), Goldlaufkäfer (*Carabus auratus*) oder Lederlaufkäfer (*Carabus coriaceus*)

AUSSEHEN:

Aus weißen, länglichen Eiern in kleinen Erdgruben schlüpfen stark gegliederte (segmentierte) Larven mit kräftigen Beißzangen, die sich wiederum im Boden verpuppen.

Die erwachsenen, meist flugunfähigen Käfer sind auffällig groß (bis 4 cm) und flotte Läufer. Farblich begeistern sie von tiefem Schwarz über bläulich schimmernd bis hin zu grün-golden. Ihr Hinterleib ist meist mit Grübchen oder Längsrillen versehen.

Von der Seite betrachtet sind die Tiere eher flach, ihr Kopf ist nach vorn gerichtet (im Gegensatz zu vielen anderen Käfern). Die sechs Füße bestehen immer aus fünf Fußgliedern, die elf Fühlerglieder sind wie eine Perlschnur aneinandergereiht und haben keine Verdickung am Ende. Vorsicht beim Zählen der Glieder: Die Käfer haben kräftige Beißwerkzeuge.

LIEBLINGSFRESSEN:

Erwachsene Tiere und Larven sind hauptsächlich nachtaktive Jäger, Goldlaufkäfer jagen auch am Tag. Die Lieblingsspeise der gefräßigen Räuber sind Raupen, Blattwespen, Schnecken, Schneckeneier, Regenwürmer, Kartoffelkäferlarven, Drahtwürmer, Läuse, Milben und viele andere wirbellose Tiere. Notfalls fressen Laufkäfer auch mal tote Schnecken und anderes Aas sowie Fallobst und (man staune) Beikraut-Samen. Das bis zu Dreifache ihres Körpergewichts können sie täglich fressen, die Verdauung findet meist außerhalb statt – die Käfer verflüssigen ihre Beute mit einem ausgewürgten Verdauungssaft und saugen sie dann wie einen Smoothie auf.

AUS DEM LEBEN EINES LAUFKÄFERS:

Laufkäfer sind äußerst wichtige Schädlingsvertilger in unseren Gärten, im Wald und auch in der Landwirtschaft. Im Naturschutz gelten sie als Zeigertiere, da sie fast überall vorkommen und sehr schnell auf miese oder gute Veränderungen ihrer Umwelt reagieren. Von bis zu 900 Arten sind nur zwei bisher als Schädlinge aufgefallen.

Laufkäfer können mit einer Geschwindigkeit von über 0,5 km/h zuwandern und ziehen gerne ein, wenn morsche oder länger abgelegene Altholzhaufen im Garten vorhanden sind.

Die Gruftis der Laufkäfer, also dunkel bis schwarz gefärbte Arten, sind eher nachtaktiv und bevorzugen die kürzeren Tage im Frühjahr und Herbst zur Jagd. Im Juni und Juli findet man sie weniger oft; sie halten Sommerschlaf. Dagegen sind die bunten, schillernden Arten eher am Tag unterwegs und scheuen auch den Sommer nicht. Sie haben ein erhöhtes Wärme- und Lichtbedürfnis, was uns sehr entgegenkommt, denn ihr Anblick und die Farben sind ergreifend schön.

LAUFKÄFER ANLOCKEN UND ÜBERZEUGEN ZU BLEIBEN:

» Ruhige, unaufgeräumte Ecken im Garten mit dickeren Aststücken und größeren Steinen dienen als Versteck am Tag und als Brutplatz.

» Holzstöcke mit Erdkontakt in eine feuchte, schattige Ecke stellen und modern lassen – die perfekte Behausung für Laufkäfer.

» Morsche Altholzhaufen, kleine Holz- und Rindenstücke und andere dunkle, feuchte Unterschlupfmöglichkeiten nutzen die Laufkäfer gerne. Du kannst also Laub, Rinden und Holz auch einfach mal liegen lassen.

» Wildstrauchhecken, Gräser, Laub-, Reisig- und Totholzhaufen, Trockensteinmauern und Steinhaufen sind Jagdreviere der Laufkäfer.

» Schnecken-Bierfallen solltest du nicht bodengleich abschließen lassen, sondern am besten einen kleinen Überstand schaffen, sonst ertrinken die Schneckenjäger während der Jagd im Bier.

» Wie immer: keine Gifte!

Auch die Larven des Laufkäfers sind eifrige Schnecken- und Insektenjäger.

Morsches Holz, Holzstecken, unaufgeräumte Naturecken oder Altholz als dekoratives Element – hier kann sich die Laufkäferlarve ungestört entwickeln und in der Nacht auf Jagd gehen.

Igel und Spitzmäuse: Insektenfresser auf Schneckenjagd

PUNKS IM GESTRÜPP: DIE IGEL

Igel sind die Sympathieträger im Naturgarten. Neben Marienkäfer, Löwenzahn oder Bienen werden Igel immer wieder als Model abgebildet, sei es in Zeitungsartikeln über ökologisches Gärtnern oder als Maskottchen biologisch arbeitender Betriebe. Und zu Recht, denn Igel sind wirklich wichtige Gartenbewohner und sollten dort auch ein Zuhause finden.

Wenn du die kleinen Stachler in deinen Garten locken willst, solltest du diesen nicht komplett einzäunen – sonst ist er unerreichbar für die Igel. Gibt es aber Schlupflöcher, dann bemerkt man unter Umständen den Neuankömmling gar nicht, außer er grunzt nachts (was befremdlich wirkt) oder seine Jungen pfeifen nach der Mama. Das klingt irgendwie nach einem Vogel, der aber seltsamerweise nachts singt und keine Nachtigall ist. Die jungen Igel haben etwa 100 weiße weiche Stacheln, die Erwachsenen kommen auf über 8 000 harte, piksige Stacheln. Die Igel-Mama stillt ihre Jungen ca. 20 Tage lang, danach starten die Jungen ihre ersten Streifzüge zur festen Nahrungsaufnahme, zunächst aber noch in Begleitung der Mama. Nach weiteren drei Wochen müssen sie selbst zurechtkommen.

Wenn zum nächtlichen Grunzen der erwachsenen Igel auch ein Klappern und Rülpsen dazukommt, dann steht vermutlich Tierfutter in Näpfen herum. Das lieben Igel, aber bewusst füttern solltest du sie nicht, da sie Wildtiere sind und die Larven und Schnecken im Gemüsebeet fressen sollen. Die sind außerdem gesünder für sie.

Die Frage nach einer Überwinterungshilfe für Jung-Igel kommt auch immer wieder auf. Alle Tiere, die weniger als 500 g auf die Waage bringen und Ende Oktober noch im Garten rumwuseln, sind als hilfsbedürftig anzusehen. Unsere Empfehlung: Als Erstes schauen, ob noch Geschwister zu finden sind. Und dann ab mit den kleinen Igeln zum Tierarzt oder einer Igel-Auffangstation. Igel aufzupäppeln erfordert Zeit, Geduld und Wissen und ist kein allzu leichtes Unterfangen. Wenn man aber gut informiert ist und die Mühen nicht scheut, ist es ein wunderschönes Erlebnis, die Kleinen winterfit zu füttern. Das Igel-Zentrum der Schweiz, die BOKU in Österreich und der NABU in Deutschland geben hierzu gute Tipps.

Die Gesundheitsstreife im Gemüsegarten: Larven, Schnecken und verschiedene Insekten stehen auf dem Speiseplan der Igel.

Der Igel im Porträt

Nachkommen	2 bis 7
Igel frisst pro Tag ...	200 g
... das ist in Larven etc.	10–50 Stk.
Höchstalter	8 Jahre

NAME:
zwei Arten: Braunbrust-Igel (*Erinaceus europaeus*) und Weißbrust-Igel (*E. roumanicus*)
Familie der Kleinohrigel; zählen zur Ordnung der Insektenfresser

AUSSEHEN:
Der Braunbrust-Igel hat eine braune Brust, der Weißbrust-Igel eine weiße. Manchmal ist die Zoologie simpel.

LIEBLINGSFRESSEN:
Regenwürmer, Insekten und Insektenlarven (z.B. Engerlinge, Eulenraupen und Maulwurfsgrillen), Schneckeneier, Schnecken nicht extrem gerne, aber wenn, dann Nacktschnecken. Auch kleine Wirbeltiere (Mausbabys) sind nicht sicher vor den stacheligen dämmerungs- und nachtaktiven Jägern.

AUS DEM LEBEN EINES IGELS:
Wo Igel sich wohlfühlen, bleiben sie gerne, aber bis sie das Plätzchen gefunden haben, wandern sie. Und sie wandern zur Paarungszeit, was für uns tragisch ersichtlich wird, wenn wieder mal viele tote Igel am Straßenrand liegen. Die größten Gefahren im Garten, vor allem für Jung-Igel, sind unsere Haustiere wie Katzen und Hunde. Die fiesesten Igel-Killer aber, nach den Autofahrern und den Haustieren, sind Rasenroboter. Denn Igel sind keine Fluchttiere, sie rollen sich bei Gefahr zusammen und werden so durch den Mähroboter sehr schwer oder gar tödlich verletzt.

IGEL ANLOCKEN UND ÜBERZEUGEN ZU BLEIBEN:
» Verstecke aus Zweigen, Reisig, Laub oder Totholz sowie dichte, möglichst heimische Sträucher und ungestörte, wilde Bereiche
» Zuwanderungsmöglichkeiten schaffen: „Mach ein Igel-Loch im Zaun, dann kannst du auf den Igel schaun!" (Höhe und Breite mindestens 10 cm)
» Überwinterungshilfen bieten Platz für den Winterschlaf:
  – windgeschützte Erdhöhle mit Zweigen und Laub überhäufeln
  – Igelhaus aufstellen und mit Laub auspolstern
» Wie immer: keine Gifte
» Rasenroboter vermeiden oder nur tagsüber fahren lassen
» Wasser in einer flachen Schüssel aufstellen, auch schon im Frühjahr (keine Milch!)
» Ausstiegshilfen bei Gartenteichen oder Wasserstellen

Ausstiegshilfen für Tiere sind bei allen Teichen hilfreich.

Mut zu Wildheit im Garten: den Tieren gefällt's. Igel und Spitzmaus fühlen sich gleichermaßen wohl.

Diese Igelkuppel ist ein idealer Überwinterungsplatz für Igel und Spitzmaus.

SUPERNASEN IM GARTEN: DIE SPITZMAUS

Igel, Spitzmäuse und Maulwürfe: Sie scheinen von Grund auf verschiedene Tierarten zu sein, gehören aber wie die uns höchst unbekannten Schlitzrüssler, Rüsselspringer und Großen Rattenigel zu den sogenannten Insektenfressern. Eine Säugetierordnung, die bereits in der Kreidezeit mit den ganz Großen – den Dinos – gejagt hat. Manche Spitzmäuse besitzen die bemerkenswerte Fähigkeit, kleinere Säugetiere durch ihren giftigen Speichel bis zur Atemlähmung zu vergiften. *Blarina* ist der schöne Name des Toxins, über das auch einige giftige Echsen verfügen. Da ist die Natur wohl zweimal auf die evolutionäre Idee gekommen, das gleiche Gift in völlig verschiedenen Arten unterzubringen. Der Vorteil für die Tiere: Sie müssen nur kurz zubeißen, vermeiden einen Kampf und folgen dann einfach der Duftspur des vergifteten Tieres, um es dann gefahrlos zu verspeisen – eine ziemlich bequeme Art, auf Futterjagd zu gehen. Für uns Menschen ist das Gift nicht gefährlich, tut aber saumäßig weh.

Spitzmäuse sehen recht schlecht, aber der Geruchssinn ist dafür phänomenal entwickelt. Zudem verfügen sie über eine Echo-Ortung, so wie das auch die Fledermäuse tun.

Spitzmäuse kommen auch ab und zu ins Haus und lassen sich mit Speck oder Schinken gut fangen. Diese Spitzmaus hier war echt sauer und unzufrieden in Gefangenschaft. Wir haben sie sofort wieder an einem schönen Fleck freigelassen. Lebendfallen unbedingt mehrmals täglich kontrollieren, damit die Tiere nicht leiden.

Nachkommen/Jahr	12-24
Gewicht	7 g
Frisst pro Tag	3 g
Frisst in % zum Körpergewicht bis	50%

NAME: einige Arten in Mitteleuropa wie Feld- (*Crocidura leucodon*), Haus- (*C. russula*) und Gartenspitzmaus *(C. suaveolens)*. In Gewässernähe lebt auch die giftige Wasserspitzmaus (*Neomys fodiens*).

AUSSEHEN: sehr mäuseähnlich, aber überhaupt nicht verwandt mit Mäusen, sondern eher mit Igel und Maulwurf. Spitze Schnauze, Ohren kaum sichtbar, Fell graubraun bis schwarz.

LIEBLINGSFRESSEN: Regenwürmer, Insekten und -larven, Schnecken, kleine Wirbeltiere, sogar Wühlmäuse bis hin zu Schlangen. Die Spitzmaus jagt tagsüber und nachts.

SPITZMÄUSE ANLOCKEN UND ÜBERZEUGEN ZU BLEIBEN

» eigentlich wie beim Igel: Zweige, Reisig und Laubhaufen, dichte Sträucher und viel Wildnis brauchen die Spitzmäuse als Schutz und Jagdrevier

» Spitzmäuse machen keinen Winterschlaf und sollten Möglichkeiten haben, in sehr kalten Perioden Schutz zu finden. Also: Lass den Laubhaufen vom Herbst einfach liegen.

» Überwinterungsplätze für Igel werden übrigens auch von Spitzmäusen als Schutzhütten genutzt.

Vögel: gut gefedert durch den Acker

Mit den Braunbären (siehe Eulenraupen S. 65) gehören Vögel sicher zu den Größeren der nützlichen Besucher im Gemüsebeet. Um sie ins Beet zu locken, ist es sinnvoll, sie gnadenlos zu ködern, z.B. mit einer Wasserschale zum Baden und Trinken. Oder mit Futter: Das kann Vogelfutter sein, aber auch ein paar abgesammelte Raupen auf einem Teller mit höherem Rand. Das alles fein serviert im Beet macht die Gefiederten sicher neugierig auf mehr: Und schon wird das Gemüse auf Insekten gescannt.

Ratternde oder bimmelnde Windspiele sind zwar eine nette Deko, aber Vögel verachten das. Genauso wie glitzernden Schnickschnack oder – ganz schlimm – Spiegel. Denn die sind eine tödliche Gefahr für Vögel. Sie knallen mit voller Flugwucht dagegen, erleiden ein Schädel-Hirn-Trauma oder brechen sich das Genick. Und Ameisen, Laufkäfer, Tigerschnegel, Wespen und viele andere Nützlinge stürzen sich auf den toten Vogel – und lassen die Raupen links liegen. Spiegel im Garten? Wir haben doch keine Meise!

Der Neuntöter spießt seine Beute, hier eine Grille, auf Dornen auf – eine praktische Vorratskammer im Freien.

GANZ SCHÖN KOMPLIZIERT, DIESE VÖGEL!

Bei der Auswahl einer geeigneten Wohnung sind Vögel sehr wählerisch. „Passe ich durch das Einflugloch?" wäre eine Frage, die sie sich vermutlich stellen würden. Daher ist die richtige Größe entscheidend: Blau- und Tannenmeisen bevorzugen 28 mm, Feldsperlinge 30 mm und Kohlmeisen, Haussperlinge sowie Kleiber mögen es ein bisschen breiter mit 32 mm Durchmesser für das Haustürloch. Gewisse Voraussetzungen für das Häuschen sind auch obligatorisch: 12 x 12 cm sollte es schon haben, außerdem wetterfest und atmungsaktiv sein. Das beste Material ist Holzbeton (Zement mit Sägespänen) oder wetterstabiles Holz wie Eiche und Lärche. Holz bitte nicht lackieren und Plastikhäuschen sind nur was für Quietschenten. Bauanleitungen gibt es u.a. bei Vogelschutz-Organisationen.

Die Kästen werden teilweise auch als Winterquartiere genutzt und können schon im Herbst witterungsabgewandt (Flugloch Richtung Ost-Südost) aufgehängt werden.

Hohle Stämme sind überlebenswichtig für Höhlenbrüter wie den Specht. Besser weniger wegschneiden als zu viel!

verfütterte Raupen/Jahr	70.000
verfütterte Insekten/ Jahr	20 Mio.
Brutzeiten/ Jahr	1–2
Reviergröße m²	2 000–8 000

NAME:
Vogel, z.B. Amseln (*Turdus merula*), Meisen (Paridae), Spatzen (Passeridae), Eulen (Strigiformes) und viele andere

AUSSEHEN:
» Vögel sind Wirbeltiere wie wir, unterscheiden sich aber durch eindeutige Merkmale. Sie haben ...

» Federn zum Fliegen und Wärmen.

» hohle Knochen, um leicht genug für Flüge zu sein.

» ein einziges Ausgangsloch für Urin, Kot, Sex und Eiablage: die Kloake. Misst man darin die Temperatur, kommt man auf fiebrige 42 °C bei den meisten Vögeln.

» einen ungewöhnlich hohen Herzschlag. Um die 1 000 Schläge pro Minute sind keine Seltenheit. Live fast and die young ...

» eine wunderschöne Stimme. Vögel singen schöner als Wirbeltiere, unter ihnen aber auch hauptsächlich die Männchen, um stimmlich bei den Weibchen Eindruck zu machen. Vor Sonnenaufgang beginnen die Rotschwänze, dann kommen Stare und Amseln dazu. Gerade letztere pfeifen uns mit den Singdrosseln am Abend noch was und zuletzt: die Nachtigall singt dann in der tiefen Nacht. Nahezu konkurrenzlos, mit Ausnahme der pfeifenden Jung-Igel (siehe Seite 140).

LIEBLINGSFRESSEN:
Vögel sind, neben Faltenwespen, die besten Nutztiere im Gemüsebeet. Mehrere Kilo an Insekten oder Jungschnecken fressen sie selbst oder werden an die Jungvögel verfüttert. Greifvögel dezimieren Mäuse und Wühlmäuse.

AUS DEM LEBEN EINES VOGELS:
Vögel sind zu unterschiedlich im Aussehen und ihren Bedürfnissen und Vorlieben, als dass wir dies hier unterbringen könnten. Um einzelne Arten zu fördern, ist es wichtig, die Lebensbedingungen näher zu betrachten. Manche brauchen offene Gebiete und auch feuchte Zonen, andere den Wald und viel Deckung. Manche unter ihnen wiederum offenen Boden, um lehmiges Material für den Nestbau zu sammeln, andere dorniges Gestrüpp, um ihre Beute dort aufgespießt aufzubewahren. Allen ist aber eines gemein: Vielfältige Strukturen und unberührte Ecken sowie Wasserstellen, Gehölze und vor allem Altbäume sind Lebensräume, die wir erhalten und schützen, ja ehrlich gesagt auch wiederherstellen müssen. Vogelschutz ist Insektenschutz und umgekehrt. Das eine geht ohne das andere nicht. Wenn die einen gehen, gehen auch die anderen.

Winterfütterung ist eine gute Möglichkeit, die gefiederten Freunde besser kennenzulernen und ihre Eigenheiten zu entdecken.

Stauden und Sträucher erst im Frühjahr zurückschneiden, freut die Vogelwelt und bietet schöne Beobachtungsmöglichkeiten.

Keller und Scheunen offen halten für ungestörte Nistmöglichkeiten.

VÖGEL ANLOCKEN UND ÜBERZEUGEN ZU BLEIBEN:

» Wildsträucher und Bäume bieten Unterkunft, Futter, Schutz und Nistplatz.

» Ein vogelfreundlicher Garten darf auch mal „Schädlinge" haben. Meisen z.B. brauchen für die Frühjahrs-Aufzucht dringend Frostspanner-Raupen von Obstbäumen.

» Wenn der Garten zu klein ist oder einfach auch so: Nistkästen (z.B. für Meisen, Kleiber), Nisthilfen (z.B. für Spatzen und Schwalben) oder Nisthöhlen (z.B. für Greifvögel) aufhängen.

» Zusätzlich an Gebäuden Nisthilfen für Schwalben, Sperlinge, Turmfalken, Käuze anschrauben.

» Wasserschalen im Sommer und Fütterung im Winter freut das Federvieh. Blütenstände im Winter bewusst als Nahrung stehen lassen (z.B. Sonnenblumen oder Karden für Stieglitze/Distelfinke).

» Ebenfalls für den Winter sind heimische Sträucher mit Fruchtbehang genial – Wildrosen, Berberitzen und Efeu für Amseln, Grasmücken, Drosseln u.v.m. Und: Sei nachsichtig mit blauen Kotflecken auf deinem Terrassenboden bei Efeu.

» Ganz super: Etwas Unordnung im Garten zulassen, damit genug Nistmaterial, wie trockenes Gras, Zweige oder Moos vorhanden ist.

» Zur Gefiederpflege und Mineralienaufnahme sind unbewachsene, offene Sand- oder Erdflächen wichtig.

» Katzenschutzgürtel um Nistgehölze, Marderschutz um Nistkästen und -höhlen.

» Kinder aus dem ausgebauten Dachboden werfen und Rückbau zum schönen, alten, offenen Dachboden für Vögel (und Fledermäuse). Auch permanent offene Fenster in Schuppen oder Garagen können für Vögel interessant sein.

» Und den Hund nicht mit den noch fluginstabilen Jungvögeln spielen lassen.

Nistkästen noch im Herbst befestigen, da diese auch als Überwinterungsquartiere genutzt werden.

Vögel nutzen naturnahe Hecken mit Fruchtbehang und Bäume zur Nahrungssuche, als Versteck und als Nistplatz.

Ein wahres Nützlingsdickicht: In dieser Kletterrose oder der Efeuwand finden nicht nur Vögel ein Zuhause.

Ungewöhnliche und unterschätzte Nützlinge

Tiere werden dann zum Nützling erklärt, wenn sie nicht nur hin und wieder, sondern regelmäßig den lästigen Mitessern im Gemüsegarten an den Kragen gehen. Eine Amsel, die im Vorbeifliegen auf einen Salatkopf kackt und 150 Blattläuse damit erstickt, ist zwar ganz nützlich, aber sie macht das nicht dauerhaft. Kein Nützling im klassischen Sinn.

Hier stellen wir jetzt im Quickie-Format Nützlinge vor, die du vielleicht nicht sofort als Nutztiere erkannt oder sogar bekämpft hättest, weil sie irgendwie lästig sind. Mit einer ebenso ungeliebten Tiergruppe wollen wir jetzt auch beginnen: die Wespen.

Faltenwespen (Vespidae) sind die besten Insektenjäger im Garten. Die schwarz-gelben Stecher können (z.B. bei der Gemeinen Wespe [*Vespula vulgaris*] mit mehreren Tausend Tieren pro Nest) bis zu 2,5 kg Insekten am Tag in ihren Bau bringen. Sie füttern ihre Jungen damit. Vor ihnen ist keine Raupe sicher.

Zwei Mitglieder der Faltenwespenfamilie bilden Staaten: Die Feldwespen (Polistinae) erkennst du gut daran, dass sie cool die langen Beine im Flug hängen lassen und kaum aggressiv sind. Die leicht reizbaren Echten Wespen (Vespinae), zu der die Gemeine Wespe und die Deutsche Wespe (*Vespula germanica*) gehören, ziehen die Beine im Flug an.

Bewacht die Gurke vor Schädlingen: die nicht aggressive Haus-Feldwespe.

Auch aus der Ordnung der Zweiflügler kommen wichtige Nützlinge. Neben der Schwebfliege tummeln sich hier die Larven der **Räuberischen Gallmücke** (*Aphidoletes aphidimyza*) als eifrige Blattlausbesaugerin. **Raupenfliegen** (Tachinidae), mit fast 500 Arten in Mitteleuropa, legen Eier auf Raupen, Blattwespenlarven und Käferlarven. Die Made frisst dann das arme Opfer. Und schließlich noch die **Raub-** oder **Jagdfliegen** (Asilidae), die ihre Beute im Flug erjagen. Spezielle Vorderbeine schnappen das Opfer und selbst Käfer werden vom Stechrüssel durchbohrt und ausgesaugt.

Den schönsten deutschen Raubfliegennamen trägt vermutlich die **Braune Rabaukenfliege** (*Holopogon fumipennis*). Und manch nützliche Fliege kommt auch im Haus vor. So jagen die **Fensterfliegen** (*Scenopinidae*) Kleider- und Mehlmotten (nicht zu verwechseln mit der Fliege am Fenster, Stubenfliege genannt).

Gallmücken-Larven werden gerne mit Schwebfliegen-Larven verwechselt, sind jedoch gelb-orange gefärbt. Sie saugen bis zu 65 Läuse pro Tag aus.

Ohrwürmer (Dermaptera) sind Allesfresser. Sie vertilgen neben Blattläusen auch Raupen, Milben und Fliegenlarven. Manchmal vergreifen sie sich auch am reifen Obst und Gemüse und gelten dann als schädigend. Die zu ihrer Förderung aufgehängten Ohrwurmquartiere (Tontopf mit Holzwolle) sollten unbedingt mit der Topfunterseite Kontakt zur Pflanze haben, sonst werden sie nur schwach besiedelt.

Ohrwurm-Mütter kümmern sich aufopferungsvoll um ihre Kleinen. Die Eier werden vor Pilzbefall geschützt, die geschlüpften Jungtiere gefüttert und nebenbei sogar die Kleinen fremder Eltern versorgt. Rührend, nicht? Aber: Fehlt die Mutter, dann fressen sich die Larven gegenseitig auf, wobei sie dadurch größer und stärker werden als bemutterte Artgenossen. Die Kehrseite der Medaille: Sie werden lausige Eltern und kümmern sich später weniger um die eigene Brut. Das ist langfristig ein großer Nachteil, die Population nimmt sukzessive ab.

Ein Ohrwurm auf Blattlaus-Suche am Kohlkopf.

Wanzen (Heteroptera) sind furchtlose Wesen. Alles, was ihnen vor den Stechrüssel kommt, wird angestochen. Und wenn es flüssig gefüllt ist wie Insekten oder Spinnentiere, dann werden auch die ausgesaugt. Ein universeller Nützling gegen alle Schädiger im Gemüsebeet, der auch als allesfressender Nützling gezüchtet und verkauft wird – diese käuflichen Tiere gehören zu den Blumenwanzen und sind meist *Anthocoris*- oder *Orius*-Arten.

Also gut, wir outen uns als Wanzen-Fans. Diese Farbspektren der Deckflügel, die schillernden Rückenpanzer erinnern an fantasievolle Gemälde oder afrikanische Muster. Manchmal sieht jedes Nymphenstadium anders aus. Und sie stinken, saugen, stechen und fliegen behäbig und ungeschickt in die Wohnung ein. Ein tiefes Brummen und dann – pock – irgendwo dagegen geprallt und abgestürzt. Wir lieben sie alle: Blumenwanzen, Baumwanzen, Rindenwanzen, Netzwanzen, Feuerwanzen – alle zigtausend Arten der Welt. Weil sie autonom sind, tapfer gute Eltern und sich nicht erwischen lassen beim Saugen an Pflanzen. Bis wir einen Schaden sehen, sind sie alle schon lange wieder weg.

Sichelwanze beim Aussaugen von Schmetterlingseiern. Die bereits geschlüpften Räupchen bringen sich in Sicherheit.

Schlangen (Serpentes) sind nicht sonderlich beliebt (im Beet), jedoch gibt es keine besseren Maus-, Wühlmaus-, Feldmaus und Rattenjäger. Leider werden sie durch schreckhafte Menschen oder Katzen stark dezimiert, die keine so erfolgreichen Mausjäger sind, wie sie immer tun.

Nicht jede Schlange macht sich gleich gut als Nützling: Ringelnattern (*Natrix natrix*) fressen eben doch am liebsten Frösche, verschmähen aber auch Kleinsäuger nicht. Schlingnattern (*Coronella autriaca*) sind schon besser und erwürgen sogar Wühlmäuse. Und Äskulapnattern (*Zamenis longissimus*) sind natürlich schon wegen ihrer Größe gute Esser und packen auch mal eine Ratte. Wenn Schlangen in deiner Umgebung vorkommen, kannst du sie mit offenen Komposthaufen zur Eiablage (Ringel- und Äskulapnattern), einem kleinen Teich, Steinen zum Sonnen und trockenen Holzstößen in deinen Garten locken.

Weder blind noch schleichen sie: die flinken Blindschleichen sind keine Schlangen, sondern eine Echsenart ohne Beine.

Äskulapnattern sind wunderbare Mäuse- und Wühlmäusefänger, verschmähen aber auch Jungvögel nicht.

Das Smaragdeidechsenpaar sonnt sich in einem kleinen Holzverschlag.

Weitere Nutzkriechtiere neben den Schlangen sind die **Echsen** (Lacertilia): Zaun-, Mauer- oder Smaragdeidechsen sowie Blindschleichen. Wir haben Eidechsen beim Abgrasen von Weißen Fliegen an Kohl und beim Raupenfressen beobachtet und sie sind äußerst effektiv! Sie sollen sogar Schnecken fressen.

Offene, sandige oder steinige Stellen im Garten sind selten. Eidechsen, aber auch viele Wildbienen sind jedoch auf solche unbewachsenen Stellen angewiesen. Ein Holzstoß in der Sonne oder eine Trockensteinmauer sind ein Paradies für Eidechsen und viele Insekten. Und sieht nebenbei auch super aus! Wie wäre es mit einem Kurs zum Trockensteinmauerbau?

Trockensteinmauern werden von allen gerne angenommen.

Amphibien: Da denkst du bestimmt sofort an Frösche, aber bessere Nützlinge sind Kröten und Salamander und durchaus auch der Grasfrosch. Alles Schneckenfresser ohne Ende! Gut, Salamander werden seltener im Garten erscheinen, außer man lebt im Laubwald. Aber Kröten und Grasfrösche schauen immer wieder mal in Gärten vorbei, wenn es dunkle Verstecke und Nacktschnecken gibt. Unsere Hauskröte hat einen offenen Erdsack im überdachten Bereich als Versteck gewählt und sitzt, sobald es dunkel wird, im Gemüsebeet auf der Lauer. Nun, wir haben uns einen neuen Erdsack gekauft – bio und torffrei natürlich. Den anderen hat ja die Kröte ...

Kröten können sehr alt werden. In Gefangenschaft schaffen sie teilweise 50 Jahre. Draußen haben sie durchaus Feinde, wie Schlangen oder eine parasitische Fliege. Fressfeinde halten sie durch eine stinkende Substanz hinter dem Kopf ab oder sie pumpen sich auf und gehen auf hochgestreckten Beinen, Kopfnüsse gebend auf den Feind zu. Das sieht wirklich furchterregend aus.

Ein Laubfrosch macht es sich nach dem Schädlingsbrunch auf der Kohlpflanze beim Sonnenbaden gemütlich.

Ungewöhnliches aus dem Stamm der Weichtiere. Der **Tigerschnegel** (*Limax maximus*) ist eine räuberische Nacktschnecke. Der Tiger mit dem Leopardenmuster wird bis ungewöhnliche 20 cm groß und frisst gerne Nacktschnecken und deren Eier. Pilze und seltener auch Pflanzen stehen ebenfalls auf seinem Speiseplan. Leider frisst er auch (Bio-)Schneckenkorn und stirbt daran.

Tigerschnegel haben eine ungewöhnliche Paarung. Verdreht und verschlungen seilen sich die Tiere an einem Schleimfaden hängend und drehend ab. Ein ungewöhnliches Schauspiel, das Stunden dauern kann.

Die Erdkröte, ein wahrer Schatz im Gemüsebeet.

Tigerschnegel bei der Paarung im Rasen mit typisch gedrehter Haltung.

Klein, aber Respekt einflößend sind die **Glühwürmchenlarven** (Lampyridae). Selten erkannt, halten sie sich gerne in naturnah strukturierten Lebensräumen auf und sind ein Zeiger für ein intaktes Ökosystem. Die räuberische Larve der romantisch leuchtenden Käfer überwältigt mit ihren giftigen Bissen alle Arten von Schnecken, schleppt sie dann teils meterweit zu einem ruhigen Ort, um sie in Ruhe genüsslich aufzufressen.

Bei uns gibt es drei verschiedene Leuchtkäfer-Arten, die zur Partner*innensuche auch unterschiedliche Blinksignale entwickelt haben. In Nordamerika kopieren gemeinerweise manche Arten die Blinksignale der anderen Art, um diese dann, derart falsch angelockt, zu verspeisen.

Eine Glühwürmchen-Larve auf dem Weg zum Schneckenschmaus.

Fledermäuse müssen wir natürlich auch erwähnen! Diese lautlosen Jäger der Nacht sind durch den Rückgang der Insekten, das Fehlen von strukturreichen Lebensräumen und das Entfernen alter Bäume stark gefährdet. Nektarreiche Blütenpflanzen, die in der Nacht blühen oder Wasserflächen, wo sich Insekten tummeln, locken diese Flugkünstler in den Garten. Ein lauer Sommer-Schlafplatz auf dem leicht zugänglichen Dachboden, ein paar Fledermauskästen an geeigneten Stellen aufhängen und unbedingt hohle Baumstämme stehen lassen. Und voilà: Fertig ist das Fledermaus-Rettungspaket.

Fledermäuse benötigen einen ungestörten Platz zum Ausruhen untertags, denn sie sind die Jäger der Nacht.

Ungefähr ein Kilo Fliegen, Käfer, Nachtfalter, Spinnen oder Mücken vertilgt eine Fledermaus über den Sommer, um dann für den Winterschlaf in ihr Winterquartier zu übersiedeln. Dieses befindet sich oft in unterirdischen Verstecken oder Höhlen, in denen sie nicht gestört werden sollten; ihre Winterreserven würden durch das Wecken aufgebraucht und die Tiere könnten verhungern.

Zum Schluss noch eine Tierordnung, die immer Nützling, aber trotzdem eher ungeliebt ist: **Spinnen** (Araneae). Um genau zu sein die, die wunderschöne Netze spinnen, aber auch z.B. Springspinnen zählen wir hier dazu. Diese gehen ohne Netze auf Jagd, haben acht sehr gute Augen, die scharf und farbig sehen können. Weltweit fressen Spinnen jährlich rund 500 Millionen Tonnen, das meiste davon Insekten, und somit mehr, als die Menschheit an Fleisch und Fisch zusammen verzehrt. 100 kg Insekten, die pro Hektar und Jahr vertilgt werden, ist eine weitere Zahl, die die Wichtigkeit der Spinnen als Nützling verdeutlicht. Rein statistisch ist übrigens immer eine Spinne in deiner Nähe. Keine Angst: Das ist gut so.

Ein Rahmen aus unbehandeltem Holz mit kleinem Versteck in einem Eck wird schnell von Kreuzspinne und Co. besiedelt. Das kleine Versteck kann ein hohler Zweig oder ein Holzplättchen sein, die Ecken am besten mit Naturfasern verbinden. So bleibt der Zuflug schädlicher Arten im wahrsten Wortsinn im Rahmen.

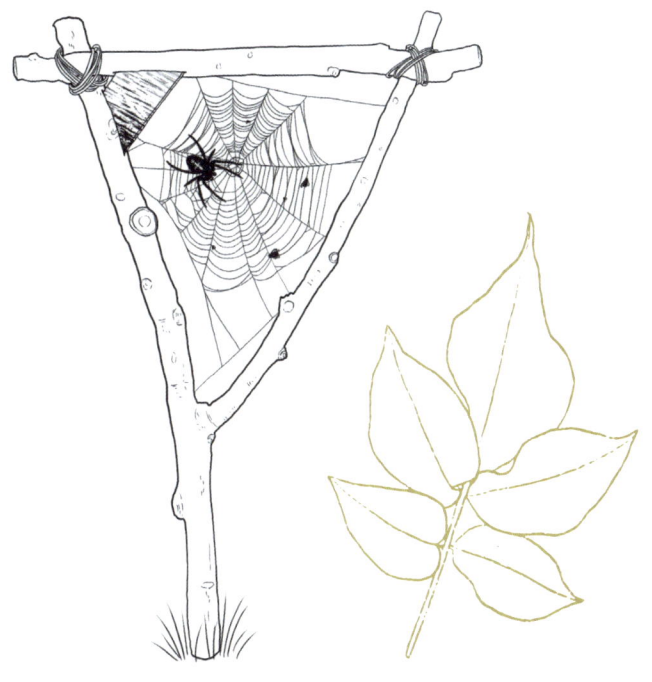

Die Veränderliche Krabbenspinne, eine Lauerjägerin, mit einem Wollschwärmer als Beute. Diese Spinne kann sich der Farbe der Blüten wie ein Chamäleon anpassen.

MIT TRICKS UND PHYSIK – VORBEUGENDER PFLANZEN-SCHUTZ

Schädliche Insekten von deinem Gemüse fernzuhalten, sodass es gar nicht erst zu Schäden kommt, ist ein wichtiger Baustein im Bio-Gemüsefeld. Im **„Physikalischen Pflanzenschutz"** nutzt man z.B. Mechanik, Reibung, Hitze, brutale Gewalt und mechanische Barrieren. Ein Gemüseschutznetz, eine Wühlmaus-Schlagfalle oder ein Flämmgerät gegen Beikräuter wären klassische Beispiele. Die **„Biotechnik"** setzt wiederum auf fiese Tricks, weil hier irgendein unwiderstehlicher Reiz genutzt wird, um Tiere zu irritieren oder zu fangen. Klebefallen mit Sexuallockstoff oder klebrige Farbtafeln (z.B. Gelbtafeln) werden in der Biotechnik oft verwendet. Viele Tierchen lieben eben bestimmte Farben und dem Duft des Weibchens zu widerstehen, ist unmöglich.

Beide Verfahren sind besser und effektiver als das Spritzen von Pflanzenschutzmitteln, da sie in der Regel *vor* dem Schaden angewendet werden oder (wie bei der Biotechnik) Hinweise geben, dass ein Schadtier unterwegs ist – so kannst du schneller Gegenmaßnahmen setzen.

Genial für größere Flächen: Mit der Gemüse-Radhacke unterschneidest du Beikräuter, ohne dich bücken zu müssen. Gibt es auch als Handgerät und heißt dann Pendelhacke.

Alfred Grand verwendet in seinem Bio Market Garden biotechnische Fallen zur Ermittlung des Aufkommens des Rüben-Rüsselkäfers.

Die kleine Übersicht im Folgenden hilft dir dabei, das passende Mittel der Wahl zu finden.

Physikalische Methoden

» **Gemüseschutznetze** helfen gegen alle Tiere, die zufliegen oder zuwandern. Sie sind nicht geeignet bei Schadwesen, die aus der Tiefe des Bodens kommen, wie Kartoffelkäfer oder sich im Boden verpuppende Schädlinge.

» Gegen Wühlmäuse und andere Wildtiere: **Schutzzäune**

» **Schneckenzäune** (Bild Seite 83) sind wunderbar, solange sie dicht sind, keine Blätter als Leiter drüberhängen und sich keine Schnecken innerhalb des umzäunten Areals aufhalten.

» Der **Kohlkragen** verhindert die Eiablage der Kohlfliege und steht dem Kohl sehr gut (Grafik S. 50).

» Ein scharfer **Wasserstrahl** fetzt Läuse vom Blatt und ein geschicktes **Händchen** zerdrückt die Eier böser Tiere oder sammelt größere Tiere einfach ab. Ja, auch das ist physikalischer Pflanzenschutz.

Daumen auf den Schlauch und schon ist der scharfe Wasserstrahl einsatzbereit. Blattläuse weg, Daumen sauber!

Netze bieten Schutz vor zufliegenden Gemüsefressern. Es gibt auch plastikfreie Varianten wie z.B. Baumwollvliese. Wichtig ist, dass sie dicht am Boden aufliegen und gut befestigt sind, damit nichts durchkommt.

Biotechnik

» Klebrige **Gelbtafeln** zeigen frühzeitig im Gewächshaus Blattläuse, Weiße Fliegen und Trauermücken an – der optimale Zeitpunkt für Nützlingseinsätze ist, wenn die ersten Schädlinge daran kleben bleiben.

» **Gelbschalen** werden mit Seifenwasser befüllt und Erdflöhe sowie kohlfressende Rüsselkäfer gehen da gerne baden. Dabei handelt es sich um keine Bekämpfungsmethode, sondern mehr um den „Aha! Schädlinge sind da"-Effekt (Monitoring).

» Ebenfalls mehr zur Beobachtung werden **Pheromonfallen** genutzt, also künstlich duftende Falterweibchen (Sexuallockstoffe). Zur Bekämpfung dienen sie allerdings weniger. Da die Fallen recht teuer sind, lohnt sich das Ausnutzen der Warndienste von Landwirtschaftsamt oder -kammer. Die geben meist kostenlos Auskunft über das jeweils aktuell herumsausende Schadinsekt.

Gelbschalen werden mit Seifenwasser befüllt. Die gelbe Farbe lockt kleine Rüssler, Rapsglanzkäfer und Erdflöhe an. Größere, unschuldige Tiere, die auch Gelb lieben, bleiben durch das Sieb vom Schaumbad verschont.

Gelbtafel zur Kontrolle der Weißen Fliege und zum Abfangen nerviger Trauermücken im (Gewächs-)Haus.

Genauso vielfältig und farbenfroh wie deine Tricks mit der Biotechnik sind unsere wunderschönen bunten Tiere im Gemüsebeet.

MULTIKULTI IM GEMÜSEGARTEN ODER: WER WILL MIT WEM ODER LIEBER NICHT GEMEINSAM INS BEET

Da gerade im Gemüsegarten Mischkultur und Fruchtfolge unglaublich gut bei der Schädlingsunterdrückung oder -verwirrung helfen, haben wir diese ganz kurz nach jeder Gemüseart zusammengefasst. Bei der Mischkultur stehen unterschiedliche Pflanzen nebeneinander, den Nachbarn wählst du, wie im Leben auch, vorrangig nach Sympathie und Nutzen aus.

Einige Pflanzen unterstützen einander im Wachstum, andere irritieren Schädlinge durch ihren Geruch und erschweren das Auffinden der gesuchten Pflanze. Mischkultur zu betreiben ist nicht nur in Bezug auf Verträglichkeiten unter den Pflanzen wichtig, sondern unterstützt bei der Schädlingsvermeidung ungemein. Wie z.B. bei Pflanzen, die gerne

von Wurzelläusen besucht werden. Hier setzen wir ganz einfach keine Pflanzen nebeneinander, die dafür anfällig sind.

Aber wie sollst du denn bereits bei der Beet-Planung wissen, welches gefräßige Kerlchen sich dieses Jahr über das Gemüse hermacht? Berechtigte Frage. Daher unser Tipp: Achte im ersten Schritt zunächst vor allem auf die ungünstigen Kombinationen und vermeide diese so weit wie möglich. Alle anderen sind ja sowieso günstig oder neutral.

Aus eigener Erfahrung ist ein kunterbunter Mischgarten, der ein bisschen an einen Urwald erinnert, das Allerbeste, um Nützlinge zu fördern und Schädlingen das Leben schwer zu machen. Einige Gemüsearten wie z.B. Karotten/Möhren, Erbsen oder Bohnen sind einfacher in einer Reihe zu ziehen, andere wie die konkurrenzstarken Kohlarten gedeihen besser im Abstand zueinander und verteilt über den gesamten Gemüsegarten als Solitärgemüse. Lass in den Beeten immer wieder Blumen und Gründüngungspflanzen wie Ringelblumen, Phazelie, Buchweizen, Borretsch, Tagetes oder Kornblumen als Einzelpflanzen stehen. Das lockt ganz wunderbar Nützlinge an und reduziert die Gemüsefresser.

Jetzt wird der Boden noch mit Mulch bedeckt, damit sich Laufkäfer und Bodentiere wohlfühlen, Verstecke haben und brav auf die Jagd gehen. Als Mulchmaterialien eignen sich gehäckselte Gartenabfälle (Schnitt von Stauden und Gehölzen), Rasenschnitt, Laub oder falls nichts vorhanden, gekauften Mulch aus Hanf, Flachs oder anderen Ernteresten. Mulch bitte nur aufbringen und nicht mit dem Boden vermischen, da es sonst bei holzigem Material zu Stickstoffmangel kommen kann.

Rasenschnitt ist ein optimales Mulchmaterial – das gefällt den Bodentierchen.

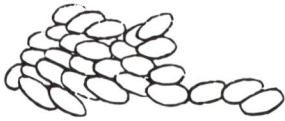

Mit der richtigen Mischkultur kannst du dich auf gesundes Gemüse freuen ...

Gegenseitiges Helfen und Unterstützen im Gemüsebeet durch Mischkultur: erprobt, bewährt und wirklich sinnvoll.

... und gemütlich in der Hängematte abhängen.

Wer knabbert und schlürft sich an deinem Gemüse satt? Eine Übersicht!

Schädling	Wie erkenn ich's?	Geh zu Seite
Blattläuse	verformte oder eingerollte Blätter; gehemmtes Wachstum; klebrige Pflanzenteile; schwarzer Belag durch Rußtaupilze	28
Spinnmilben	saugen blattunterseits die Zellen aus, die sich mit Luft füllen und das Blatt gelblich bis silbrig erscheinen lassen; unterseits gelbe oder rötliche Milben, später auch Gespinste; frühzeitiger Blattfall	84
Schnecken	Schabe-, Loch- und Totalfraß; oft silbrige Schleimspur; verstecken sich häufig unter der Pflanze (Salat) oder in der Nähe; dämmerungsaktiv	77
Eulenraupen/ Erdraupen	Keimlinge angefressen oder zerstört, oberirdische Pflanzenteile werden angefressen, knabbern unterirdisch auch am Wurzelhals; hauptsächlich nacht- und dämmerungsaktiv; verstecken sich tagsüber im Boden	65
Zikaden	silbrige bis weiß-gelbe Sprenkelungen auf Blättern; Tiere saugen blattunterseits; springen weg bei Berührung; teils Häutungsreste sichtbar; nicht zu verwechseln mit Spinnmilben	17
Thripse/Blasenfüße	kleine silbrig glänzende Punkte am Blatt, gehen ineinander über; Blatt wird weißlich-hell bis grau; schwarze Kot-Tröpfchen blattunterseits; verbeulte Früchte Erbsen: buchtige, graue Flecken und helle Sprenkelungen auf Hülsen Zwiebel: streifig angeordnete silbrige Punkte	100
Wanzen	kleine gelbe bis abgestorbene Punkte, durch Wachstum reißt das Blatt auf, Verkrüppelung und Missbildung, verformte Früchte; Tiere sind schon weg, bis der Schaden sichtbar wird	42
Wühlmäuse	Angefressene oder abgefressene Wurzeln, Nagespuren, Erdhaufen sichtbar	70
Maulwurfsgrillen	Fraßschäden vor allem im Frühjahr an Wurzeln oder Knollen	75

Tipp:

Repellent-Pflanzen

» Tagetes bei Wurzelnematoden (zwischen Pflanzen oder am Rand)

» Knoblauch, Kaiserkronen, Wolfsmilch, Gemeine Hundszunge bei Wühlmaus

» Salat bei Erdflöhen

» Lavendel, Majoran oder Farnkraut bei Ameisen

Bohne – *Schmetterlingsblütler*

Schädling	Wie erkenn ich's?	Geh zu Seite
Schwarze Bohnen-läuse	verkümmerte Triebe, Blüten oder Hülsen; eingerollte Blätter; saugen auf Triebspitzen und blattunterseits; Honigtau und Rußtaupilz möglich; schwarze Läuse	32
Maden der Bohnen-fliege/Wurzelfliege	Madengänge in Jungpflanzen, Keimblätter und Wurzelhals abgefressen	49
Minierfliegen	Hohlräume in den Erbsenblättern; Made schlängelt sich fressend direkt unter der Blatthaut entlang	51
Bohnenspinnmilben, Zikaden, Schnecken, Eulenraupen siehe allgemeine Schädlinge ab S. 28		

Mischkultur/Fruchtfolge:

Günstig:

Kohl, Sellerie, Gurken, Kürbis, Tomaten, Salat, Rüben, Spargel, Rhabarber, Bohnenkraut einsäen

Ungünstig:

Bohnen, Erbsen, Zwiebel, Lauch, Fenchel

Tipp:

» Bohnen nicht nach Spinat, Kopfsalat, Kohl oder Kartoffeln anbauen

» Bohnenkraut gegen Gemüsefliegen und Läuse einsäen

Mit der richtigen Partnerwahl gedeihen diese Busch- und Stangen-bohnen ganz prächtig.

Erbse – *Schmetterlingsblütler*

Schädling	Wie erkenn ich's?	Geh zu Seite
Erbsenwickler/Raupe	angefressene, durchbohrte Samen; Kot und Gespinste in den Hülsen	63
Erbsenblattrandkäfer/ Larve	buchtenförmiger Fraß an Blättern; Larven fressen an der Wurzel; schlechtes Wachstum bis Absterben	-
Erbsengallmücken/ Larve	Wachstumsstörungen; befallene Hülsen mit vielen kleinen Larven	-
Minierfliegen	Hohlräume in den Erbsenblättern; Made schlängelt sich fressend direkt unter der Blatthaut entlang	51
Erbsenthripse, Blattläuse siehe allgemeine Schädlinge ab S. 28		

Mischkultur/Fruchtfolge:

Günstig: Kohl, Radieschen, Karotten/Möhren, Salat, Spinat, Feldsalat, Rettich
Ungünstig: Zwiebel, Lauch, Kartoffel, Bohnen, Erbsen, Tomaten

Kartoffel – *Nachtschattengewächse*

Schädling	Wie erkenn ich's?	Geh zu Seite
Kartoffelkäfer/Larven	Loch- bis Kahlfraß; Larven orange-gelblich mit schwarzen Punkten; wunderschöner auffälliger Käfer mit schwarzen Streifen	94
Drahtwürmer/Larve	kleine Einbohrlöcher und Gänge in der Knolle; teilweise Minierfraß	91
Wurzelnematoden	Wachstumsstörungen; Verwelken, Vergilben, Gewebeveränderungen; oft nur an einzelnen Stellen im Beet (Befallsnester)	104
Blattläuse, Eulenraupen, Schnecken, Wühlmäuse, Mäuse siehe allgemeine Schädlinge ab S. 28		

Mischkultur:

Günstig: Kohlrabi, Bohnen
Ungünstig: Erbsen, Rote Rüben, Salat, Sellerie, Nachtschattengewächse

Tipp:
» Nachtschattengewächse wie Kartoffel, Tomate, Aubergine und Paprika nebeneinander locken verstärkt dieselben Schädlinge an!
» Kapuzinerkresse, Meerrettich und Pfefferminze gegen Kartoffelkäfer pflanzen
» Ringelblumen und Tagetes gegen Nematoden im Boden

Kürbis/Gurke/Melone/Zucchini – *Kürbisgewächse*

Schädling	Wie erkenn ich's?	Geh zu Seite
Weiße Fliegen	saugt hauptsächlich im Gewächshaus; schlechtes Wachstum und Vergilbungen; weiße gepuderte Tiere fliegen in Wolken auf; Honigtau mit Rußtaupilzen	40

Spinnmilben, Zikaden, Thripse, Schnecken, Wanzen siehe allgemeine Schädlinge ab S. 28

Mischkultur:

Kürbis braucht einen starken Partner, der nicht neben ihm untergeht, z.B.: Rosenkohl, Grünkohl, Stangenbohnen oder Mais. Zucchini wächst stark ausladend, daher ist hier der Abstand wesentlich.

<u>Günstig für die Gurke:</u> Salat, Sellerie, Spinat, Bohnen, Rote Rüben, Zwiebel

<u>Ungünstig für die Gurke:</u> Radieschen, Rettich

Tipp:

» Tagetes, Duftgeranien oder andere stark duftende Pflanzen gegen die Weiße Fliege zwischen die Pflanzen setzen.

Bei der Zucchini kann es leicht passieren, dass sie dir über die Ohren wächst.

Der leuchtend orange Kürbis luchst zwischen den Blättern hervor.

Kohlgewächse – *Kreuzblütler*

Schädling	Wie erkenn ich's?	Geh zu Seite
Mehlige Kohlblattläuse	in Kolonien auf Blättern; mit mehligem Wachsbelag überzogene Läuse; vergilbte Blätter; verkrüppelter Wuchs; Honigtau und Rußtaupilz	33
Großer Kohlweißling (Raupe)	fressen in Kolonien; Lochfraß, später Skelettierfraß; viele Kotkrümel; grünlich-gelbe Raupen mit seitlichen gelben Längsstreifen und schwarzen Flecken	59
Kleiner Kohlweißling (Raupe)	einzeln fressende Raupen; Lochfraß; Kotkrümel; samtig behaarte matt-grüne Raupe mit hellem Längsstreifen	59
Kohlmotte (Raupe)	junge Larven minieren im Blatt; später Schabefraß blattunterseits, Loch- und Skelettierfraß; auch im Inneren des Kohls; Blatt glänzt silbrig-weiß durch Fraßtätigkeit; grüne Raupe mit spitzen Enden	61
Kleine und Große Kohlfliege (Maden)	Fraßstellen, Gänge und Kotspuren in Keimblättern, Stängel, Wurzelhals oder Wurzeln; Verfärbungen bis Welkeerscheinungen; teils stinkende Fäulnis bis zum Absterben der Pflanze	49
Kohlrübenblattwespen (Afterraupe)	Minierfraß durch junge Raupen; Schabe- und Lochfraß der älteren dunklen Raupen	-
Kohlmottenschildläuse	saugen blattunterseits; durch Wachsausscheidungen wirken die Blätter wie mit Babypuder behandelt; fliegen bei Berührung in Wolken auf; Honigtau und Rußtaupilze	38
Kohlerdfloh (Käfer)	Jungpflanzen wirken durchlöchert; Loch-, Fenster- und Schabefraß; Käfer springt bei Störung weg	93
Kohleule (Raupe)	Loch-, Schabe- und Skelettierfraß; Raupen grün mit gelben Streifen, ältere braun; rollen sich spiralförmig ein bei Störung	65
Kohlgallenrüssler (Larve)	runde Wurzelgallen mit Larven, die später durch Bohrlöcher verlassen werden	-
Kohlwanzen	helle Zonen; Welkeerscheinungen, Risse, Verkorkungen und Deformierungen am Stängel; Verfärbung der Blattränder und Einrollen; bei starkem Befall: Verkrüppelungen	43
Kohldrehherzmücken (Maden)	verdrehte Blätter; schlechtes Wachstum; Herzlosigkeit; Seitenknospen treiben aus; teils Fäulnis	-

Mischkultur:

Günstig: Sellerie, Tomaten, Lauch, Buschbohnen, Karotten/Möhren, Erbsen, Rhabarber, Salat, Spinat, Aubergine, Mangold, Rote Bete

Ungünstig: andere Kohlarten, Zwiebel, Knoblauch, Raps!

Tipp:

» Kopfsalat und Schnittsalat gegen Erdflöhe zwischen Kohlpflanzen setzen

» Geruch der Tomaten stört Kohlfliege und Kohlweißling

» Sellerie irritiert Erdflöhe, Eulenraupen und Kohlfliegen

Karotte/Möhre – *Doldenblütler*

Schädling	Wie erkenn ich's?	Geh zu Seite
Möhrenfliegen (Maden)	fressen in Bodennähe; Jungpflanzen besonders gefährdet; Fraßstellen, Madengänge und Kotspuren bis zu Fäulnis; welke Blätter und Verfärbungen bis hin zum Absterben	49
Wurzelläuse/Wurzelhalsläuse	am Wurzelhals oder noch tiefer, versteckte Lauskolonien; oft von Wachswolle umgeben; häufig Ameisen vorhanden als erster Hinweis; Tipp: Erde um Wurzelhals etwas abgraben; oberirdisch schlechtes Wachstum bis Absterben der Pflanzen	35
Möhrenminierfliegen (Maden)	helle Einstichstellen und Miniergänge im Blattgewebe; Gänge im oberen Möhrenkörper ohne Kot; Welke und Vergilbungen	52
Drahtwurm (Larve)	Wurzelfraß; Einbohrlöcher und Gänge in Möhrenkörper; harte gelb bis orange-braune Larven (wie Draht)	91
Wurzelnematoden	Gewebeveränderungen; Gallen-, Zystenbildungen; Welke und Vergilbungen; Absterben der Wurzeln und wilde Wurzelneubildungen („Wurzelbärte")	104

Blattläuse, Erdraupen, Schnecken, Wühlmause siehe allgemeine Schädlinge ab S. 28

Mischkultur:

Günstig: Bohnenkraut, Erbsen, Kohlarten, Radieschen, Rettich, Salat, Tomaten, Zwiebel- und Lauchgewächse
Ungünstig: Karotten/Möhren – niemals zwei Reihen nebeneinander, Sellerie, Petersilie

Tipp:

» Karotten/Möhren mit Zwiebelgewächsen als Schutz gegen die Möhrenfliege kombinieren
» Karotten/Möhren nach Lauch oder Zwiebel säen

Die Karotte ist ein geselliges Gemüse, die neben vielen Arten gut wächst.

Radieschen/Rettich *– Kreuzblütler*

Schädling	Wie erkenn ich's?	Geh zu Seite
Kohlfliegen (Maden)	Fraßstellen, Gänge und Kotspuren in Keimblättern, Stängeln, Wurzelhals oder Wurzeln; Verfärbungen bis Welkeerscheinungen; teils stinkende Fäulnis bis zum Absterben der Pflanze	49
Erdflöhe (Käfer)	Jungpflanzen wirken durchlöchert; Loch-, Fenster- und Schabefraß; Käfer springt bei Störung weg	92
Erdraupen, Schnecken siehe allgemeine Schädlinge ab S. 28		

Mischkultur:

Günstig: Bohnen, Erbsen, Karotten/Möhren, Salat, Tomaten, Mangold, Aubergine, Paprika, Spinat, Kohlarten

Ungünstig: Gurken, Zucchini

Radieschen sind die perfekten Mischkulturpartner.

Salat – *Korbblütler*

Schädling	Wie erkenn ich's?	Geh zu Seite
Maulwurfsgrillen	junge Setzlinge werden durch die Grabetätigkeit emporgeschoben und vertrocknen; teils Wurzelfraß	75
Wurzelläuse	schlechtes Wachstum und Kopfbildung bis zum Absterben der Pflanzen; am Wurzelhals oder noch tiefer versteckte Lauskolonien; oft von Wachswolle umgeben; häufig Ameisen vorhanden als erster Hinweis; Tipp: Erde um Wurzelhals etwas abgraben.	35
Drahtwürmer (Larve)	Fraß an Wurzelhals und Wurzeln; Welkerscheinung bis Absterben; harte gelbe bis orangebraune Larven (wie Draht)	91
Blattläuse, Erdraupen Schnecken, Wühlmäuse siehe allgemeine Schädlinge ab S. 28		

Mischkultur:

Günstig: Auberginen, Bohnen, Bohnenkraut, Erbsen, Radieschen, Rettich, Schwarzwurzeln, Rhabarber, Spinat, Tomaten, Zwiebel- und Lauchgewächse, Spargel, Gurken, Kohlarten, Ringelblumen

Ungünstig: Petersilie, Sellerie, Kartoffeln

Im Frühbeet fühlt sich der Salat wohl: Dort ist er geschützt vor Wind und Wetter und kann schon bald geerntet werden.

Bunte Salatvielfalt im Beet, eine Augenweide das ganze Jahr hindurch.

Sellerie *– Doldenblütler*

Schädling	Wie erkenn ich's?	Geh zu Seite
Möhrenfliegen (Maden)	fressen in Bodennähe; Jungpflanzen besonders gefährdet; Fraßstellen, Madengänge und Kotspuren bis zu Fäulnis; welke Blätter und Verfärbungen bis zum Absterben	49
Minierfliegen (Maden)	Miniergänge im Blattgewebe; Krümmung der Blätter und Welke	51
Wurzelnematoden	Wachstumsstörungen, Verwelken, Vergilben, Gewebeveränderungen, Verkrümmungen; Wurzeln bekommen abnormale Seitenwurzeln, den sogenannten „Wurzelbart"	104
Wurzelläuse	schlechtes Wachstum, Vergilben bis Absterben der Pflanzen; am Wurzelhals oder noch tiefer versteckte Lauskolonien; oft von Wachswolle umgeben; häufig Ameisen vorhanden als erster Hinweis; Tipp: Erde um Wurzelhals etwas abgraben.	35

Mischkultur:

Günstig: Bohnen, Kohlarten, Lauch, Spinat, Tomaten, Erbsen

Ungünstig: Kartoffeln, Mais, Sellerie, Karotten/Möhren, Salat

Lauch und Knollensellerie sind gute Beet-Partner.

Spargel – *Liliengewächse*

Schädling	Wie erkenn ich's?	Geh zu Seite
Spargelhähnchen (Käfer und Larve)	schädigen durch Loch- und Kahlfraß der Blätter und Beeren; Pflanze knickt ab; auffälliger Käfer: rotorange mit sechs hellen Flecken	97
Spargelkäfer (Käfer und Larve)	schädigen durch Loch- und Kahlfraß der Blätter und Beeren; auffälliger Käfer: rotorange mit 12 schwarzen Flecken	-
Spargelfliegen (Made)	Verdrehte und verbogene Triebe durch Miniertätigkeit der Made; Welke-erscheinung bis zum Absterben; kotgefüllte Gänge	47

Mischkultur:

Günstig: Salat, Petersilie Ringelblumen, Erbsen, Bohnen
Ungünstig: keine

Spinat/Mangold – *Gänsefußgewächse*

Schädling	Wie erkenn ich's?	Geh zu Seite
Erdflöhe	Jungpflanzen wirken durchlöchert; Loch-, Fenster- und Schabefraß; Käfer springt bei Störung weg	92
Blattläuse, Eulenraupen siehe allgemeine Schädlinge ab S. 28		

Mischkultur:

Günstig: Bohnen, Erbsen, Radieschen, Rettich, Kohlarten, Salat, Tomaten, Aubergine, Sellerie
Ungünstig: Kombinationen aus Spinat, Mangold und Roter Bete vermeiden (selbe Familie)

Ein Knabber-Paradies für Spargelhähnchen.

So schön leuchtet er aus dem Beet hervor, der Mangold.

Tomate/Paprika/Aubergine – *Nachtschattengewächse*

Schädling	Wie erkenn ich's?	Geh zu Seite
Weiße Fliegen	saugt hauptsächlich im Gewächshaus; schlechtes Wachstum und Vergilbungen; weiße gepuderte Tiere fliegen in Wolken auf; Honigtau mit Rußtaupilzen	40
Tomatenminierfliegen (Made)	schlängelnde Miniergänge im Blatt; Made und Kot darin; Welkeerscheinung und Absterben bei starkem Befall	52
Tomatenminiermotten (Larve)	hauptsächlich im Gewächshaus; miniert und frisst in Blättern, Trieben und Früchten; keine eindeutigen Gänge in Blätter, sondern Platzminen; Welke und Absterben bei Befall des Stängels	-
Weichhautmilben	saugen an äußeren Zellschichten; verkrüppeltes Gewebe; Blattränder nach oben oder innen gebogen; schlechtes Wachstum	87
Kartoffelkäfer	Loch- bis Kahlfraß; Larven orangegelblich mit schwarzen Punkten; wunderschöner auffälliger Käfer mit schwarzen Streifen	94

Blattläuse, Spinnmilben siehe allgemeine Schädlinge ab S. 28

Mischkultur:

Günstig: Petersilie, Bohnen, Kohlarten, Ringelblumen, Salat, Tagetes, Zwiebel- und Lauchgewächse, Karotten/Möhren, Sellerie
Ungünstig: Erbsen, Fenchel, Kartoffeln, Rote Bete

Tipp:
» Nachtschattengewächse wegen ähnlicher Schädlinge nicht nebeneinander pflanzen!
» Im Gewächshaus oder Folientunnel zum Verwirren der Weißen Fliege: Tagetes, Duftgeranien oder andere stark duftende Pflanzen zwischen die Pflanzen setzen

Verteilte Farbenpracht im Beet: Auberginen und Paprika.

Auch die Tomaten sind Gewächse im Schatten der Nacht.

Zwiebel, Lauch bzw. Porree, Knoblauch, Schnittlauch

– Zwiebelgewächse/Liliengewächse

Schädling	Wie erkenn ich's?	Geh zu Seite
Zwiebelfliegen (Made)	Jungpflanzen besonders gefährdet; Fraßstellen, Madengänge und Kotspuren bis zu Fäulnis; Welken der Blätter und Verfärbungen bis zum Absterben; Pflanzen lassen sich leicht aus dem Boden ziehen	49
Zwiebelminierfliegen (Made)	Eier werden in die Blattspitze abgelegt; dünne Miniergänge; gekrümmte Blätter; Welke und teilweise Fäulnis	52
Lauchminierfliegen (Made)	an den Blattspitzen helle Punkte in einer Reihe; Miniergänge von oben nach unten mit Kot; Welke und teilweise Fäulnis	-
Lauchmotten (Raupe)	Schabefraß, später kotgefüllte Miniergänge von oben nach unten mit grün-gelbliche Larven; durchsichtige helle Flecken und Streifen bis Löcher; bis ins Innere	67
Lilienhähnchen/ Zwiebelhähnchen (Käfer und Larve)	Lochfraß und Verunreinigung durch Kot; leuchtend orangeroter Käfer gut sichtbar; schleimige Larve im eigenen Kot	98
Stängelnematoden	Gewebeveränderungen; Gallen- und Zystenbildung; Welkeerscheinung und Vergilben	104

Zwiebelthripse, Wühlmäuse siehe allgemeine Schädlinge ab S. 28

Mischkultur:

<u>Günstig:</u> Karotten/Möhren, Sellerie, Salat, Gurken, Petersilie
<u>Ungünstig:</u> Bohnen, Kohlarten, Erbsen, Lauch (mit Zwiebel)

Tipp:
» Zwiebelgewächse nicht miteinander pflanzen
» Bei Lilien- bzw. Zwiebelhähnchen-Befall: Rosmarin oder Basilikum zwischen befallene Pflanzen setzen
» Zwiebel nicht nach Bohnen

Diese Zwiebelgewächse sollten stets getrennt voneinander wachsen.

Ein haariger Ernteabstauber der anderen Art.

ZAUBERTRÄNKE: BRÜHEN & JAUCHEN SELBST GEMACHT

Um ungeliebte Gäste von Gemüsepflanzen fernzuhalten oder abzuschrecken, gibt es eine Vielzahl an Kräuter-Jauchen oder -Kaltwasserauszügen, die im Gegensatz zu den Düngejauchen schneller in der Zubereitung sind. Sie sind noch gärend oder sogar beißend und werden prinzipiell nicht so lange stehen gelassen, denn dann verwandeln sie sich in Düngejauchen.

Am besten nimmst du die frisch gesammelte Pflanze, grob zerkleinert oder aber das getrocknete Kraut und hältst dich an nachstehende Empfehlungen, die als ungefähre Richtlinie zu verstehen sind. Naturstoffe schwanken je nach Standort, Sammelzeitpunkt und Bodenbeschaffenheit und auch die Art der Zubereitung unterscheidet sich von Gärtner zu Gärtnerin. Sei daher nicht verwundert, wenn jede Brühe etwas anders ausfallen wird. Das gibt deinen grünen Hilfsmitteln die persönliche Note.

Verwende Rainfarn bitte mit Vorsicht, da er giftige Inhaltsstoffe besitzt. Wir empfehlen ihn nur als Feuerwehr, wenn andere Maßnahmen nichts bringen. Brühen nicht direkt vor der Ernte ausbringen und die Früchte, wenn möglich, beim Besprühen aussparen. Wegen eventueller Rückstände einfach als Sicherheitsmaßnahme eine Wartezeit von einigen Tagen vor dem Verzehr einhalten.

Verwende Gefäße aus Holz, Kunststoff, Stein oder Ton – kein Metall. Stell, wenn möglich, die Ansätze in die Sonne, ansonsten einfach mehr Zeit einrechnen. Verdünnte Jauchen am Morgen oder bei bedecktem Himmel spritzen, nie bei direkter Sonne aufgrund der Verbrennungsgefahr der Blätter.

Grundrezepte:

> **1 Kg** frische Pflanzen oder **100–200 g** getrocknete Pflanzen – **auf 10 l Wasser**

100 g getrocknete Pflanzen = 600–800 g Frischkraut
20 l Spritzbrühe reichen für ca. 2 500 m²

Gärende, beißende Jauchen:
» 2–3 Tage stehen lassen, täglich umrühren und luftdurchlässig abdecken
» 1:50 verdünnen und über die Pflanze oder auf den Boden sprühen

Brühe:
» 24 Stunden einweichen
» 20–30 Minuten köcheln und anschließend abkühlen lassen
» 1:10 bis 1:20 verdünnen, sprühen oder gießen

Tee:
» Pflanzen auf 70–80 °C erwärmen und ziehen lassen, bis die Flüssigkeit auf Raumtemperatur abgekühlt ist
» absehen und unverdünnt oder 1:5 verdünnt sprühen oder gießen

Kaltwasserauszug:
» 24 Stunden bis max. 3 Tage einweichen (je nach Temperatur)
» absehen und auspressen bevor die Gärung einsetzt, unverdünnt oder 1:1 verdünnt

Spezielle Zaubertrank-Rezepte:

Brennnesseljauche:

» soll gärend, hell und beißend sein
» Reste vergären lassen und als Düngejauche verwenden
» Verwendung bei: Spinnmilben, Blattläusen (mäßigem Befall)
» nicht an Kohlpflanzen anwenden, da der Geruch den Kohlweißling anlockt

Brennnessel-Kaltwasserauszug:

» 1 x pro Woche spritzen (starker Befall: 3 Tage hintereinander)
» Verwendung bei: Blattläusen, Lauchmotten
» nicht an Kohlpflanzen anwenden, da der Geruch den Kohlweißling anlockt

Eichblätter- und Eichenrindenjauche:

» abgefallenes Herbstlaub der Eiche und Rindenstücke
» Verwendung bei: fast allen fressenden und saugenden Insekten – 1:5 bis 1:10 verdünnen, unverdünnt bei Ameisen

Holunderblätterjauche:

» grüne Blätter verwenden oder doppelt so viele bei Herbstlaub
» Verwendung bei: Wühlmäusen – unverdünnt in die Gänge gießen, als Zusatz bei anderen Jauchen zur Schädlingsvertreibung

Bio-Knoblauchtee

» 1 gehackte Bio-Knolle mit 1 l Wasser aufkochen, 1 Stunde stehen lassen
» Verwendung bei: Weißer Fliege, unverdünnt blattunterseits

Kohljauche:

» Verwendung bei: Erdfloh – um die Kohlpflanzen gießen, 1:5 verdünnt

Rainfarnjauche:

» 3 kg frische Pflanzen auf 10 l Wasser,
» Verwendung bei: Insekten aller Art – unverdünnt bei Befall

Rainfarntee:

» 30 g auf 1 l Wasser
» Verwendung bei: Zwiebelfliege, Lauchmotte, Blattläuse, Wurzelläuse – 1:3 verdünnt

Rhabarberblätterbrühe:

» 500 g Blätter auf 3 l Wasser,
» Verwendung bei: Schwarze Bohnenlaus, Lauchmotte – unverdünnt 3 x hintereinander

Rhabarberblätterjauche:

» Verwendung bei: Läusen, Raupen, Larven verschiedener Schädlinge – 1:5 verdünnt überbrausen
» bei Schnecken; unverdünnt zwischen die Reihen oder um die Pflanzen gießen als Schutz – hinterlässt weißen schleimigen Belag, den Schnecken meiden

Hilfreich und im Gemüsegarten zu Hause: Zwiebel, Holunder, Kohl, Basilikum, Tomate, Rainfarn und Brennnessel.

Tomatentriebjauche:

» 2 Wochen stehen lassen
» Verwendung bei: Kohlweißling-Falter – 1:1 bis 1:5 verdünnen; Juli/August 2x pro Woche über Kohlpflanzen sprühen

Tomatentrieb-Kaltwasserauszug:

» 2 Handvoll Geiztriebe zerkleinern in 2 l Wasser, 24h ziehen lassen, sieben und abpressen
» Verwendung bei: Kohlweißlings-Falter – täglich unverdünnt über Kohlpflanzen sprühen

Wermutjauche:

» 300 g frisches oder 30 g getrocknetes Kraut in 10 l Wasser
» Verwendung bei: Ameisen, Raupen, Läuse – unverdünnt

Zwiebelschalenjauche:

» 500 g in 5 l Wasser, 5–7 Tage stehen lassen
» Verwendung bei: Möhrenfliege – 1:10 oder 1:20 verdünnen, 2 x pro Woche Reihen übersprühen

Tipps:

» Pflanzenjauchen können auch miteinander kombiniert werden (z.B. Brennnessel mit Ackerschachtelhalm oder Kohl).
» Lass homöopathische Pflanzenpflegemittel nach und nach in deine Hexenküche miteinfließen, diese kannst du den Jauchen beimengen und so ihre Wirkung unterstützen.

Wichtig:

Gemüse nicht direkt nach dem Besprühen essen, sondern etwas warten. Rainfarntee oder -brühe ist eine sehr stark wirkende Rezeptur und nicht selektiv.

Brennnessel und Co. sammeln und ab damit in den Eimer ...

... und dann wird kräftig gerührt.

Gegen jeden ist ein Kraut gewachsen:

Bei	Kraut	Zubereitung
Ameisen	Eichenblätter/-rinde, Wermut Majoran, Thymian	Jauche Tee
Beißende (fressende) und saugende Insekten	Rainfarn, Eichenblätter/-rinde	Jauche
Blattläuse	Brennnessel Wermut Rhabarber Rainfarn	Jauche, Kaltwasserauszug Jauche Brühe Tee
Blutläuse	Kapuzinerkresse	Tee
Erdflöhe	Kohl Rainfarn, Wermut	Jauche Brühe
Erdraupen	Salbei, Thymian, Ysop	Tee
Kohlweißling, Erbsenwickler	Tomate	Jauche, Kaltwasserauszug
Lauchmotte	Brennnessel Rhabarber Rainfarn	Kaltwasserauszug Brühe Tee
Raupen/Larven	Rhabarber, Wermut	Jauche
Schnecken	Rhabarber, Tomate, Wermut, Holunder	Jauche
Spinnmilben	Brennnessel	Jauche, Kaltwasserauszug
Möhrenfliege	Zwiebelschalen	Jauche
Weiße Fliege	Knoblauchtee Rainfarn	Extrakt Tee
Wurzelläuse	Rainfarn	Tee
Wühlmäuse	Holunder	Jauche
Zwiebelfliege	Rainfarn Rhabarber	Tee Brühe

FÜR ALLE, DIE NOCH NICHT GENUG VOM GEWUSEL HABEN: DER ANHANG

Pflanzengriechisch und Tierlatein? Kannst du haben! – Glossar

» **Beikraut**: Ein → *Euphemismus* für Unkraut. Wir lieben auch den Ausdruck „Spontanvegetation" oder „Wildkraut".

» **blattunterseits**: Die Unterseite des Blattes. Ist bei Kohl noch einfach, bei den nadelartigen Blättern von Fenchel schon schwieriger zu finden.

» **breitwürfig ausbringen/streuen**: Das gilt für Bio-Schneckenkorn, das eben nicht in Häufchen am Beet liegen soll, sondern über das ganze Beet breit geworfen/gestreut werden sollte.

» **Doldenblütler**: Werden auch als Apiaceae oder Umbelliferae bezeichnet. Eine Pflanzenfamilie mit fiederartigen Blättern und in Dolden stehenden Einzelblüten, die wiederum in Dolden eine fast flach wirkende Blüte bilden. Eine Doppeldolde! Karotten/Möhren oder Fenchel wären Beispiele.

» **Euphemismus**: Beschönigendes Wort für eine eigentlich echt miese Sache, z.B. „Gartenspaß" für gebückt mit kalten Händen im Regen → *Beikraut* zupfen.

» **Fruchtfolge**: Bezieht sich in erster Linie auf den Nährstoffbedarf der Kultur. Wenig Nährstoffe brauchende Pflanzen (→ *Schwachzehrer*) folgen auf → *Mittelzehrer* und diese den → *Starkzehrern*, die viele Nährstoffe benötigen.

» **Fruchtwechsel**: Wechsel der Kultur auf der gleichen Anbaufläche. Also ein Jahr Kartoffeln, dann im zweiten Jahr Kohl und dann Karotten im dritten Jahr. Hilft Schädlinge und Krankheiten zu verringern.

- » **herzlos/Herzlosigkeit**: Wenn bei kopfbildendem Gemüse, wie Blumenkohl oder Weißkraut, in jungen Jahren der Haupttrieb (Pflanzenherz) verletzt wird (durch Insekten oder durch dich), dann folgt diesem fehlenden Herz eine Kopflosigkeit. Es wird also kein Kopf ausgebildet.
- » **Honigtau**: Klebrige, zuckerhaltige Darmausscheidungen von Pflanzenläusen. Beliebt bei Ameisen und Bienen.
- » **Kräuselung**: Wenn das Blatt aussieht, wie eine Wasseroberfläche im Pool bei einer Kinderparty.
- » **Kreuzblütler**: Auch Brassicaceae oder Cruciferae genannt. Eine Pflanzenfamilie mit vier kreuzweise stehenden Blütenblättern und meist aromatisch stinkenden Blattinhalten. Kohl, Kohlrabi, Radieschen, Senf und Raps gehören zu den Kreuzblütlern.
- » **Mikroorganismen**: Mikroskopisch kleine Lebewesen und Lieblinge der Mikrobiologen. Meist einzellige Bakterien, Pilze, Algen, Urtierchen und auch die zellfreien Viren.
- » **Mischkultur**: Das Gegenteil der → *Monokultur*, also mindestens zwei Arten aus verschiedenen → *Pflanzenfamilien* gemischt in einem Beet. Kann Schaderreger fernhalten und sich gegenseitig positiv oder negativ beeinflussen.
- » **Mittelzehrer**: Pflanzen verschiedener Arten, die nicht viel Stickstoff essen, aber eben doch ein wenig. Nur mäßig düngen!
- » **Monokultur**: Anbau nur einer einzigen Art oder einer einzigen → *Pflanzenfamilie* (z.B. → *Kreuzblütler*) auf einer größeren Fläche. Hier freuen sich Läuse, Gemüsefliegen und viele andere Schädlinge über den reichlich gedeckten Tisch, der zudem aufgrund des Geruchs leicht zu finden ist. Besser wäre → *Mischkultur*.
- » **Permakultur**: Permanente Kultur, es stehen also immer Pflanzen im Beet, die oft die Kultur danach schon positiv beeinflussen können.
- » **Pflanzenfamilie**: Ein Begriff aus der Systematik der Pflanzen. Viele Familien bilden eine „Ordnung" und innerhalb der Familien finden wir „Gattungen" (z. B. Kohl *Brassica*), „Arten" (z. B. *Brassica oleracea* Gemüsekohl) und Varietäten, wie den Blumenkohl *Brassica oleracea* var. *botrytis*
- » **Rußtaupilz**: ungefährlicher schwarzer Pilz, der auf → *honigtaubesudelten* Blättern wächst. Zuviel Pilz nimmt aber das Sonnenlicht.
- » **Schabefraß**: Fraß nur an der Oberfläche von Blättern und Früchten. Schabefraß an Früchten machen auch kleinere Kinder gern.
- » **Schwachzehrer**: Pflanzen verschiedener Arten wie Salat, Bohnen, Radieschen, Erbsen, aber auch Kräuter, die kaum Nährstoffe benötigen und auch auf kargen Böden gedeihen. Diese werden in der Fruchtfolge nach Starkzehrern gepflanzt.
- » **Skelettierfraß**: Alles weg, außer die Blattrippen.
- » **Starkzehrer**: Pflanzen verschiedener Arten, die viel Stickstoff benötigen. Kohl und Tomaten wären Beispiele. Diese Pflanzen können regelmäßig bedarfsgerecht gedüngt werden.
- » **Vergilbung**: Grünes Blatt wird gelb. Fachausdruck: Chlorose.
- » **Verkorkung**: Auf Blättern oder Früchten braune, erhabene und korkartige Flecken oder Streifen. Oft nach saugenden Schaderregern.
- » **Verkrüppelung**: → *Kräuselungen* der Blätter und krumme Stängel. Kein schönes Wort, aber leider noch gebräuchlich.
- » **Verpuppung/verpuppen**: Übergangsstadium von der Larve zum erwachsenen Tier bei Insekten, die einen vollständigen Entwicklungszyklus haben.
- » **Wachsflocken**: Sehen aus wie Haarschuppen, aber sind nicht auf der schwarzen Bluse, sondern im Boden (Indiz für Wurzelläuse).
- » **Welkerscheinung**: Pflanzen wirken schlapp und schlaff. Meist durch Wassermangel, geschädigte Wurzeln oder abgeknickte Hauptleitung (Stängel), aber auch durch Krankheiten, Kälteschaden, Überdüngung oder Kalium-Mangel.

Widersacher und Helferlein auf einen Blick: alphabetisches Stichwortregister

A

Aaskäfer 82
Abwehrsubstanzen 110
Ackerschachtelhalm-Brühe 86
Ackerschnecken 20, 23, 80–84
Acrolepiopsis assectella.............67, **68**
Adalia bipunctata 133, 136
Adernminierfliege 53
Afterraupe 164
Agriotes spp. 91
Agrotis ipsilon 66
Agrotis segetum 66
Älchen ....102 ff
Aleyrodes proletella 38, **39**
Allicin 67
Amblyseius cucumeris 88
Amblyseius montdorensis 88
Amblyseius spp. 86
Amblyseius swirskii..........................88
Ameisen 15, 18,
    23, 29 ff, 35 ff, 46, 50, 67, 102,
    106–109, 144, 160, 165, 167 f, 173,
    175, 177
Ameisenbau 29, 56, 109, 126,
Amöben..116
Ampedus elegantulus.......................89
Amphibien 151
Amsel 67, 76, 82, 106, 145, 148
Anthocoris spp. 35
Aphelenchoides spp.........................104
Aphidoletes aphidimyza..................148
Aphis fabae............................... **32**
Arion ater 81
Arion distinctus 81
Arion fuscus 81
Arion hortensis................................81

Arion lusitanicus 78
Arion rufus 78
Arion vulgaris..................................78
Arvicola amphibius 70
Arvicola terrestris.............................70
Asiatischer Marienkäfer....................133
Asilidae..148
Äskulapnatter 150
Asseln.........................19, 24, 76, 116
Atemloch, Schnecke .... 20, 82 f
Aubergine .... 22, 41, 88, 94 f,
    162, 164, 166 f, 169 f
Azadirachtin 25, 31,
    33 f, 39, 41, 46, 53, 55, 60, 52, 67,
    69, 93, 95, 97, 99, 102, 122, 125

B

Bacillus thuringiensis........... 25, 55, 61,
    67, 69
Bacillus thuringiensis ssp. *israelensis*... 55
Bacillus thuringiensis ssp. *aizawai* ... 67,
    69
Bacillus thuringiensis ssp. *kurstaki*.....60,
    62, 67, 69
Bakterien................12, **14**, 44, 55, 60,
    72, 104 f, 112, 116, 118
Bänderschnecke 19, 116
Baumwanzen .... 43 f, 46, 149
Baumwollmottenschildlaus 40, **41**
Beauveria bassiana...........................30
Beetplan...9
Behaarte Wiesenwanze....................44
Bemisia tabaci................................40 f
Bewässerung 13, 37
Bienen..............18, 24, 28, 32, 57, 109,
    126, 140

Bierfalle 79, 81, 138
Biom 116
Bio-Schneckenkorn............................77
Biotechnik ....154 ff
Blasenfuß → Thripse
Blattflöhe............................. 18, 58, 93
Blattkäfer......................21, **93–96**, 129
Blattläuse 15, 18, 22, 27, **28**–36,
    42 f, 45, 108, 122, 125, 127–131,
    133, 136, 148, 155 f, 160, 162, 165,
    167, 169 f, 173, 175
Blattlauslöwe (Florfliegenlarve)........19,
    22, 25, 29, 31, 39, 61, 86, 95, 102,
    130
Blattnematoden 22, 104
Blattrandsterben...............................13
Blattrollen...14
Blattwespenraupen 67
Bläulingsarten 56
Blindschleiche...........................82, 150
Blindwanzen 44
Blühstreifen.......................................34
Blumenfliegen..................................50
Blumenkohl 34, 39, 62, 101
Blumenwanzen 86, 102, 149
Blütenendfäule 13
Blütenvergrünungen 14
Bodenleben .... 8 f, 105, 112, **118 ff**
Bodenmüdigkeit 103
Bodenverbesserung 8
Bodenverdichtung 13
Bogenmarienkäfer.............. 4, 134, 136
Bogen-Zwergmarienkäfer ..... 39, **133 f**
Bohne.............. 9, 17, 32 f, 37, 49 f, 86,
    101, 104, 158, **161**–171
Bohnenfliege.........................**49**, 161

Bohnenspinnmilbe.....................**86**, 161
Bombardierkäfer......................89, 137
Bor.......................................12
Borstenhirse.............................6
Brachycera.............................. 47
Brackwespe 60, 62, 125
Braunbrust-Igel........................141
Braune Rabaukenfliege..................148
Brennnesseljauche 60, 86, 173
Brokkoli.......................34, 39, 62
Brühe, Herstellung.....................172
Buchweizen..........34, 60, 120, 131, 158
Büffelklette............................ 94

C
Carabidae 137
Carabus auratus......................137
Carabus coriaceus....................137
Carabus nemoralis 137
Chemisch-synthetische Wirkstoffe.....24
Chicorée........................30 f, 37
Chitin .... 91, 104 f, 111
Chitosan 26
Chrysanthemum coronatum............ 58
Chrysomelidae....................... 94
Chrysoperla carnea..................130
Chrysoperla lucasina................130
Chrysoperla mediterranea............130
Chrysoperla pallida 130
Clitostethus arcuatus.............39, 134
Coccinella septempunctata 133, 136
Collembolen...........................19
Cotesia glomerata................ 60, 125
Cotesia plutellae...................62
Cotesia rubecula....................60
Crataegus 36
Crioceris duodecimpunctata........... 97
Croceris asparagi 97
Crocidura leucodon..................143
Crocidura russula 143
Crocidura suaveolens................143

Cydia nigricana...............63 f
Cydnidae 44

D
Dacnusa sibirica 125
Delia antiqua 49
Delia floralis 49
Delia florilega 49
Delia platura 49
Delia radicum...................49
Dermaptera.......................149
Deroceras reticulatum..........80
Deroceras spp. 81
Deutsche Wespe...................148
Diadegma semiclausum...........62
Diaeretiella rapae.............125
Dill 49, 131, 136
Dimethyldisulfid 67
Diptera 47
Ditylenchus dipsaci.......102, 104
Ditylenchus spp. **104**
Doldenblütler ....35 f, 49, 129, 131,
  165, 168
Drahtwurm .... 4, 21, 22 f, 71, 76,
  89 f, **91**, 138, 162, 165, 167
Drosseln ....145 f
Düngermangel 12
Dysaphis crataegi.............. 36, **37**

E
Echte Laufkäfer...................**137**
Edaphon......................... 118
Eichblätterjauche 37, 173
Eichenblätter...................175
Eichenrindenjauche............46, 173
Eidechsen 95, **150**
Einbohrlöcher...............23, 162, 165
Einstichstellen.......22, 43, 52, 101, 165,
Eisen............................12
Eisen-III-Phosphat............. 25, 82
Eispiegel........................66

Ektoparasiten....................125
Elicitoren 111
Elicitorenwirkung ....111 f
Encarsia 40, 42, 125
Encarsia formosa............... 40
Encarsia tricolor....... 39 f, 125
Endoparasiten....................125
Engerling.............70, 75 f, 118, 141
Episyrphus balteatus...........128
Erbse ....32, 49, 51, 63 f, 67, 100 ff,
  158, 160 f, **162**, 164 f, 167–171,
Erbsenblattrandkäfer.............162
Erbsengallmücke 162
Erbsenthrips..................**100 f**, 162
Erbsenwickler ....**63 f**, 162, 175
Erbsenwickler-Raupe..............63 f,162
Erdflöhe.............21 f, 92, 94, 156, 160,
  164, 166, 169, 175
Erdraupen ....66, 76, 160, 165 ff, 175
Erdwanzen 44
Erinaceus europaeus 144
Erinaceus roumanicus...........141
Erwinia carotovora 14
Erzwespen.......18, 41, 42, 53, 60, **124 ff**
Eulen 65
Eulenfalter......................**65 f**
Eulenraupen...............75 f, 91, 141, 144,
  160 ff, 164–169, 171
Eurydema dominulus.......... 45
Eurydema oleraceum.......... 43
Eurydema ornata............. 45
extraintestinal ....89 f

F
Fadenwürmer → Nematode
Fäkal-Schild..................... 97
Faltenwespen 18, 31, 145, **148**
Falterpuppe 23
Fangpflanzen ....90 f, 103
feeding points...................51 f
Feindpflanzen 103

Feldmäuse 20, **71**, 73
Feldsperlinge 144
Feldwespen 148
Feltiella acarisuga 86
Fenchel 32, 49, 129, 131, 136, 161, 170
Fensterfliegen 148
Fensterfraß 22
Feuerwanzen .... 106 f, 149
Flach-Marienkäfer 136
Flagellaten 116
Fledermaus 57, 64, 67, 143, 146, **152**
Fliegen ....17, **47 f**, 50, 82, 92, 152
Fliegenlarve .... 22 f, 49, 149
Fliegenpuppen .... 23, 49 f
Florfliege ....19, 29, 34, 61, **130 ff**
Florfliege, Blasse 130
Florfliege, Mittelmeer 130
Florfliegenlarven 22, 25, 31, 39,
    86, 95, 102
Fransenflügler → Thrispe ....18, 100 f
Frösche .... 70, 150 f
Frostschaden 13
Fruchtwechsel 64, 105, 119

G

Galle .... 35 ff, 84, 103, 105, 165, 171
Gallmilben 84, 123
Gallmücken 34, 50, 86
Gänsefußgewächse 105, 169
Garten-Bänderschnecke 19, 116
Garten-Schwebfliege, Kleine 128
Gartenspitzmaus 143
Gartenwegschnecke 81
Gehäuseschnecken 15, 19, 78, 82
Gelbe Wegameise → Gelbe Wiesen-
    ameise
Gelbe Wiesenameise ....107 f
Gelbschalen 156
Gelbstreifiger Kohlerdfloh .... 92 f
Gelbtafeln 41, 50, 55, 154, 156
Gemeine Florfliege 130

Gemeine Spinnmilbe .... 84 ff
Gemeine Wegschnecke 81
Gemeine Wespe 148
Gemüseeule ....65 f
Gemüseschutznetz 155
Gerridae 43
Gespensterschrecken 16
Gespinste 19, 22, 63, 160, 161
Gesteinsmehle 32, 49, 60, 93, 95, 99
Gesteinsstaub 32
Gewächshausmottenschildlaus 39,
    40, **41**
Gleichflügler 17
Glühwürmchen-Larve 152
Goldlaufkäfer ....137 f
Grasfrosch 82, 151
Grasmücken 146
Große Kohlfliege 49, 164
Großer Kohlweißling ....4, 57 ff, 164
Großer Schnegel 82
Großlaufkäfer → Echte Laufkäfer
Grundstoffe 26
Gründüngung ..... 8 f, 105, 112, 119 f, 122
Grüne Ameise 107
Grüne Pfirsichblattlaus 31
Grüne Reiswanze 44, 46
Grüne Salatblattlaus .... **30 f**
Grünglänzender Kohlerdfloh 92
Grunzschnecke 19
Gryllotalpa gryllotalpa .... 75 f
Gurke .... 13 f, 41, 53, 86 f, 88, 97,
    100 f, 103, 148, 161, 163, 166 f, 171

H

Haarbalgmilbe 84
Hain-Bänderschnecke 19
Hainlaufkäfer 137
Hainschwebfliege ....127 f
Halyomorpha halys 44
Harlekinkäfer 133, 136
Harmonia axyrides 132, 136

Hasen ....20 f
Hausmutter 65
Haussperling 144
Hausspitzmaus 143
Hautflügler 106
Häutungshüllen 15, 17, 22, 29
Heerwurm 54
Herzlosigkeit 43, 45, 164
Heteroptera 149
Heuschrecken 18, 75, 103
Hippodamia septemmaculata 136
Holopogon fumipennis 148
Holunderblätterjauche............. 73, 173
Holunderblattlaus .... 32 f
Holzbeton 144
Honigtau.................18, 28, 36, 38 f, 41,
    107 f, 125, 129, 131, 161, 163 f, 170
host-feeding.....................................40
Hummeln...18
Hundertfüßer 19, 37

I

Igel ....64 f, 76–82, 99, 140–143
Immunsystem, der Pflanzen .... 110 ff
Indische Laufente 80
Insektenfresser 140–143

J

Jagdfliegen 148
Jauche (Herstellung)....................172 ff
Johannisbeerblattlaus .... 30 f

K

Käfer.. 89–99
Kakothrips robustus........................ 100
Kaliseife............. 25, 31, 33 f, 39, 41, 86
Kalium 12, 25
Kaltwasserauszug (Herstellung)........172
Kaltwasserauszug......31, 33 f, 37, 39, 173 ff
Kalzium ....12 f
Kamelhalsfliegen 16

Kampfläuse 36

Kartoffelblattlaus.............................31

Kartoffelkäfer .... 6, 22, 25, 32, **94 ff**, 111, 155, 162, 170

Kartoffeln ....22, 32, 50, 72, 90 f, 94, 103 f, 161, 167 f, 170

Kleiber.. 144, 146

Kleine Kohlfliege...........................**49 f**

Kleiner Kohlweißling..............**59 f**, 164

Kleinschnegel **80**

Knoblauch .... 34, 49, 68, 73 f, 98, 101, 160, **171**

Knoblauchextrakt......................41, 102

Knoblauchtee.............53, 86, 173, 175

Kohlblattlaus-Schlupfwespe............125

Kohldrehherzmücke...................43, 45

Kohl-Erdfloh ....**92 f**, 164

Kohleule .... 65, 66 f, 164

Kohlfliege .... 48 f, 155, 164, 166

Kohlgallenrüssler 164

Kohljauche 93, 173

Kohlkragen...............................50, 155

Kohlmeisen 144

Kohlmotte............22, **61 f**, 67 f, 93, 164

Kohlmottenschildlaus .... 34, **39** ff, 58, 65, 125, 134, 164

Kohlrabi 39, 62, 74, 162

Kohlrübenblattwespe 164

Kohlschabe ....61 f

Kohlschnake............................ 47

Kohlwanze.................. 22, **43–46**, 164

Kohlweißling .... **57** f, 114, 164, 173 ff

Kohlweißlingsraupen.................. 57, 60

Kohlweißlings-Schlupfwespe 60

Kompost ....8 f, 13, 19, 49, 82, 102, 105, 116–119

Komposthaufen................... 76, 117, 150

Kompost-Tee .... 118 f

Kontaktmittel...................................25

Kornblume...........................34, 60, 158

Kotkrümel...................15 f, 21, 57, 60, 65, 67, 164

Kresse 60

Kröten..............67, 82, 91, 95, 133, **151**

Kulturschutznetze .... 31, 37, 46, 50, 53, 60, 62, 64, 67 f, 101

Kunstdünger..........................13, 61, 118

Kupferband 82

Kürbis(-gewächs) 161, **163**

Kurzflügelkäfer................................50

Kurzflügler 37

L

Lacanobia oleracea 66

Lacktröpfchen 22

Lactuca serriola............................. 111

Lampyridae 152

Landlungenschnecken 78

Lasius flavus 35, 108

Lasius niger.................................... 108

Laubsauger 28

Lauch............112, 161 f, 164 f, 168, **171**

Lauchminierfliege......22, 52, 68, 102, 171

Lauchminiermotte......................21, **68**

Lauchmotte .... 61, **67 ff**, 171, 173, 175

Laufkäfer ....37, 50, 53, 64, 67, 69, 82, 89, 91, 93, 95, **137 f**, 144, 158

Läuse, wirtswechselnd 30

Lebendfallen 73, 76, 143

Lecanicillium longisporum................30

Lederlaufkäfer.................................137

Leimtafeln 53

Lepidoptera...................................... 57

Leptinotarsa decemlineata............ 94 f

Leuchtkäfer 82, 152

Liliengewächse 96, 98, 169, 171

Lilienhähnchen...................22, **98** f, 171

Lilienhähnchenlarve 22, 98

Lilioceris lilii............................. 96, **98**

Lilioceris merdigera.................. 96, **98**

Limax maximus................................ 151

Liriomyza bryoniae...........................52

Liriomyza nietzkei............................52

Liriomyza sp......................................51

Lygus rugulipennis............................ 44

M

Magnesium 12

Maiglöckchenhähnchen → Lilienhähn- chen..96

Majoran 37, 109, 160, 175

Maltodextrin 24

Mamestra brassicae........................66

Mangold 9, 164, 166, **169**

Marienkäfer ....17, 25, 29, 31, 33 ff, 39, 60, 86, 102, 108, **133–136**

Marienkäferlarve............ 22, 36, 95, 97

Marmorierte Baumwanze 44, 46

Maulwurf .... 67, 70 ff, 76, 78, 82, 91, 116, 143

Maulwurfsgrille .... 18, 21, 48, **75 f**, 91, 141, 160, 167

Meerrettich............ 34, 60, 92, 95, 162

Mehlige Kohlblattlaus .... 30, **33 f**, 164

Mehlmotten....................................148

Meloidogyne hapla..........................103

Melone 41, 163

Metaldehyd 79

Microtonus brassicae 92

Microtus arvalis................................ 71

Mikroorganismen................8, 95, 104, 116 f, 119, 121

Milben .... 19, 24, **84 f**, 87, 110, 116, 118, 122 f, 130, 138, 149, 160

Minierfliegen ....22, 51, 53, 125, 161 f, 168

Miniergänge.............53, 165, 165, 170 f

Miniermotten........................22, 56, 69

Mischkultur.................7, 9 f, 34, 53, 58, 61, 67 f, 112, 118 f, **158–171**

Mistbienen 126

Möhre/Karotte .... 9, 14, 18, 20, 21, 23, 35 ff, 47, 49 f, 53, 64, 68 f, 71, 91, 103, 105, 112, 117, 129, 131, 158, 162, 164 ff, 168, 171
Möhrenfliege ...... 49 f, 91, 165, 168, 174 f
Möhrenminierfliege .... **52 f**, 165
Möhrenwurzelhalslaus .... **35 f**
Mollusca 78
Mottenschildlaus 18, 22, 38, 40
Mücken 17, **47**, 55, 82, 152
Mulch 53, 73, 119, 158
Myrmica rubra 108

N

Nachtfalter .... 57, 65 f, 68, 152
Nachtschattengewächse .... 94 f, 162, 170
Nacktfliegen 50
Nacktschnecken .... 49, 20, 25, 78, 80 f, 141, 151
Narzissenfliege 126
Nasonovia ribisnigri 30
Nassfäule 14
Neem 46, 53, 55, 60, 62, 67, 93, 95, 97, 99, 102, 122, 125
Neem-Extrakt .... 25, 31, 33 f, 39, 41, 69
Nematocera 47
Nematoden 20, 23, 48, 52, 55, 67, 76, 82, 90, 95, **102**–105, 116, 162
Nematodeneier 104
Neomys fodiens 143
Netzflügler 19, 130
Netzwanzen 149
Nezara viridula 44
Nistkästen .... 146 f
Noctuidae 65
Notonectidae 43
Nützlingshotel 132
Nutzmilben 24

O

Obstbaumspinnmilbe 86
Ohrwürmer 149
Orangenöl 25, 39, 41
Ostschermaus → Wühlmaus

P

Pappelblattlaus 36
Paprika .... 14, 22, 86 ff, 101, 135, 162, 166, **170**
Parasitoid .... 34, 40, 44, 124 f
Paridae 145
Passeridae 145
Pastinake 35, 53, 131
Pemphigus bursarius 35, 37
Pemphigus phenax .... 36 f
Pemphigus spirothecae 36
Pentatomidae 43
Pestizide 61, 118
Petersilie .... 31 f, 3537, 49 f, 53, 97, 105, 131, 165167, 169 ff
Pfirsichblattlaus 34
Pflanzenläuse .... 17 f, **28**
Pflanzenschutzmittel .... 10, 13, **24–27**, 31, 33 f, 37, 39, 41, 46, 48, 50, 53, 55, 60, 62, 64, 67, 69, 82, 86, 88, 91, 93, 95, 97, 99, 102, 154
Pheromone 68, 109
Pheromonfallen 156
Phoresie 87
pH-Wert 13, 105
Phyllotreta cruciferae 92
Phyllotreta nemorum 92
Physikalischer Pflanzenschutz .... **154 ff**
Phytoplasmosen 14
Phytoseiulus persimilis 86
Pieris brassicae 59
Pieris rapae 59
Pilze .... 12 ff, 30, 54, 60 f, 90, 104 f, 112, 116, 118, 151
Placentonema gigantissima 103

Plutella xylostella .... 61 f
Polydnaviren 124
Porree 49, 62, 67, 69, **171**
Porreeminierfliege .... 52 f
Pratylenchus spp. 104
Protonymphe 130
Psila rosae 49
Psylliodes chrysocephala 92
Psyllobora vigintiduopunctata 133
Pteromalus puparu 60
Puppen-Erzwespe 60
Pyrethrine 24
Pyrethrum 24

Q

Quecke 6, 74

R

Radieschen .... 39, 49, 60, 64, 77, 93, 125, 162 f, 165, **166** f, 169
Radula 78
Rainfarn 126, 46, 50, 53, 69, 172, 175
Rainfarnjauche 53, 60, 86, 173
Rainfarntee .... 37, 39, 41, 62, 93, 99, 173 f
Rapserdfloh 92
Rapsöl .... 25, 31, 33 f, 39, 41, 86, 122
Räuberische Gallmücke 17, 47, 86, 148
Raubfliegen 148
Raubkäfer 76, 97, 99
Raubmilbe .... 24, 41, 55, 86, 88, 102, **121 ff**
Raubwanzen 35, 39, 41, 64, 86, 95, 102
Raupenfliegen 17, 47, 53, 65, 95, 148
Regenwürmer 77, 117, 138, 141, 143
Repellent-Pflanzen 160
Reptilien 15, 24

Resistenzen....................31, 61, 94, 111

Rettich ....23, 39, 49, 60, 64, 93, 162 f, 165

Rhabarber 46, 82, 161, 164, 175

Rhabarberblätterbrühe/-jauche 33, 173

Riesenbockkäfer....................89

Rindenwanzen 149

Ringelblume.....................34, 53, 58, 91, 105, 131, 158, 162, 167, 169 f

Ringelnatter 150

Rosenkäfer........................... 118

Rosmarin 62, 99, 171

Rote Bete 32, 105, 164, 170

Rote Knotenameise 108

Rote Spinne.....................................86

Rote Wegschnecke ....78, 80 f

Rote Samtmilbe.........................122

Rotes Ordensband.......................65

Rucola ....37, 57, 60, 92 f

Rundkopfzikaden...............................17

Rüsselkäfer 21, 23, 154, 156

Rüsselspringer 143

Rußtaupilz ....38 f, 160–164, 170

S

Saateule ....65 f

Sackkiefler 19

Saftkugler....................................19

Saitenwürmer.................................103

Salamander....................................151

Salat ....9, 30 f, 35, 37, 49, 53, 64, 67, 77 ff, 80 f, 83, 91, 93, 111, 117, 160–171

Salatwurzellaus............................**35 f**

Salbei 62, 175

Salvia horminum...............................58

Salzgehalt 13

Samurai-Wespe.................................44

Saubohnen....................................62

Säugetier...............15, 20, 23, 101, 143

Scenopinidae 148

Schabefraß.........................21, 62, 67 f, 164, 166, 169, 171

Schabemotten....................................21

Schachtelhalm 33

Schadstoffe 13

Schadursachen, abiotisch ....12 ff, 88

scharfer Wasserstrahl 30-33, 39, 99, 101, 155

Schermäuse → Wühlmäuse

Schildläuse.............18, 25, 35, 38, 136

Schlangen ....73, 143, **149 ff**

Schlingnatter 150

Schlitzrüssler....................................143

Schlupfwespe ....31, 33 f, 40 f, 46, 51, 53, 56, 60, 62, 64, 67, 69, 93, 97, 99, 124 f

Schmetterlinge...................16, 41, 55 ff, 59, 62, 64, 66, 68, 121

Schmetterlingsblütler 100, 161, 162

Schmierseife ....25 f, 33, 121 f

Schmuckwanze 45

Schnabelkerfen...........................17, 42

Schnaken ....47 f

Schnakenlarve ....22 f

Schnecken.....6, 15, 19, 20–23, 76, **77-83**, 105, 111, 128, 138, 140, 143, 150, 152, 155, 160 f, 164, 167, 173, 175

Schneckenkanker 82

Schneckenkorn 77, 79, 82, 151

Schneckenkragen........................82 f

Schneckenzaun................. 82 f, 155

Schnegel 20, 82

Schnellkäfer ....**89 ff**

Schnittlauch 49, 53, 68, 98, 171

Schopfsalbei 58

Schutzzäune....................................155

Schwachzehrer 9

Schwalben 146

Schwarze Bohnenlaus ......30, **32 f**, 173

Schwarze Wegameise ....107 f

Schwarze Wegschnecke....................81

Schwarzrückige Gemüsewanze .....45 f

Schwebfliegen ....17, 29, 345, 47, 126 f, 129, 148

Schwebfliegenlarven.................31, 39, 86, 102, 126 f

Schwefel 24, 86, 122

Schwermetalle 13

Schwingkölbchen 17, 47

Sciaridae 55

Scydosella sp.................................. 89

Sellerie 31, 37, 39, 41, 53, 60, 62, 69, 72, 105, 161–171

Sexuallockstofffallen................ 90, 154

Sexualpheromon..............................68

Siebenpunkt-Marienkäfer........133–136

Siebenpunktiger Flach-Marienkäfer 136

Smaragdeidechse........................... 150

Solanin 94, 111

Sonnenbrand 13

Sonnenmangel.................................13

Spanische Wegschnecke.......77 f, 80 ff

Spannerraupen 56, 67

Spargel.................47, 96, 161, 167, **169**

Spargelfliege..................47, 51, 169

Spargelhähnchen...................96 ff, 169

Spargelhähnchenlarve 22

Spargelkäfer ....97 f, 169

Spatzen ....145 f

Spinat 33, 49, 50, 64, 93, 161–164, 166-169

Spinnen ....19, 24, 37, 29, 46, 50, 53, 63 f, 67, 84, 97, 99, 102, 153

Spinnmilben ....19, 22, 25, 27, **84 ff**, 101, 121 ff, 129, 131, 136, 160, 163, 170, 173, 175

Spinosad 24, 109

Spitzmaus.....................64 f, 76 ff, 82, 91, 93, 97, 99, 109, **143**

Springschwänze..................19, 116, 118

Stachel-Lattich 111

Stängelälchen **104**

Stängelnematoden .... 102, **104 f**, 171
Starkzehrer...9
Steckzwiebel..49
Steinernema carpocapsae.................. 48, 67, 76
Steinernema feltiae.............................55
Steinhaufen.........................6, 114, 138
Steinläufer..................................... 19, 117
Stickstoff.................................. 12, 31, 33
Stickstoffüberdüngung 86
Stinkfliege → Florfliege
Stolbur...14
Stridulation...44
Strigiformes..145
Strohmulch 34
Studentenblume → Tagetes
Syrphidae...126
Syrphus ribesii 128
Syrphus vitripennis 128

T

Tabakschwärmer............................. 110
Tachinidae...148
Tagetes....................41, 53, 58, 60, 62, 91, 103, 150 f, 158, 160, 162 f, 170
Tagetes erecta............................... 105
Tagetes patula.............................. 105
Talpa europaea 71
Tannenmeisen..................................144
Tarsonemidae 87
Tausendfüßler 19, 116, 118
Tetranychus urticae....................84, 86
Thripse ....18, 22, 84, 86, **100 ff**, 122, 130 f, 160, 163
Thymian.......................... 37, 62, 109, 175
Tigerschnegel 78, 80, 82, 144, 151
Titanus giganteus............................. 89
Tomate ....9, 13, 22, 39, 40 f, 50 f, 53, 60, 62, 67, 86, 88, 95, 97, 101, 103, 106, 161 f, 164–**170**, 175

Tomatenblätterjauche.................60, 64
Tomatenblättersud............................ 97
Tomatenminierfliege...............**52 f,** 170
Tomatenminiermotte 170
Tomatentrieb Kaltwasserauszug.......174
Tomatentriebjauche...................82, 174
Tönnchenpuppen 17
Tortricidae 63
Trauermücken .... 23, 47, **53 ff**, 122, 156
Trauermückenlarven................... 25, 55
Trialeurodes vaporariorum............39 ff
Trichinen............................... 102
Trichogramma sp. 60, 62
Trissolcus japonicus..........................44
Trockenfäule 14
Trockensteinmauer 138, 150
Trombidium holosericeum.............. 121
Turdus merula................................145
Typhlodromus pyri ....86, 121 f

U

Überdüngung........................31, 33, 37

V

Veilchenblauer Wurzelhalsschnellkäfer 89
Verfaulen...13
Vergeilen...13
Vergilbung........ 13, 101, 105, 163, 165, 175
Verkorkung.............13, 45, 88, 101, 164
Vespula germanica..........................148
Vespula vulgaris 148
Viren.......................12, 14, 32 f, 38, 93, 101, 105, 116, 118
Viroide 118
Virusbefall 88
Vögel.....................................**144–147**

W

Wachsflocken...............................23, 35

Wachswolle ....37, 165, 167 f
Waldhonig 28
walking mustard oil bomb...............34
Wanzen .... 17 f, 22, 35, **42–46**, 149, 160, 163
Warmwasserbehandlung.............. 105
Wassermangel 13, 101, 112
Wasserspitzmaus 143
Weberknecht............................. 19, 82 f
Wegschnecken...............7, 20, 78, 80 ff
Weichhautmilben .... 19, 84, **87 f**, 170
Weichkäfer 82
Weichmacher 13
Weichtiere........................78, 104, 151
Weinbergschnecke 19, 78
Weißbrust-Igel.................................141
Weißdorn..36
Weiße Fliege............................. 18, 25, **38–42**, 84, 87, 122, 125, 131, 133 f, 136, 156, 163, 170, 175
Weißlingstöter.................................125
Welkeerscheinung .... 167, 169, ff
Wermut 175
Wermutbrühe/-jauche............... 37, 46, 60, 67, 69, 82, 109
Wermut-Tee............ 50, 62, 93, 99, 109
Werre → Maulwurfsgrille
Wespen ....15, 18, 34, 92, 97, 106 f, 124 f, 128, 144, 148
Wickler-Raupen...............................63
Wiesenwanzen.................................... 44
Wildbienen 114, 150
Wimperntierchen 116
wirtswechselnd..................................35
Wollläuse..28
Wucherblume......................................58
Wühlmaus .... 20, 23, **70–74**, 116, 143, 145, 149 f, 154, 160, 162, 165, 167, 171, 173, 175
Wühlmauszaun.................................. 73
Wurmschnegel 82

Wurzelälchen .... **104 f**

Wurzelbart.......... 23, 103, 105, 165, 168

Wurzelfäule 13

Wurzelfliege 23, 161

Wurzelfüßler..................................... 116

Wurzelgallen(-Nematode).......103 ff, 164

Wurzelgallenrüssler 23

Wurzelhalsläuse................. 23, 36, 165

Wurzelläuse.... 23, **35 ff,** 107 f, 117, 158, 165, 167 f, 173, 175

Wurzelnematoden (wandernde und seßhafte) ....58, 105 f, 160, 162, 165, 168

Y

Ypsiloneule..................................... **65 f**

Z

Zaubertränke (Herstellung, allgemein)..... **172–174**

Zierliche Gemüsewanze 45

Zikaden .... 15, 17, 22, 101, 160 f, 163

Zimt (zur Schneckenabwehr)............82

Zirpkäfer... **96**

Zucchini.............................13, **163**, 166

Zuginsekten 127

Zweiflügler 17, 20, 47, 126, 148

Zweipunkt-Marienkäfer 34, 133, 136

Zweiundzwanzigpunkt-Marienkäfer 133, 136

Zwergwespen 60, 95

Zwiebel 101, 104, 112, 160–166 **170**

Zwiebelbrühe...................................53

Zwiebelfliege 49, 171, 173, 175

Zwiebelgewächse...................50, 68 f, 98, 165, 171

Zwiebelhähnchen 96, 171

Zwiebelminierfliege................. 52 f, 171

Zwiebelschalenjauche....................174

Zwiebelthrips 171

Zysten..............................103, 165, 171

Krabbel- und Lesehilfe gefällig? Weiterführende Literatur und Bezugsquellen

VERWENDETE UND WEITERFÜHRENDE LITERATUR

» Abtei zur Hl. Maria (Hrsg.): Gemüseanbau im Biogarten, Eigenverlag (13. Auflage, Fulda 2016)

» Abtei zur Hl. Maria (Hrsg.): Pflanzensaft gibt Pflanzen Kraft - pflanzliche Gieß- und Spritzmittel, Eigenverlag (13. Auflage, Fulda 2018)

» Bedlan, Gerhard: Gemüsekrankheiten, Zentralverband der Kleingärtner und Siedler Österreichs (Wien 2012).

» Bellmann, Heiko: Bienen, Wespen, Ameisen. Hautflügler Mitteleuropas, 3. Aufl., Kosmos Verlag (Stuttgart 2010).

» Bellmann, Heiko: Der Kosmos Schmetterlingsführer. Schmetterlinge, Raupen und Futterpflanzen, 3. Aufl., Kosmos Verlag (Stuttgart 2016).

» Börner, Horst: Pflanzenkrankheiten und Pflanzenschutz, 8. Aufl., Springer Verlag (Berlin, Heidelberg 2009).

» Chinery, Michael: Pareys Buch der Insekten. Über 2000 Insekten Europas, Kosmos Verlag (Stuttgart 2012).

» Deckert, Jürgen; Wachmann, Ekkehard: Die Wanzen Deutschlands: Entdecken – Beobachten – Bestimmen. Quelle & Meyer Bestimmungsbücher (Wiebelsheim 2020).

» Fortmann, Manfred: Das große Kosmosbuch der Nützlinge, 2. Aufl., Franck-Kosmos Verlag, (Stuttgart 2002).

» Goulson, Dave: Wenn der Nagekäfer zweimal klopft. Das geheime Leben der Insekten, Carl Hanser Verlag (München 2016).

» Harde, Karl Wilhelm; Frantisek, Severa: Der Kosmos-Käferführer. Die Käfer Mitteleuropas, 6. Aufl., Kosmos Verlag (Stuttgart 2009).

» Heddergott, Hermann: Gärtners Pflanzenarzt, Landwirtschaftsverlag (Münster Hiltrup 2011).

» Heistinger, Andrea; Grand, Alfred: Biodünger selber machen, Löwenzahn Verlag (Innsbruck 2014).

» Kiss, Fiona; Steinert, Andreas: Handbuch Pflanzenschutz im Biogarten, 2. Aufl., Löwenzahn Verlag (Innsbruck 2020).

» Koechlin, Florianne: Schwatzhafte Tomate, wehrhafter Tabak: Pflanzen neu entdeckt, Lenos Verlag (Basel 2019).

» Kreuter, Marie-Luise: Pflanzenschutz im Biogarten, 5. Aufl., blv (München, Wien, Zürich 2002).

» Langheineken, Jutta; Weinrich, Christa: Schwester Christas Mischkultur, Ulmer Verlag (Stuttgart 2016).

» Lohrer, Thomas: Aus die Laus, Ulmer Verlag (Stuttgart 2012).

» Lohrer, Thomas: Ende mit Schnecken. 160 Krankheiten und Schädlinge im Ziergarten erkennen und bekämpfen, Ulmer Verlag (Stuttgart 2013).

» Lohrer, Thomas: Marienkäfer, Glühwürmchen, Florfliege & Co., Pala Verlag (Darmstadt 2010).

» Maier-Bode, Friedrich W.: Taschenbuch des Pflanzenarztes, Landwirtschaftsverlag (Hiltrup Münster 2010).

» Martin, Konrad; Allgaier, Christoph: Ökologie der Biozönosen, 2. Aufl., Springer Verlag (Berlin, Heidelberg 2011).

» Müller/Bährmann (Begr.), Bestimmung wirbelloser Tiere. Bildtafeln für zoologische Bestimmungsübungen und Exkursionen, Günther Köhler (Hrsg.), Springer Spektrum Verlag (Berlin, Heidelberg 2015).

» Schmid, Otto; Henggeler, Silvia: Biologischer Pflanzenschutz im Garten, Ulmer Verlag (Stuttgart 2012).

» Sverdrup-Thygeson, Anne: Libelle, Marienkäfer & Co., Goldmann Verlag (München 2019).

ZUM WEITERSCHMÖKERN ODER -RECHERCHIEREN

Krankheiten und Schädlinge (Diagnostik)

» www.agroscope.admin.ch auf „Themen" dann „Pflanzenschutz" und „Diagnostik" anklicken

» www.gartentelefon24.at Diagnostikseite von „Natur im Garten", Hobby und Profi

» www.insektenbox.de Bestimmung von Insekten

» www.lbv.de Landesbund für Vogelschutz (Bayern)

» www.nabu.de Naturschutzbund

» www.naturschutzbund.at Naturschutzbund Österreich

» www.oekolandbau.de im Suchfeld „online Bestimmungshilfe" eingeben und dann „Schaderreger im Gemüsebau" anklicken. Sehr detailreich und gut beschrieben

» www.pronatura.ch Naturschutzorganisation Schweiz

» www.schmetterling-raupe.de Bestimmung von Schmetterlingen/ Raupen

Gemüseanbau generell und bio:

» www.agroscope.ch Konventioneller und biologischer Anbau, Profi, aber auch Hobbygartenbau

» www.bio-gaertner.de Bioseite für alle Bereiche des Naturgartens

» www.blumenpark.at Blumenpark Seidemann, Bio-Zierpflanzen, Stärkungsmittelspezialist

» www.bvl.bund.de Bundesamt für Verbraucherschutz und Lebensmittelsicherheit (BVL), Verzeichnis der in Deutschland zugelassenen Pflanzenschutz-, Pflanzenstärkungs- und Biomittel

» www.gartenleben.at Komposttee und mehr

» www.laimburg.com Das Südtiroler Forschungs- und Beratungszentrum. Hilfen auch für den Hobbygartenbau.

» www.oekolandbau.de Alles über Anbau und Pflege von Bio-Gemüse für Profis, aber auch interessant für Hobbygärtner*innen

» www.psm.admin.ch/psm/produkte/ Bundesamt für Landwirtschaft (BLW), Verzeichnis der in der Schweiz zugelassenen Pflanzenschutzmittel

» https://psmregister/baes.gv.at Verzeichnis der in Österreich zugelassenen Pflanzenschutzmittel

» www.vermigrand.com Regenwurmhumus, Bio-Erden und einiges mehr

Nützlinge (Auswahl)

» AT: www.garten-bienen.at und www.biohelp.at

» DE: www.neudorff-nuetzlinge.de, www.nuetzlinge.de und www.gruenteam-versand.de

» CH: www.biogarten.ch, www.nuetzlinge.ch und www.saemereien.ch

» IT: www.psenner.it und www.galanthus.it

Pflanzenschutz und Grundstoffe (Auswahl)

» www.biogarten.ch Seite von Andermatt Biocontrol, Vollsortiment für Biogärten, super Beratung.

» www.florissa.at auch .de. Dünger, Pflanzenschutz und Pflanzenhilfsmittel für den Biogarten.

» www.garten-bienen.at Onlineshop für 100% Bio-Pflanzenschutz und -pflege, höchst kompetente Beratung

» www.gruenteam.de Onlineshop mit Topp- Bio-Beratung

» www.lovethegarden.com auf „Substral-Naturen" klicken. Bio-Pflanzenschutzmittel und Grundstoffe sind erhältlich

» www.naturimgarten.at/hausmittel.html – Grundstoffe in deutscher Sprache von Andreas übersetzt. Grundstoffe Originaldokumente: suchen nach „EU pesticide database". Dort „search active substances" und anschließend bei „Type: basic substances" und bei "Status: approved" eingeben. Klicken auf "search"

» www.neudorff.de auch .ch und .at Ökologische Pflanzenschutzmittel, Dünger und Hilfsmittel

Die Ernteretter: über die Autor*innen

Die Gärtnermeisterin und Ayurveda-Praktikerin **Fiona Kiss** arbeitet seit 25 Jahren auf dem Gebiet des ökologischen Pflanzenschutzes. Erfahrungen sammelte sie bei Tätigkeiten im Forst, in einem Schlossgarten, bei Gartenpflege- und -gestaltungseinsätzen, dem Aufbau des Pflegemanagements auf der ersten ökologischen Gartenschau Österreichs und bei Beratungen von Gartenbesitzern, Schaugärten, Gemeinden und Gemüsebetrieben. Sie sieht sich als ständig Lernende von Zusammenhängen sowie dem Umgang zwischen Mensch und Natur.

Fiona unterrichtet in der ökologisch orientierten Garten- und Grünflächengestalter*innen-Ausbildung Ökokreis im Waldviertel. Daneben gibt sie ihr Wissen und ihre Erfahrungen als Selbständige in Seminaren und Vorträgen für Privatpersonen, Laien und Profis unter anderem an der Donau-Universität Krems und dem Ländlichen Fortbildungsinstitut (LFI) weiter. Die gebürtige Oberösterreicherin lebt und gärtnert mit ihrer Familie im Waldviertel in Niederösterreich.

Der gebürtige Coburger **Andreas Steinert** hat noch klassisch Gärtner gelernt und studierte dann Chemie und Gartenbau. Eine ideale Kombination für eine Karriere im chemisch-synthetischen Pflanzenschutz, oder eben genug Wissen, um genau das Gegenteil zu tun.

Eine pflanzensoziologische Diplomarbeit und die Mitarbeit in der Nürnberger Stadtökologie waren Einstiegsdrogen in eine Natur, die nur in der Vielfalt und dem komplexen Wechselspiel stark ist. Nach fast eineinhalb Jahrzehnten Fachberatung im Bio-Pflanzenschutz in Deutschland ist er seit 10 Jahren im dialektisch herausfordernden Niederösterreich tätig. Neben der Hauptaufgabe, der Umstellungsberatung von Städten und Gemeinden auf ökologische Pflege und Biodiversität für das Land Niederösterreich, werden auch Schloss-, Sportplatz- und Schaugärten-Besitzer*innen naturgemäß beraten. Durch Vorträge, Seminare und Pflanzenschutz-Vorlesungen wird die ökologische Gartenidee weitergetragen. Andreas lebt im Waldviertel und besucht noch gerne das heimatliche Franken.

Und zum Schluss: Danke

Herzlichen Dank an Sabine Pleininger (biohelp Garten & Bienen GmbH) und Roland Gaber (Gartenfachautor, Pomologe und Pflanzenschutzlehrer) für die zur Verfügung gestellten Fotos, sowie an unsere wunderbare Patchwork-Familie und unsere lieben Freundinnen und Freunde für ihre geduldige und motivierende Unterstützung.

Besonderer Dank geht an Elisabeth Gaber (Vermehrungsgarten Arche Noah), die uns mit Schädlingsmodels, befallenem Gemüse und Begeisterung wunderbare Fotografien ermöglichte.

Für das fachliche Durchgehen der Schädlinge und die wunderbaren Tipps ein großes Danke an Josef Schlaghecken.

Vielen Dank auch an Rupert Pessl (Fotograf) und all unsere Statisten beim Fotoshooting, die den regnerischen Tag trotzdem zu einem Riesenspaß werden ließen.

Ein großes Dankeschön an das Team des Löwenzahn Verlags, die uns durch alle Höhen und Untiefen begleitet haben und wahrlich wieder einmal gute Nerven bewiesen haben!

Und ganz zuletzt einen riesigen Dank an die vielen Forscher*innen weltweit, die sich teilweise jahrelang geduldig mit, für die meisten wohl völlig bizarren Themen beschäftigen. Aber so zum besseren Verständnis für all die unglaublichen Zusammenhänge in der Natur beitragen. Ihre Forschung war die Grundlage unserer skurrilen Geschichten und wir hoffen, dass diese die Leserschaft genauso begeistern und faszinieren wie uns.

Gedruckt nach der Richtlinie „Druckerzeugnisse" des Österreichischen Umweltzeichens. gugler* print, Melk, UWZ-Nr. 609, www.gugler.at

greenprint*
klimapositiv gedruckt

Umschlag und Bindung ausgenommen
www.gugler.at

Löwenzahn-Bücher werden auf höchstem ökologischen Standard gedruckt, ausschließlich mit Substanzen, die wieder in den biologischen Kreislauf rückgeführt werden können. Cradle to Cradle™-zertifiziert by gugler*, klimapositiv, auf Papier, das in Österreich produziert wurde, und ohne Plastikfolie, die dein Lieblingsbuch unnötig einhüllt – für unsere Umwelt und unsere Zukunft.

1. Auflage

© 2021 by Löwenzahn in der Studienverlag Ges.m.b.H.,
Erlerstraße 10, A-6020 Innsbruck
E-Mail: loewenzahn@studienverlag.at
Internet: www.loewenzahn.at

Konzept: Löwenzahn Verlag/Katharina Schaller, Magdalena Schweißgut
Lektorat: Löwenzahn Verlag/Sandra Gründhammer
Projektleitung: Löwenzahn Verlag/Sandra Gründhammer
Inhaltliche Betreuung: Löwenzahn Verlag/Katharina Schaller

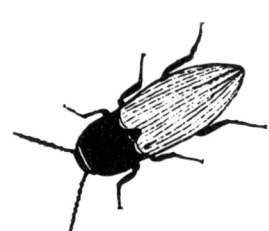

Umschlag- und Buchgestaltung, Illustrationen sowie grafische Umsetzung:
Ruth Veres, www.ruthveres.at

Illustrationen alle Ruth Veres, außer:
S. 52 nach der Vorlage unter: https://www.koppertbio.de/fragestellung/minierfliegen/tomatenminierfliege/
S. 106 nach der Vorlage von Andrea Frankenberg in: Nematoden im Ökologischen Gemüsebau, Hrsg. von der Landwirtschaftskammer NRW, 2004
S. 153 nach der Vorlage von Johannes-Christian Rost unter: https://www.krautundrueben.de/wp-content/uploads/2016/12/bauanleitung-spinnennetz-f%c3%a4nger.pdf
S. 100 nach der Vorlage in: Hinweise zur Pflanzengesundheit „Thripse", Hrsg. Landwirtschaftliches Technologiezentrum Augustenberg

Fotos Innenteil alle Fiona Kiss und Andreas Steinert, außer:
biohelb Garten & Bienen – Biologische Produkte für Garten, Haus und Imkerei GmbH: S. 85 rechts unten, 122 unten
Roland Gaber: S. 36 unten rechts, 64 unten
Rupert Pessl: S. 5, 7 rechts oben, 8 rechts Mitte, 11, 12 links, 15, 20 rechts unten, 21, 28, 113, 114, 123 unten, 155 unten, 157, 158, 159 links oben und unten, 163 links, 174 rechts oben und unten, 176, 178, 187, 190, 191
Shutterstock.com: S. 74 links unten (VladKK)
Wikimedia Commons:
S. 30 links oben: Stephen Ausmus unter: https://commons.wikimedia.org/w/index.php?curid=7115680 lizenziert unter: https://creativecommons.org/publicdomain/mark/1.0/deed.en
S. 42 links unten: Stephen Ausmus unter: https://commons.wikimedia.org/wiki/File:Bemisia_tabaci_from_USDA_1.jpg
S. 42 rechts oben: Dr. Guido Bohner unter: https://commons.wikimedia.org/wiki/File:Trialeurodes_vaporariorum_34941498.jpg lizenziert unter: https://creativecommons.org/licenses/by-sa/4.0/deed.en
S. 61 links unten: Ben Sale unter: https://commons.wikimedia.org/wiki/File:Plutella_xylostella_(28512517458).jpg lizenziert unter: https://creativecommons.org/licenses/by/2.0/deed.en
S. 62: Whitney Cranshaw unter https://commons.wikimedia.org/wiki/File:Plutella_xylostella_caterpillar_on_cabbage_(06).jpg lizenziert unter: https://creativecommons.org/licenses/by/2.0/deed.en
S. 63 links: Whitney Cranshaw unter: https://commons.wikimedia.org/wiki/File:Plutella_xylostella_pupa_on_cabbage_(06).jpg lizenziert unter: https://creativecommons.org/licenses/by/3.0/deed.en
S. 64 oben: Ben Sale unter: https://www.natureinstock.com/search/previewmodal/currant-lettuce-aphid-nasonovia-ribisnigri-adult-louse-koudekerke-zeeland/0_00120178.html?dvx=1519 lizenziert unter: https://creativecommons.org/licenses/by/2.0/deed.en
S. 83 oben links: Donald Townsend unter: https://commons.wikimedia.org/wiki/File:Ischyropsalis-hellwigi-1204.jpg
S. 88: Agricultural Research Service unter: https://commons.wikimedia.org/wiki/File:Polyphagotarsonemus_latus,_USDA_BARC.jpg
S. 134 unten links: Gilles San Martin unter: https://commons.wikimedia.org/wiki/File:Clitostethus_arcuatus.jpg lizenziert unter: https://creativecommons.org/licenses/by-sa/2.0/deed.en
S. 156 links unten unter: https://commons.wikimedia.org/wiki/File:Gelbschale.JPG lizenziert unter: https://creativecommons.org/licenses/by-sa/3.0/deed.en

Bibliografische Information der Deutschen Nationalbibliothek
Die Deutsche Nationalbibliothek verzeichnet diese Publikation in der Deutschen Nationalbibliografie; detaillierte bibliografische Daten sind im Internet über http://dnb.dnb.de abrufbar.

ISBN 978-3-7066-2683-5

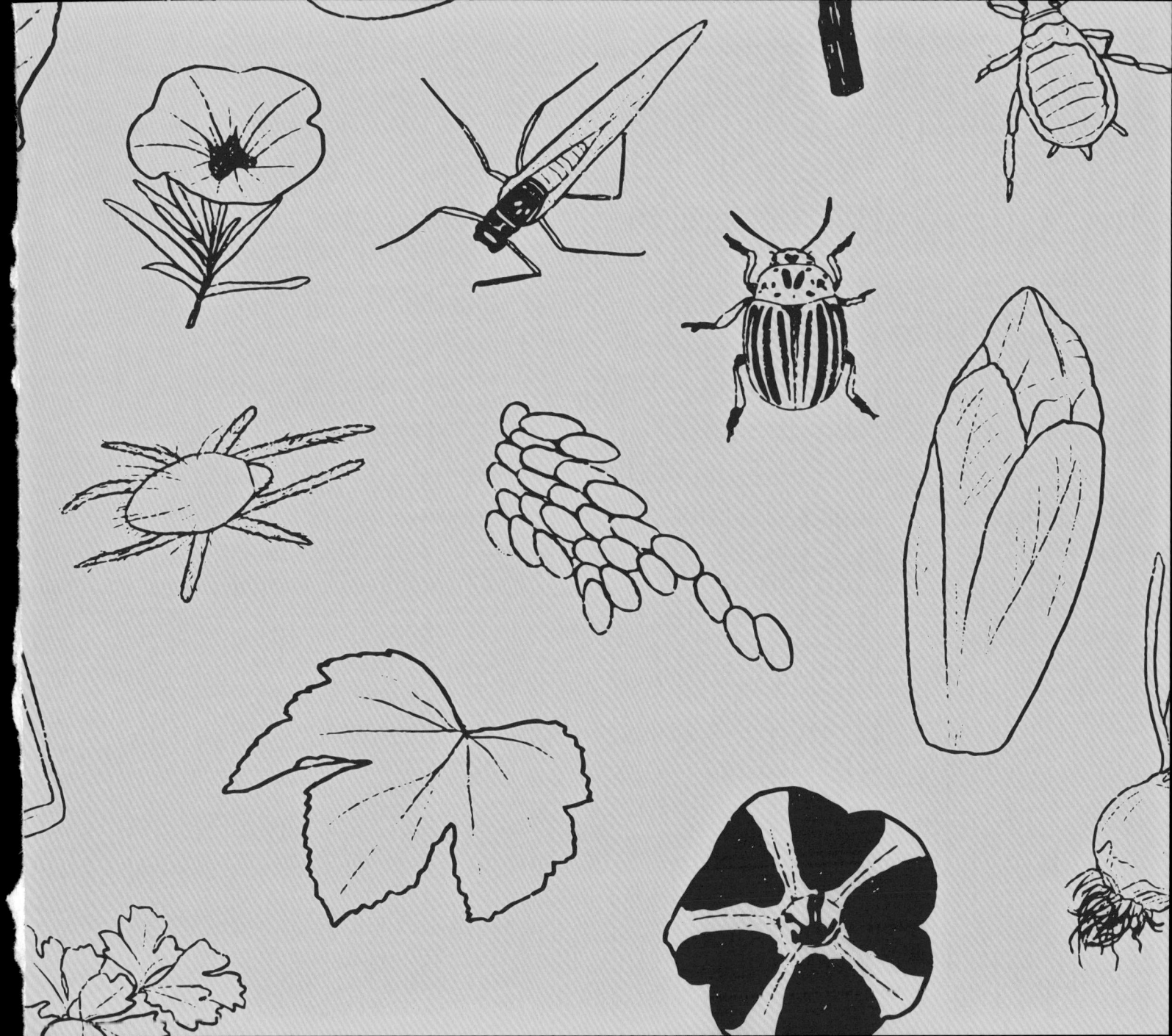

		wachse						
THRIPSE / FRANSENFLÜGLER		Erbsen, Zwiebel, Lauch, Gurken, Bohnen, Knoblauch, Kohl, Paprika, Tomaten	Erbsenthrips und andere					Mi
NEMATODEN		Möhren, Sellerie, Petersilie, Lauch u.a.	Wurzelälchen				Kompost aufbringen (G Vertreibungspflanzen se und entsorgen, Neem-ı	
		Lauch/Porree, Zwiebel, Knoblauch, Schnittlauch	Stängelälchen					
SCHNECKEN		Salat, Radieschen, u.a.	Spanische Wegschnecke				Nützlinge fördern: Laufkäfer, Blindsɔ Schutzkragen um Jungpflanzen, S	
WÜHLMÄUSE		Wurzelgemüse	Wühlmäuse				Holunderjauche, Nussbaumblätter, Thu Abfangen mit	
HEUSCHRECKEN		Gemüsebeet	Maulwurfsgrille, „Werre"					Becherglas/Dos
AMEISEN		bei Blatt- und Wurzelläusen	Ameisen					umsiedeln m

Mischkultur, Fruchtfolge, Nützlinge und gesundes Saatgut sind im Gemüsegarten das Geheimrezept! M
Nimm nur für absolute Notfälle Bio-Pflanzenschutz

Löwe

				kommen. Lässt sich bei Gefahr blitzschnell fallen!
Nützlinge fördern, frühe Aussaat, Kulturschutznetze, ...schkulturen und Untersaaten, mit kaltem Wasser abspritzen (blattunterseits)				Nach einer Getreideernte fliegen oft Massen an Thripse in die Kulturen und können schädigen.
...egenspieler!), Bodenbearbeitung, Fangpflanzen und/oder ...zen (Tagetes oder Rote Bete), befallene Pflanzen entfernen ...Kuchen oder Chitin einarbeiten, Fruchtwechsel einhalten				Ringelblumen und Tagetes gegen Wurzel-nematoden im Boden
				Beete unkrautfrei über den Winter bringen
...chleiche, Igel, Spitzmäuse, Glühwürmchenlarve, Tigerschnegel u.a.; ...chneckenzäune, Fallen, händisches Absammeln und Vernichten ...von Schnecken und Eigelegen				Vorsicht: Schneckenkorn tötet ALLE Schnecken, auch nützliche Arten und Gehäuseschnecken. Absammeln und Vernichten der Schnecken und Eier sowie die Nützlingsförderung sind die effektivsten Maßnahmen.
...ujazweige, vergorene Buttermilch zur Vertreibung, Wühlmausgitter in Hochbeeten, ...Fallen, Förderung Nützlinge, Sitzstangen für Greifvögel				Keine Gifte verwenden! Werden über die Nahrungskette von Stufe zu Stufe weitergegeben
...senfalle bauen, Eigelege (Nester) ausgraben				Sie sind grundsätzlich nützlich, da sie Insekten und Larven vertilgen. Bei Nahrungsknappheit werden Jungpflanzen gefressen. Maßnahmen daher erst bei größeren Schäden setzen. Nematoden: weitere Behandlung im Folgejahr notwendig.
...it umgestülptem Topf, vertreiben mit stark riechenden Kräuterjauchen (Majoran, Thymian, Holunder, ...)				Ameisen sind wichtig für das ökologische Gleichgewicht im Garten! Bei Verwendung von Ameisenmittel nur Köderboxen mit dem Wirkstoff Spinosad verwenden!

...it richtiger Kulturführung und, wenn nötig, Pflanzenbrühen und -jauchen kommst du gut durchs Jahr. ...zmittel und setze sie sparsam und punktuell ein.

...zahn

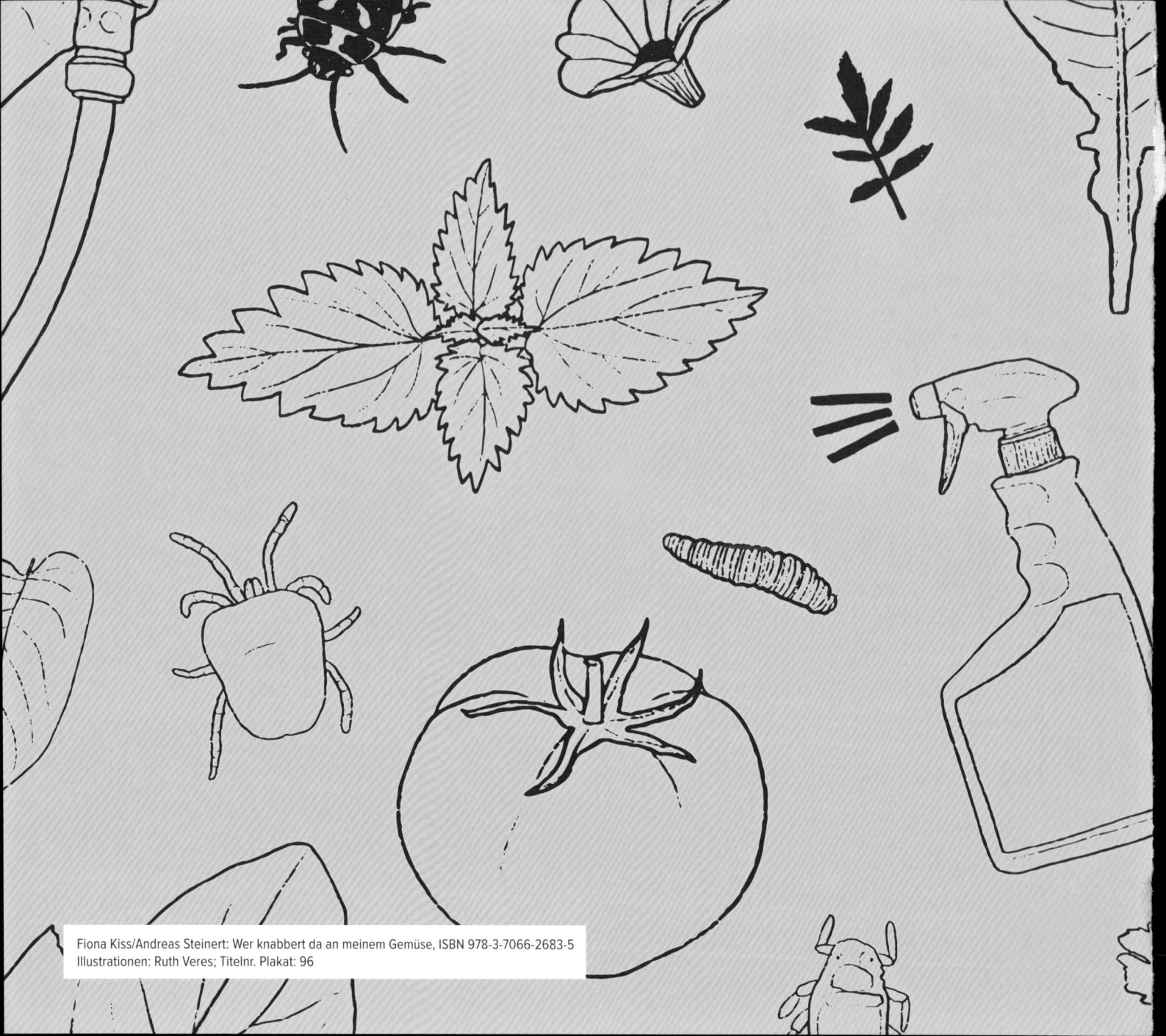

Fiona Kiss/Andreas Steinert: Wer knabbert da an meinem Gemüse, ISBN 978-3-7066-2683-5
Illustrationen: Ruth Veres; Titelnr. Plakat: 96